Derk B

ONTVOERD

Het complete verhaal

Omslag: Mulder van Meurs
Omslagfoto: de vrijlating door de ELN © Defensoría del Pueblo
NUR 402: waargebeurde verhalen
ISBN 9789462970885

www.uitgeverijdekring.nl/ontvoerd

'Flies all green and buzzin' in his dungeon of dispair'
The Torture Never Stops – Frank Zappa

Voor iedereen die bezorgd om ons was

Inhoud

Wat eraan voorafging

Toen een kleine vijfentwintig jaar geleden ter sprake kwam dat ik een zoektocht zou gaan ondernemen in het verre Colombia wisten mijn ouders al hoe laat het was. Dat kan niet goed gaan, zo was hun vaste overtuiging. Zij baseerden zich op de berichten die destijds dagelijks in de krant stonden over de misdaad in Colombia. De cocaïnehandel vormde het decor van een regelrechte oorlog tussen de kartels van Medellín en Cali, en het officiële leger schoot er lustig op los om beide partijen tot inkeer te brengen. Er waren fanatieke guerrillabewegingen die ook tot over hun nek in het witte poeder zaten, en dan had je bovendien nog de paramilitairen, die geen ander doel leken te hebben dan meesmullen van de restjes misdaad die nog overbleven.

Ik zal het historisch wel niet helemaal juist weergeven, maar kort samengevat leefden de Colombianen nog in het Wilde Westen, waar het recht van de sterkste en de best bewapende steeds zegevierde.

En naar dat land zouden wij dus toe gaan. Buitenlandse Zaken raadde toentertijd, net als mijn ouders, vrijwel alle niet-noodzakelijke reizen naar Colombia af. Mocht je er dan toch belanden, dan was het aan te bevelen er zo weinig mogelijk te ondernemen en met het eerste het beste vliegtuig weer te vertrekken. Ik nam deze zaken met een korreltje zout. Zó verschrikkelijk kon het toch niet zijn? De meeste Colombianen haalden steeds weer de volgende dag zonder overhoopgeschoten of gekidnapt te zijn. Dat zou ons ook wel lukken.

Vijfentwintig jaar geleden dus. Ik moet toegeven dat

ik misschien met iets te veel bravoure op pad was gegaan. Bogotá was eigenlijk de enige veilige plek van het land en zelfs daar ging het geregeld mis. We logeerden in de beste wijk van de hoofdstad, maar af en toe knalde het er behoorlijk. Op straat wemelde het van de lijmsnuivertjes en de criminele types. De paar restaurants in de buurt lieten je niet zomaar binnen. Eerst reserveren, dan aanmelden met paspoort, vervolgens werd je aan de deur gefouilleerd en begeleidde een bewaker je naar binnen. En zelfs met die veiligheidsmaatregelen ging er in zo'n etablissement weleens een bommetje af, zelfs een keer ergens waar ik de dag ervoor nog had gegeten. Altijd had het iets met de cocaïnehandel van doen, en altijd was het bedoeld om de mensen angst aan te jagen. Dat lukte natuurlijk prima.

Nee, relaxed vond ik het er zeker niet. Algemeen bekend was dat bij een confrontatie met de politie alle zeilen der voorzichtigheid moesten worden bijgezet. De president had immers per decreet besloten de heilige hermandad toestemming te geven om in alle gevallen eerst te schieten en daarna pas vragen te stellen. De minste verdenking van een overtreding kon tot een gericht schot leiden, dus je paste wel op.

Ik weet nog goed dat we na het afronden van die eerste reportage in dat verdoemde land terugreden naar het vliegveld El Dorado. Een paar honderd meter voor de terminal was er aan de overkant een opstootje met veel politiewagens. Er stond een taxi met alle deuren wagenwijd open. Bij de vertrekhal hoorden we dat de betreffende taxi beschoten was, en dat de twee zojuist aangekomen Amerikaanse passagiers daarbij het loodje hadden gelegd. Zal wel iets met cocaïne te maken hebben, dacht men. Ík dacht alleen maar: wíj hadden net zo goed in die taxi kunnen zitten. Stel dat je vol goede moed en zin in avontuur arriveert, en dat je na nog geen kilometer in het land van bestemming alweer rechtsomkeert moet maken. In een kist. Afschrikwekkend. Ik nam me één ding voor: niet aan de familie vertellen, anders laten ze me nooit meer hierheen gaan.

In de jaren daarna bezochten we Colombia zeer regelmatig. Inmiddels wist ik welke risico's we namen. Of liever gezegd, welke risico's we zeker niet zouden nemen. Zodra iemand ons ook maar even afraadde ergens heen te gaan deden we dat ook niet. We bleven weg van de guerrilla-hotspots en de plaatsen waar gewapende confrontaties schering en inslag waren. Dat bleek vaak lastig. Eigenlijk kon je alleen per vliegtuig het land door, over de weg was onverantwoord.

Maar soms kon het niet anders. Ik herinner me een rit van Villavicencio naar Yopal dwars door cocaïnegebied. De taxichauffeur was niet op z'n gemak en wij nog minder. Om aan ontvoeringen te ontkomen konden we het beste onder een dekentje tussen voor- en achterbank gaan liggen. Regelmatig reden er motoren voorbij die de inhoud van onze taxi checkten. Blijkbaar waren we goed verstopt, want er gebeurde niets misdadigs. In Yopal begreep ik pas hoe serieus de ellende hier was. Legerhelikopters vlogen laag over de streek, iedereen was bewapend, vanuit Volkswagenbusjes werden op vele locaties pistolen en ander wapentuig verhandeld. Heel gezellig.

Gelukkig kreeg Colombia in de loop der jaren langzaam maar zeker greep op de cocaïnehandel en de bijbehorende misdaad. Elke keer weer kon er meer, en was er weer een nieuw gebied dat als redelijk veilig werd bestempeld. Hele provincies werden ten slotte ontsloten en wij leerden het land en zijn bewoners steeds beter kennen. De laatste jaren was het een feest om af te reizen naar een van die prachtige locaties in Colombia. Het schitterende, kleurrijke land wordt bevolkt door onvoorstelbaar aardige mensen. Je mag tegenwoordig vrijwel overal komen.

Er is nog maar een heel klein stukje dat vooralsnog wordt afgeraden: de regio Norte de Santander. En dat is nou precies waar wij op onze *Spoorloos*-reis moesten zijn.

Het is juni 2017. De echtgenoot van de moeder naar wie we op zoek zijn woont in het dorpje El Tarra, centraal gelegen in Norte de Santander. Vanuit onze standplaats Cúcuta zou het een dikke vier uur rijden zijn. Goed te doen volgens taxichauffeurs, politieagenten en militairen. Het is lastig om een taxi te vinden, precies dit weekend is het Vaderdag en iedereen wil die bij de familie doorbrengen. Dan huren we maar een auto. Rijden we gewoon zelf.

De jongedame aan de balie van autoverhuurder Localiza is enthousiast. El Tarra ligt in een prachtig gebied met overweldigende natuur. Het is inderdaad nog een 'zona roja', maar de guerrilla is niet meer actief sinds de vredesbesprekingen in volle gang zijn. Beetje uitkijken, niks aan de hand.

De enige beschikbare auto is een Renault Duster. Dat is jammer, alleen voor de naam schaam je je al, maar goed, we hebben geen keuze. Op het laatste moment neem ik toch maar de meest volledige verzekering die de autoverhuurder beschikbaar heeft, met een eigen risico van nul.

Met een welgemeend 'tot over een paar dagen' vertrekken we naar ons hotel in het centrum van Cúcuta om ons ter dege voor te bereiden op de zaken die komen gaan. Een rit naar het spannende onbekende.

Snel versturen we nog wat appjes en mails met een update van onze bezigheden. Het zullen voorlopig de laatste contacten met de beschaving zijn, al heb ik daar op dat moment nog geen weet van.

Stelt u zich het volgende voor. Twee (jonge) mannen in een lachwekkende auto. Een grijze Renault Duster. Veel erger kan het niet, behalve misschien een Fiat Doblo. De twee heten Derk en Eus. Derk rijdt. Dat doet-ie altijd, dan kunnen de kijkers zien hoe hij de wegen van de wereld beheerst doorkruist om zijn taak te volbrengen: het herenigen van families. Naast hem zit Eus. Vrijwel altijd met de camera in de aanslag. Waar Derk eigenlijk alleen maar stoer voor zich uit hoeft zitten te kijken, is Eus verantwoordelijk voor het tot de verbeelding sprekende filmmateriaal. Zijn inspanningen gaan vaak vergezeld van goed getroffen krachttermen, meestal zelf verzonnen. Dat komt dan vooral door de onbegaanbare hobbelwegen die elk vast shot onmogelijk maken, of anders vanwege de slechte vering van de auto, die hetzelfde doet. Hun motto in het leven is: *The torture never stops*. De marteling stopt nooit. Uiteraard met een knipoog.

De twee kennen elkaar trouwens al bijna een leven lang. Nou ja, bij wijze van spreken. Toen Derk begon als verslaggevertje bij onder andere *Brandpunt, Middageditie, Sport op Vrijdag*, startte Eus zijn carrière als cameraman bij de toenmalige NOS. Ze kwamen elkaar tegen, bleken dezelfde smaak te hebben op het gebied van muziek, films en boeken, en dat schiep een band. Die strekt zich nu al uit over meer dan vijfendertig jaar in vriendschap en collegialiteit. Kortom, ze kunnen het goed met elkaar vinden, hebben al een hoop meegemaakt en zijn dat nog lang niet zat.

Eus en Derk gaan dus de volgende dag met z'n tweeën vol goede moed op pad.

Zaterdag 17 juni 2017

Dag 1

Die zaterdagochtend vertrekken we direct na het ontbijt. Al vrij snel blijkt onze Duster inderdaad een auto van niks. Het ding ziet er weliswaar stoer uit, maar presteert beneden de maat. Kennelijk zit er een prutsmotortje in, want hij loeit bij vrijwel elke inhaalmanoeuvre als een koe in barensnood. Gelukkig is de weg goed begaanbaar. Er ligt asfalt van een heel acceptabele kwaliteit. Na een uur of twee wordt dat echter in rap tempo minder. Het wegdek lijkt opeens een 2000-stukken-puzzel waarvan de helft van de stukjes ontbreekt. Sneller dan vijftig kunnen we niet en ons uitgebreide ontbijt van die ochtend begint lelijk op te spelen.

Om ook voor de film te illustreren dat we het niet cadeau krijgen, besluiten we een kort stukje tekst van mij op te nemen: een uitleg van wat we aan het doen zijn. Ik moet de tekst ontelbare keren opnieuw inspreken, want door het rampzalige wegdek valt er voor Eus geen stabiel shot te maken en tussen alle krachttermen door probeer ik er ten minste één tot een goed einde te brengen.

'We zijn onderweg naar El Tarra, een klein plaatsje waar de huidige echtgenoot woont van de moeder naar wie we op zoek zijn. El Tarra ligt in zogenaamd rood gebied. Dat wil zeggen dat er nog guerrilla-activiteit is, hoewel die zich op dit moment meer keert tegen het officiële leger dan tegen passerende buitenlanders. Zo is mij verteld. Ik zou zeggen: laten we het hopen. De weg is in elk geval nog lang en zoals u ziet: rampzalig slecht.'

Uiteindelijk staat het erop en beraden we ons over de werkwijze van de dag. We proberen normaal gesproken zo weinig mogelijk op te vallen en vooral hier lijkt dat van het grootste belang. Ik kan dan wel wat luchtig voorbijgaan aan het rode karakter van de streek, maar helemaal gerust ben ik er niet op. Later we vooral geen aandacht trekken met al onze apparatuur. We bergen de 'grote' camera samen met de drone en onze andere spullen onzichtbaar op in de achterbak. De reis zullen we verder illustreren met opnamen van een kleiner fotocameraatje, dat ook prima beelden levert.

En zo zitten we als twee toeristen naar buiten te gluren en filmen regelmatig iets dat we de moeite waard vinden. Want hoe slecht de weg ook is, de omgeving maakt veel goed. Kleurrijk Colombia op z'n best. Het is druk in de dorpjes waar we doorheen rijden, overal wordt het weekend op dezelfde manier gevierd. Vanaf de terrasjes klinkt oorverdovende muziek en op de tafels groeien grote verzamelingen lege bierflesjes. Daar tussendoor laveren vrolijke plattelandsbewoners die al sinds vrijdagmiddag te diep in het glaasje hebben gekeken en die nu, met rode konen en neuzen, proberen zich staande te houden in de niet-aflatende stroom drank.

Wanneer je erlangs rijdt biedt dit natuurlijk een vermakelijke aanblik. De een is nog lammer dan de ander en velen hebben nu al het hoofd te ruste gelegd op een van de tafels. Het is dan goed je te realiseren dat de heren, want het zijn vrijwel altijd heren, er niet voor terugdeinzen om in hun kennelijke staat het brommertje te pakken teneinde thuis een uurtje bij te slapen. Levensgevaarlijk. Gelukkig maakt men, hoe dieper je het binnenland in reist, steeds meer gebruik van het edele ros. Een paard drinkt nu eenmaal geen alcohol en is derhalve een veiliger medeweggebruiker dan zo'n gemotoriseerde dronkenlap.

Stapvoets rijdend kunnen we de meeste onverwachte manoeuvres goed aan zien komen en van gevaar ontdoen. Bovendien maken we bij deze snelheid mooie opnamen. Langzaam glijdt zo'n kleurrijk dorpje voorbij, de salsa schalt, de zon brandt, er is geen gevaar te bekennen.

Elk plaatsje heeft zijn centrale politiepost of militaire controle. Dat is in Colombia vrijwel overal hetzelfde. Hoe verder men van de grote steden af zit, hoe regelmatiger de controle van de lokale autoriteiten. Die zoeken naar contrabande, voortvluchtige boeven, slecht onderhouden voertuigen, valse papieren, en wat al niet meer. De controlepost wordt altijd gekenmerkt door een in het wegdek aangebrachte hobbel, die hoger is dan de drempels waarmee men het verkeer in elk dorpje tot langzaam rijden dwingt. Bij die hobbel is dan aan de zijkant van de weg een tent opgetrokken, en voor die tent lopen wat militairen of politieagenten verveeld heen en weer. Meestal doen ze niks. Af en toe lachen ze om iemand die de hobbel te hard neemt en bijna z'n auto uit gekatapulteerd wordt.

Ons houden ze nooit aan, maar bij de meeste stop ik nu uit mezelf. Toch even controleren of we op de juiste weg zitten en of men onze onderneming nog altijd verantwoord vindt. En steeds hoor ik weer hetzelfde. El Tarra? Gewoon rechtdoor blijven rijden en ja hoor, daar kun je best naartoe.

'No hay peligro?' vraag ik elk uniform dat we tegenkomen. Is het veilig?

Slechts één keer zegt een militair dat hij tegen betaling wel mee wil om ons te beschermen. Volgens mij is dat gevaarlijk, veronderstel ik. De guerrilla vecht toch met het leger? Laten we vooral de kat niet op het spek binden door met een militair in de auto rond te rijden.

De jongeman lacht. *'No tengo miedo,'* ik ben niet bang.

'Maar wij wel,' zeg ik overtuigend en zwaai de vriendelijke soldaat vaarwel.

Naarmate we dieper het binnenland in rijden, wordt de natuur steeds mooier en indrukwekkender. Ik ben eigenlijk niet zo'n natuurmens, maar als decor kan ik een mooie omgeving best waarderen. De natuur op afstand, dat vind ik het fijnste. Ik ben er namelijk ten diepste van overtuigd dat de mens op voet van oorlog leeft met alles wat om ons heen groeit en bloeit. Van muskiet tot giftige anemoon, van bacterie of virus tot Andes-anaconda: alles in de natuur is erop gericht om ons uit te schakelen, en liefst op een zo ellendig mogelijke manier. Ik ben daar bang voor, maar vanuit de auto is het prima te doen.

We zetten een vrolijk muziekje aan en kijken nieuwsgierig op de navigatie-app of we al een beetje opschieten. Dat blijkt niet het geval. Hoewel we nu al ruim vier uur onderweg zijn, lijkt het erop dat we nog niet eens de helft van het traject hebben afgelegd. Het is toch misschien een beetje verder dan door onze vrienden van Google Maps was ingeschat. Gelukkig hebben we verschoning en toiletspullen voor een nacht meegenomen, zodat we eventueel in het kleine dorpje kunnen overblijven.

We beginnen te rekenen. Stel dat we halverwege zijn, dan moeten we nog vier uur door. Komen we om zes uur 's avonds aan, dan is het te donker om te filmen. Blijven we een nacht logeren, dan zullen we vroeg aan de bak moeten, want diezelfde dag moeten we ook nog terug, weer acht uur over die rampzalige hobbelweg. Hoe nuttig is onze onderneming eigenlijk? Ik heb al via de app contact gekregen met de man die we gaan bezoeken. Zou ik niet gewoon op die manier het adres en telefoonnummer van zijn vrouw vragen? Dan hoeven we er niet helemaal naartoe.

We bespreken de mogelijkheden maar komen tot de conclusie dat we gewoon doorrijden. *Spoorloos* is nu eenmaal een televisieprogramma en geen app. De man die we willen spreken moeten we zien in de omgeving waar hij woont en werkt. Het filmen van een tekstje op de telefoon is ons te karig.

Even later rijden we de laatste plaats van betekenis binnen voordat we echt de bergen in zullen verdwijnen. Tibú heeft alles. Nogal wat hotels, veel groothandels, een handvol benzinepompen en talloze restaurants en bars. Het is er druk. Minibusjes wachten op passagiers die per motorfiets vanuit de omgeving worden aangevoerd. Een rijtje kappers langs de weg doet in de openlucht nog snel even goede zaken. Producten van het land worden overal in stalletjes aangeboden. De lekkerste avocado's en het kleurrijkste fruit. Ananas, mango, papaja, alles vers, zo van boom of struik.

We hebben water nodig en bij een grote *panaderia* aan het einde van de stad kopen we een forse voorraad. Het meisje achter de toonbank kijkt ervan op. Wat wij allemaal wel niet van plan zijn met twintig flessen water, vraagt ze. Van mijn antwoord blijkt ze geen woord te verstaan. Schaterlachend kijkt ze me aan en vraagt verwonderd waar we vandaan komen dat we zo raar spreken.

'*Holanda*,' zeg ik, maar daar heeft ze nog nooit van gehoord.

'El Tarra?' vraag ik. '*Cuanto tiempo?*'

Zonder blikken of blozen geeft ze antwoord: tussen de drie en vier uur is het nog.

Teleurgesteld hoor ik het aan. Nee, er gaat geen wonder gebeuren, er is niet ineens een kortere weg beschikbaar. We zullen eraan moeten geloven. We kijken elkaar aan en denken een beetje aarzelend hetzelfde. We gaan verder.

Een paar minuten later rijden we Tibú uit. Voorbij een troosteloze militaire post waarvoor weliswaar een enorme verkeersdrempel is aangelegd, maar waar geen militair te zien is. Aan niemand kunnen we nu nog advies vragen. Het bord waarop een soldatenhelm staat afgebeeld met de tekst 'Ultima puesta militar' komt op mij wat vreemd over. Laatste militaire controlepost. Laatste voor wat? Misschien moet ik er niet te veel over nadenken.

Zodra we de gemeentegrens van Tibú voorbij zijn, wordt de weg nog slechter. Er is nu helemaal geen asfalt meer te bekennen. We rijden over grote en minder grote keien op een weg van een meter of vijf breed. Een poosje heb je nog de hoop dat het wel weer een keer beter zal worden, maar na een klein uur weet je het zeker: deze ramp blijft. We kunnen niet sneller dan twintig, hooguit dertig. De vierwiel-aangedreven Duster schiet door al het gehobbel voortdurend uit de versnelling. Ik heb in de loop der jaren al heel wat ellendige wegen versleten, maar deze spant de kroon. Om een slok water te nemen moeten we stoppen, anders krijg je niets in je mond.

Steeds vaker kijken we elkaar aan. Waar zijn we mee bezig? De omgeving begint wel imposanter te worden. We hebben het vlakke terrein achter ons gelaten. Het glooiende, bergachtige landschap strekt zich eindeloos ver naar alle kanten uit. In de diepte zien we regelmatig een snel stromende rivier meanderen. En boven dat alles hangt een staalblauwe lucht met her en der een schapenwolkje.

Maar de sfeer is ook langzaam aan het veranderen. Auto's komen we eigenlijk niet meer tegen. Men verplaatst zich op lichte motoren. 125 cc Honda's zijn het populairst. Niet zo gek, want met een tweewieler schiet de reis heel wat beter op dan met onze luxe wagen. We worden dan ook voortdurend ingehaald. De motorrijders zijn vaak mannen van het land in laarzen en overall. Gebruinde, verweerde koppen die ons steeds weer verwonderd aanstaren. Alsof ze denken: wat doen die gasten hier in vredesnaam? De dorpjes waar we doorheen komen bestaan over het algemeen uit niets meer dan een dubbele rij huisjes en wat kleine winkeltjes. Het stelt weinig voor. Regelmatig staat er een figuur langs de kant die een touw over de weg heeft gespannen. Steevast wil zo'n type 5000 peso, € 1,50. Een soort belasting, denk ik. Het is niet veel geld, dus we protesteren niet.

Ineens staat er zo'n zelfde figuur precies tussen twee dorpen in. Ook met een touw. Als we stoppen begint hij een heel verhaal. Z'n vrouw moet geopereerd worden en dat kost veel geld. Vandaar dat hij deze inzamelingsactie is gestart. Ik vraag wat zijn vrouw dan precies heeft, maar daarop komt geen antwoord. Iets ergs, zegt-ie nog wel, en hij laat me een geplastificeerd papier zien van een ziekenhuis. Ik vraag hoe z'n vrouw heet. Ook dat blijkt een lastige. In elk geval heet ze niet zoals vermeld op de ziekenhuiskaart. Ik geef de man 1000 peso voor zijn oplichtingstruc. Het lijkt mij nog niet eens genoeg om het licht in de operatiezaal aan te doen, maar met een blij gezicht laat hij het touw zakken.

Steeds verder door, steeds verder, weg van de bekende wereld, voorbij alles wat we begrijpen. Steeds minder controle, steeds meer overgeleverd aan... ja, aan wat eigenlijk? We beginnen ons een beetje ongemakkelijk te voelen. Hoe lieflijk en onschuldig het landschap dat aan ons voorbijglijdt ook is, er is iets. Waarom hebben we trouwens precies nu een niet-geblindeerde auto, vraag ik me veel te laat af. We voelen ons bekeken en gewogen in onze huur-Duster. We zijn de enigen met een auto. Van onze wens nergens op te vallen komt hier totaal niets terecht. Het lijkt wel alsof we rondrijden met sirenes en zwaailichten op het dak. Kijk, hier zijn we, vreemde vogels uit Verweggistan, ziet u ons niet? Opnieuw twijfel. Hoe ver zou het nog zijn? Het lijkt alsof we een fuik inrijden, één waar je niet zomaar weer uit komt.

We gaan steeds langzamer, overleggen vrijwel voortdurend. We wegen de voors en tegens van doorgaan. Het voelt vreemd. Zoiets overkomt ons nooit. We zijn al zo vaak het onbekende tegemoet gereden. En daarbij zijn we ook echt weleens in een unheimische buurt terechtgekomen. Een wijk waarvan je aanvoelt dat je er na het donker niet gezien moet worden. Maar dat was altijd van korte duur, na een paar straten liet je de buurt weer achter je. De eindeloze zandwegen die het Colombiaanse platteland doorsnijden hebben altijd iets vriendelijks. De mensen zijn nieuwsgierig en behulpzaam. Ze maken graag een praatje en een flesje bier wordt gemakkelijk gedeeld.

Maar deze streek voelt helemaal niet zo vriendelijk. Het komt door het gebrek aan auto's en het surplus aan motoren, denk ik. En die vreselijke weg. Die heeft iets afwerends, iets waardoor je je niet welkom voelt. De keien op het wegdek doen denken aan de drooggevallen bedding van een rivier. Je zwalkt van links naar rechts, je hobbelt met je kop tegen het dak of een zijraampje. De weg belooft gewoon niks goeds. Hij lijkt steeds maar te willen zeggen: rij maar door, het wordt erger, nog veel erger.

Dan staat er ineens een oudere man langs de kant. Ik stop om te vragen hoe ver het nog rijden is naar dat verdoemde El Tarra. Het kereltje is razendsnel.

‘El Tarra, ga je die kant op? Dan rij ik even mee.’

Hij heeft de achterdeur in *no time* open en zit al lekker, nog voor we het in de gaten hebben. Ik hou niet zo van het meenemen van lifters. Vaak leidt het contact met een lokaal persoon tot een hinderlijke uitwisseling van nutteloze informatie. Of tot lange, ijzige stiltes. Je hebt er eigenlijk nooit iets aan. En ook voor de meerijder is het niet altijd even lollig; soms vertrouwen zíj het zaakje niet en zijn ze doodsbenauwd. Maar onze Pepe op de achterbank is verre van timide. Vanaf het moment dat ik gas geef om de reis te vervolgen is hij aan het woord. In een variant op de Spaanse taal waarmee ik nogal wat moeite heb, vertelt hij ons de geschiedenis van de streek. Het is zijn geboortegrond, het mooiste stukje aarde dat hij kent. Ik vraag maar niet bijdehand hoeveel aarde hij dan wel kent, want de man zit lekker op z’n praatstoel.

Vijf jaar geleden is hij hier teruggekeerd. Voor die tijd was het te gevaarlijk rondom zijn woonplaats Versalles. Dat begon een jaar of twaalf terug, toen in deze buurt de guerrilla, de paramilitairen en het officiële leger een bloedige en dodelijke strijd streden. De paramilitairen waren het gevaarlijkst. Zij hadden geen enkel gevoel voor de mensen uit de streek. Een paramilitair wordt vaak gerekruteerd in een andere provincie en komt uitsluitend om te vechten. Om te roven. Om mensen uit hun huizen en van hun grond te verjagen. Om angst en verderf te zaaien. Er hebben zich hier verschrikkelijke taferelen afgespeeld, vertelt Pepe. Van zijn directe familie werden zeven mensen vermoord, onder wie zijn beide broers en zijn vader. Duizenden slachtoffers zijn er gevallen. De lijken werden gedumpt in de rivier. Elke dag zag je er wel een paar drijven.

Uiteindelijk werden de meeste inwoners van de kleine dorpen geëvacueerd naar Cúcuta, de betrekkelijk veilige hoofdstad van de provincie Norte de Santander. Toen vredesbesprekingen enig effect begonnen te krijgen mocht men langzamerhand terugkeren en nu zitten de meesten weer op hun oude vertrouwde plekje. Want het gaat goed. De route naar de vrede is ingezet, van de guerrilla merkt men nauwelijks nog iets.

Ik vind het interessant wat de man vertelt en we besluiten hem kort te interviewen. Wie weet komt het nog van pas in de reportage. We nemen het op via een iPhone. Pepe vertelt zijn verhaal nog een keer en benadrukt dat we ons geen zorgen hoeven te maken. El Tarra is nog een uurtje rijden en helemaal safe.

Op de een of andere manier geeft dit de burger moed. Het is nog maar drie uur in de middag; even doorrijden en we zijn er. Ruim voor zonsondergang. Pepe vertelt dat zijn schoonzus een hotel runt in El Tarra. Veertig kamers, uiteraard met airco. Hospedaje Santa Cruz heet het. Allemaal informatie die ons vrolijk stemt. Het klinkt beschaafd. Een hotel met veertig kamers. Dat zal er toch niet staan voor de toevallig passerende lokale boer. Ik neem aan dat men regelmatig bezoek van buiten krijgt; dit weekend zullen wij dat zijn.

Wanneer er een rijtje huizen langs de kant van de weg verschijnt, moeten we weer eens stoppen om dorpsbelasting te betalen. Pepe woont schuin aan de overkant en stapt schielijk uit. In een vloek en een zucht verdwijnt hij. '*Gracias*,' zegt hij nog wel, maar '*buenas tardes*' kan er duidelijk niet meer vanaf.

Versalles, vernoemd naar het Franse Versailles, ligt er ook alweer zo feestelijk bij. Weekend, drank, luide muziek, vrolijke kleuren. Eus maakt een opname door de voor- en zijruit. We hebben er weer zin in en verheugen ons op het laatste stukje van de reis. Maar dan verandert alles. Ineens komt een ventje op een motor langszij. Hij rijdt rechts naast Eus. '*Da me la camera,*' zegt hij in duidelijk Spaans en met een grimmige gelaatsuitdrukking. 'Geef me de camera.'

Een overval, denk ik meteen. Een brutale aap uit de omgeving die probeert een onschuldige toerist angst aan te jagen in de hoop iets van waarde te pakken te krijgen. Ik kijk de zenuwachtige jongeman aan en zeg: 'No.' Daarna geef ik gas. Het gaat allemaal snel, maar nog veel rapper zijn de hersens aan het werk. Al vanaf het eerste woord dat de boef spreekt zie ik hoe slecht onze positie is. We zijn in een omstreden gebied waar misdaad wellicht makkelijker gedijt dan op plaatsen met politiecontrole. Wij zitten in een auto die qua snelheid geen schijn van kans maakt tegen zijn motor. Ik ben bang dat de jongen gewapend is en wij zijn dat zeker niet.

Terwijl ik vol gas geef om ervandoor te gaan, begrijp ik ook hoe zinloos mijn actie is. Nog geen vierhonderd meter verder haalt het motormannetje ons al in en snijdt hij ons de weg af. Hij stopt, en ja hoor, pakt een pistool uit z'n broeksband en richt dat op ons. We schreeuwen om het hardst '*no, no, no*'. Intussen keer ik, gebukt achter het stuur, zo goed en zo kwaad als het gaat onze auto. Tot m'n verbazing lukt dat en wordt er ook niet geschoten.

Ik heb geen idee of ik bang ben. Ja, natuurlijk ben ik dat wel, maar ik besef het niet. Het ventje hoeft maar even kramp in z'n rechterwijsvinger te krijgen en het feest begint. Maar ik zie mijn leven nog niet in een paar seconden voorbijflitsen, dus ik leef nog. Ik hoop vurig dat hij niet durft te schieten of dat op z'n minst de eerste kogels hun doel zullen missen. Maar er klinkt geen schot. Alleen m'n hart bonkt oorverdovend.

Mijn voornemen is om terug te rijden naar het dorpje

en daar tussen de mensen de verdere ontwikkelingen af te wachten. Misschien dat het onze overvaller afschrikt. We baren veel opzien. Vooral omdat ik honderd kilometer per uur rij op een weg waarop je nauwelijks twintig kan. Ik ben blij dat ik niets en niemand raak. Het had een ramp kunnen worden.

Op een stukje gras, midden in Versalles, zet ik de auto stil. De boef komt dichterbij met getrokken pistool. We moeten uitstappen. Een seconde later meldt zich een tweede pistoolheld, een mafketel met een Che Guevara-petje op zijn varkenskop. Het gebrek aan verstand straalt van hem af. Maar goed, alle twee hebben ze een pistool, een groot ding waarmee heel wat schade kan worden aangericht.

Samen proberen Eus en ik de zaak te de-escaleren. We houden onze handen omhoog en in het Spaans probeer ik de mantra: '*Calmese, calmese. Por favor!*' De heren zijn duidelijk niet op hun gemak. De varkenskop stelt zich verdekt op, schuin voor ons, en de zenuwachtige motorheld staat verborgen achter een muurtje aan de andere kant. De laatste voert het woord. Waarom wij ervandoor gingen, wil hij met hysterisch overslaande stem weten. Ik probeer uit te leggen dat ik een overval vermoedde en dat wij daar dus niet van gediend zijn.

Hij komt dichterbij, met het pistool nog steeds op ons gericht. Wie wij zijn, wie ons gestuurd heeft, voor wie we spioneren, wil hij weten.

Omdat ik vermoed dat de man niet goed wijs is probeer ik in luid en duidelijk Spaans de zaak wat weg te lachen. Hoe hij daarbij komt? Wij spionnen? Natuurlijk niet! En waarom is het verboden te filmen in het dorp? We zijn gewoon Hollanders op doorreis. De Che-pet heeft zijn pistool ook nog steeds in de aanslag en de ander windt zich steeds verder op. Hij staat zo strak als een snaar en het zou mij niet verbazen als hij wat producten van eigen bodem heeft gebruikt. Alles voelt ongemakkelijk.

Ineens verschijnt een woedende vrouw op het toneel. '*Pendejo, pendejo,*' schreeuwt ze naar de revolverhelden. 'Stelletje klootzakken. Sodemieter op, het dorp uit. Ga die ellende maar ergens anders uithalen.' De jongens zijn zichtbaar onder de indruk na dit standje. Even denk ik dat we gered zijn, maar niets is minder waar. 'Neem die gringo's maar mee, doe wat je wil, maar sodemieter op.' Shit. Ik zeg tegen de boze vrouw dat dat laatste niet zo'n goed idee is. We blijven liever bij haar, als het haar niks uitmaakt. Maar dat maakt het wel. 'Met jullie krijgen we alleen maar problemen, wegwezen, zoek het zelf maar uit.'

Onze bezorgdheid groeit. Waar we normaalgesproken de bevolking om de vingers winden met de verhalen over onze zoektochten, wil de boze vrouw hier duidelijk niets van horen. Het is allemaal te heftig, veel heftiger dan anders. We hebben echt weleens eerder in penibele situaties gezeten, maar daar konden we ons uiteindelijk altijd wel weer uit lullen.

Ik voel m'n hart bonken. Minder snel dan toen we zojuist nog tussen de pistolen stonden, maar toch. Het is loeiheet, het zweet is ons al onbeheersbaar uitgebroken. Ik verzet me tegen het vertrek van deze plaats. Ik wil niet mee met die twee klootzakken. Stelletje gewapende lamlullen die ons zomaar mee denken te kunnen nemen? Ik dacht het niet.

Ondertussen gebeurt er van alles. De achterbak van de auto is opengemaakt en onze grote camera is ontdekt. Net als de drone. De iPhone met navigatie die ik op het dashboard had vastgeplakt wordt triomfantelijk buitgemaakt. Ontken nou nog maar eens dat je een spion bent en informant van de regering. De zenuwenlijer raakt op dreef en over z'n toeren. Hysterisch staat hij tegen me te briesen.

O, wat zou ik hem graag een enorme dreun voor zijn onbenullige hersens geven. Ik kijk Eus aan en zie dat hij precies hetzelfde denkt. Waren de boeven ongewapend geweest, dan zouden we het vast en zeker hebben gedaan. Ik krijg de zaak met geen mogelijkheid gekalmeerd. Dat komt ook doordat we elkaar niet goed verstaan. De jongens drukken zich uit in een soort Spaans dat ik niet machtig ben. Op hun beurt verstaan zij mijn schoolboekjes-Spaans weer niet. En voor een pleidooi om langzaam en duidelijk te spreken is dit waarschijnlijk niet het juiste moment.

Een groepje mannen komt de straat opgelopen, zichtbaar met tegenzin. Zuchtend voegen ze zich bij ons en proberen het conflict te ontwarren. Ze spreken behoorlijk goed Spaans, althans, ik kan ze begrijpen. Verstandige mensen, concludeer ik. Zo dadelijk zal een en ander worden opgehelderd en mogen wij weer doorrijden, onder het toeziend oog van de gewapende bengels. De mannen blijken lid te zijn van de dorpsraad van Versalles. De notabelen dus.

Ik leg de leider uit wat is voorgevallen en vertel daarbij het verhaal van onze zoektocht. Overal ter wereld doet dat verhaal wonderen: boevenharten smelten, boze koppen beginnen gul te lachen. Hier niet. Wat kan er nou in El Tarra zo belangrijk zijn dat wij daar per se heen moeten? Ik leg uit met wie we een afspraak hebben en waarom we deze man willen ontmoeten. 'Een Venezolaanse constructiewerker in El Tarra, de man van een vrouw die u zoekt? Kunt u die niet gewoon bellen?' De dorpsraad snapt er weinig van; hun idee over televisie ligt te ver verwijderd van het onze. Wel zit de dorpsraad een beetje met de situatie in de maag.

Op de achtergrond doet de zenuwachtige motor-pistolero

de ene belastende ontdekking na de andere. Onze huurauto zit vol camera's, komt hij verontwaardigd melden. Ze hebben ze intussen allemaal afgeplakt. Ik zie dat er stukjes zwarte tape op de parkeersensoren in de bumper van de Duster zitten. Ze zijn overduidelijk de slimsten niet, zwak uitgedrukt. Wel oefenen ze steeds meer druk uit op de dorpsraad om ervandoor te gaan. Met ons en de auto. Er is nu geen discussie meer mogelijk, we zullen vertrekken. Ik mag onze Duster niet meer besturen. De leider van de dorpsraad stapt in, zet hem in z'n achteruit en geeft vol gas. De paal achter de auto heeft hij natuurlijk niet gezien. En omdat de parkeersensoren zijn afgeplakt, is er ook geen waarschuwing. Wel een harde knal en een enorm gekraak van een scheurende bumper. Wat een geluk dat ik bij de huur het volledige eigen risico op de valreep heb afgekocht, denk ik nog.

Zonder verdere ongelukken rijden we naar een zijweggetje iets buiten het dorp. Daar worden de ondervraging en de hysterische verdachtmakingen vervolgd. De zenuwenboef ontdekt een zendermicrofoontje op mijn bloes. Hij ontploft bijna. We zijn ze aan het afluisteren en sturen via de satelliet alles door naar de regering, is zijn idiote aanname. Hij trekt het ding los en het snoer breekt. Ik probeer zo snel mogelijk alles van me af te krijgen zonder nog meer schade. Intussen spreek ik bestraffend Spaans in stevige bewoordingen. Dat kan makkelijk, hij begrijpt er toch niks van.

Dan bekijken ze onze paspoorten. Al snel trekken ze de conclusie dat we uit de Verenigde Staten komen. En uiteraard zijn we dan dus ook CIA-spionnen. De boeven kunnen duidelijk niet lezen. We leggen aan de dorpsraad nog maar een keer uit wie we zijn: 'We zijn Hollanders, hulpverleners van een katholieke organisatie. Ons doel is het herenigen van familieleden die elkaar nog nooit hebben ontmoet.'

Ik zie dat het geen enkele indruk maakt. Waarom hebben we de plaatselijke priester niet ingelicht als wij van een katholieke organisatie zijn, of het Rode Kruis? vragen ze. Nee, hun grondhouding is negatief en afwijzend. Langzaam begint de moed me in de schoenen te zakken. Deze situatie is nu echt vervelend aan het worden.

Omdat vrijwel alle gesprekken in het Spaans waren en ik daar het beste mee overweg kan, probeer ik nu de essentie te vertalen en met Eus het verhaal te reconstrueren. Alle seinen staan op rood, concluderen we. Alles wat anders altijd werkte, heeft hier geen effect. We voelen ons kwetsbaar zonder auto en spullen. De kleren aan het lijf is alles wat we nog hebben. Onze angst voor de pistoolhelden is weliswaar geweken, maar wat ons te wachten staat is zo ongewis, dat we er allebei zenuwachtig van zijn geworden. En omdat we ook nog steeds aan het werk zijn, bespreken we daarbovenop nog eens hoe we nu verder kunnen met de zoektocht. Komen we nog in El Tarra vandaag? Misschien halen we het niet voor het donker en moeten we in de buurt overnachten. Zou de man met wie we een afspraak hebben daar rustig op ons wachten of misschien gaan bellen met onze correspondent, van wie ik hem ook een telefoonnummer heb gegeven? We vertrouwen er nog steeds op dat er uiteindelijk een verstandige persoon zal komen die de conclusie trekt dat we geen gevaar vormen. Iemand die ons rustig onze tocht zal laten vervolgen.

We moeten ons opnieuw verplaatsen. Ik vraag waarom dat nodig is.

We staan nog te dicht bij het dorp voor de dingen die komen gaan, legt een lid van de dorpsraad mij uit.

'Hoe bedoelt u, de dingen die komen gaan?' vraag ik verontrust.

Dat zullen we wel zien, wimpelt hij af.

We gaan richting de rivier. Zal hij eens wat vertellen over die rivier? Het is de plek waar tijdens de gevechten een jaar of tien geleden 'slechte zaken' plaatsvonden. Iedereen die in Versalles de dood vond door kogels van de paramilitairen werd daar het water in gegooid. Zeker 3000 lijken zijn geteld, zegt de man alsof er daarmee een mooi record in de boeken staat. Hoeveel lijken bij jullie? 2600? Ha, slechte score zeg, wij hadden er meer dan 3000. Een record, jazeker.

Zo'n verhaal bevalt me helemaal niet. Wat hebben wij ermee te maken? Ik realiseer me opeens ook dat in deze omgeving iedereen waarschijnlijk een verleden heeft. Nu doen ze zich voor als vrome dorpspolitici, maar ten tijde van de 'strijd' konden ook zij best eens gewapend door de bergen zijn getrokken. Schietend op alles wat los en vast zat vanwege een ideologie die kant noch wal raakte.

We slingeren over een kiezelpad naar beneden in de auto van het raadslid met z'n opbeurende verhalen. Onze Renault Duster is inmiddels geconfisqueerd en met al onze apparatuur in het niets opgelost. Verdwenen. De weg glooit door de groene, vruchtbare jungle. Het is inmiddels een uur of vier. Het late zonlicht kleurt steeds meer naar warm goud. Zuid-Frankrijk aan het einde van een lome zomerdag. God nog an toe, waren we daar maar. Eus en ik kijken elkaar steeds wat verbijsterd en vooral bezorgd aan. We praten niet veel. Ik vertaal het hoogstnodige en laat achterwege wat tot nog meer ongerustheid kan leiden. Eigenlijk schudden we voornamelijk ons hoofd in ongeloof. Hoe zijn we in vredesnaam in deze situatie terechtgekomen? Een situatie die stukje bij beetje steeds benauwender wordt.

Ik weet nog altijd niet precies met wie we te maken hebben. In de diepte zie ik een riviertje stromen. Dat zal de veelbesproken stroom des doods zijn. Ik huiver bij de gedachte; als het maar niet onze laatste plons wordt. Aan de rand van het water staat een houten schuurtje. Zo'n kotje van waaruit overal in de tropische wereld producten worden verkocht: ananassen, avocado's, yucca, kokosnoten. Maar dit hokje is leeg. Er is een soort toonbankje, maar uit de rondslingerende rotzooi blijkt dat het ding allang niet meer in gebruik is.

We moeten de auto uit. 'Waar wachten we op?' wil ik graag weten. Het antwoord treft me als een stevige stomp in de maag. 'We wachten op de guerrilla,' zegt de zenuwachtige pistoolheld alsof het de gewoonste zaak van de wereld is. Ontdaan kijk ik het raadslid aan dat meeluistert. *Guerrilla? Que pasa coño?* Wat ís dit allemaal? Wat heeft die guerrilla met ons te maken, of wij met hen? Godsamme, kan de gemeentemeneer niet even ingrijpen nu? Kan de geest nog terug in de fles?

Tot mijn verbijstering is de man nogal duidelijk. Er is niets meer aan te doen. Wij zijn te verdacht om vrij rond te laten lopen. De guerrilla zal eerst precies willen weten waarmee wij ons bezighouden, wie we vertegenwoordigen, hoe gevaarlijk we zijn. 'En u dan, raadslid? Hebt u helemaal niets te vertellen?' De man haalt wat timide de schouders op en wijst naar het enorme pistool in de broeksbanden van Peppie en Kokkie. '*No tenemos armas,*' verklaart hij. En daarmee is alles gezegd. De burgers zijn ongewapend en hebben derhalve niets in de melk te brokkelen.

Mijn ongerustheid loopt snel op, evenals mijn hartslag. Ik vraag wat er nu precies gaat gebeuren. We wachten op een aantal soldaten van de guerrilla. Die moeten van ver uit de jungle komen en het kan dus nog wel even duren voor ze er zijn. De commandant van dat groepje beslist wat ze met ons zullen doen. Waarschijnlijk nemen ze ons mee tot alles is uitgezocht. Het begint me te duizelen. Van alle kanten schieten de gedachten door mijn hoofd.

De meest heftige spreek ik meteen uit. 'Is er een kans dat ze ons zullen doden?' vraag ik de man van de gemeente.

Zijn reactie is kort. Zeker niet! We zijn aangehouden door de ELN, een guerrillagroepering die de ideologie van Che Guevara aanhangt. Zij strijden voor de verheffing van de arme boerenbevolking. Gevangenen vermoorden zij nooit.

Dit antwoord haalt even wat stoom van de ketel. Ik overleg met Eus. Toch zijn we er niet gerust op. Overleven we dit wel? 'Sodeju man, wat hebben we ons op de hals gehaald? Waar zijn we in terechtgekomen?' Ik herhaal het regelmatig, maar Eus heeft er natuurlijk ook geen antwoord op. We zijn op de verkeerde plaats op de verkeerde tijd, zo concluderen we gezamenlijk. Pech gehad. Maar dat wil er bij mij nog maar moeilijk in. Het duurt altijd even voor ik me neerleg bij het feit dat de tijd niet valt terug te draaien. Gewend om altijd de touwtjes stevig in handen te hebben leg ik nogmaals aan ons gezelschap uit wat voor werk we doen. En hoe belangrijk dat is. En dat er mensen op ons zitten te wachten. En dat dat zo dus in de soep loopt. Vanwege die klote guerrilla met hun achterlijke vertegenwoordigers en het krankzinnige idee dat wij spionnen zijn.

Mijn betoog maakt geen indruk. Men haalt de schouders op en iedereen steekt nog eens de fik in een sigaretje. Jaloers kijk ik toe hoe smakelijk wordt geïnhaleerd en grote wolken tabaksrook de zon even verduisteren. Rookte ik ook nog maar.

Er breekt een periode van verveling aan. We wachten dus op de rebellenclub en in de tussentijd is er weinig te doen. Gelukkig wordt voor afwisseling gezorgd. Ineens verschijnt een onbekend autootje waar onze spullen in blijken te liggen. De apparatuur wordt uitgestald op de toonbank van het krakkemikkige hokje. Pistoolheld nummer 1 roept ons bij zich en begint met een minutieuze controle van de spullen. Van alles wil hij uitleg. Van USB-sticks bijvoorbeeld, waar ik er veel van bij me heb. Uitleg bij foto's, zonnebrillen, koptelefoons, paspoorten en toilettassen. En dan de grote camera, de opnameschijven, de microfoon, accu's en de oplader.

Ik leg alles geduldig uit, maar krijg niet de indruk dat het jochie er iets van begrijpt. Vlak voor vertrek uit de bewoonde wereld had ik nog even gepind. Dat begrijpt hij dan weer wel. Langzaam telt hij het geld in mijn portemonnee. Het is 1,4 miljoen peso, een dikke 400 euro. Hij wil het nog een keer tellen met een getuige erbij, zodat ik later, wanneer ik de poen terugkrijg, zeker weet dat het om het juiste bedrag gaat. Ja ja, denk ik, klets jij maar lekker ventje, die poen steek je natuurlijk gewoon in je eigen zak. Maar goed, wat kan mij het eigenlijk schelen. Onze problemen zijn nu echt veel groter dan het verlies van 400 euro.

Langzaamaan maken de dorpsraadsleden zich op voor vertrek. Ze kunnen niets meer voor ons doen, verklaren ze. Ik dring erop aan dat een van hen tot het einde bij ons blijft. Ik vertrouw de pistolero's allerminst, en ik denk dat de aanwezigheid van een 'belangrijke burger' goed is voor onze veiligheid. De voorzitter laat zich overtuigen en blijft. Zijn collega's stappen opgelucht in hun auto's en verdwijnen. *Suerte,* schreeuwen ze als laatste. Geluk!

De zon is nu bijna onder. Het begint te schemeren en nog steeds zijn er geen guerrilla's in zicht. Wel worden we als op bevel in één keer overvallen door een regen aan vliegend ongedierte. Een soort plakmotten, donkerbruin en een paar centimeter lang, die zich als bezetenen op ons storten. De rokers verweren zich door een nieuw saffie op te steken, maar wij moeten slaan en vegen dat het een lieve lust is. Gelukkig zijn het geen muskieten. Ze prikken niet, maar zijn super irritant. Door veel te blijven bewegen is het nog een beetje draaglijk te houden, maar geïrriteerd als ik toch al ben, rollen de vloeken en scheldwoorden gemakkelijk uit mijn mond. In hct Spaans gelukkig, zodat mijn ouders zich er niet voor hoeven te schamen.

Midden in dit gevecht met de natuur verschijnen dan eindelijk de mannen op wie we hebben gewacht. Voorop de commandant, een tanige veertiger met zwart borstelhaar en een verweerde kop. Achter hem de manschappen. Een stuk of zeven, tel ik. Een enkeling ziet er ouder uit, maar de meesten zijn jochies. Tussen de zeventien en twintig, schat ik. Ze zijn bewapend. Twee hebben een machinegeweer over de schouder, een stuk of wat bezitten een stoer pistool en allemaal hebben ze een handgranaat aan de riem hangen. Niemand draagt een uniform of ook maar iets dat daarop lijkt. Zwart is de basiskleur en de meesten zijn gekleed in T-shirt en spijkerbroek. Het schoeisel heeft nog wel iets militairs: stevige leren stappers die het midden houden tussen soldatenkistjes en hoge rijglaarzen. Er worden handen geschud en de situatie wordt fluisterend besproken. Van een afstandje nemen de junglesoldaten ons op. En wij hen.

De commandant is een klein mannetje met het zekere en doortastende optreden van een leider. Op het eerste gezicht komt hij niet onsympathiek over. Maar je moet natuurlijk uitkijken met beoordelingen op het eerste gezicht. Het is me al zo vaak gebeurd dat ik me schromelijk vergis in iemand alleen maar op basis van het voorkomen. We zullen de commandant dus niet beoordelen op zijn grimmige soldatenkop, maar op zijn verstandige daden.

Ik vraag hem hoe hij heet en hij geeft onmiddellijk antwoord. '*Jaguar!*' Spreek uit als 'gak-war'. Hij bromt zijn naam een beetje, alsof het van diep moet komen. Ik kan het niet laten om iets terug te zeggen. Iets brutaals. 'Jaguar, net als mijn auto,' probeer ik vrolijk en naar waarheid het ijs te breken. De man kijkt me niet-begrijpend aan en ik vermoed dat mijn favoriete automerk nog niet is doorgedrongen tot het wagenpark van de guerrilla. Gelukkig spreken we allebei een andere versie van de Spaanse taal, dus mijn vrijpostigheid leidt niet al meteen tot irritatie.

Jaguar kijkt gepijnigd naar onze bezittingen, die nog steeds staan uitgestald op de krakkemikkige toonbank van het hok. Hij zucht en steunt en schudt zijn hoofd. Als-ie daarmee klaar is wendt hij zich tot mij en verklaart plechtig dat dit toch echt niet kan. Wie wij ook zijn, dit moet tot op de bodem worden uitgezocht. Hij kan ons niet laten gaan, we zullen voorlopig door hem worden vastgenomen.

Onze laatste hoop wordt met een forse dreun de bodem ingeslagen. We rekenden nog op de komst van een verstandige man die het misverstand van onze aanwezigheid zou ophelderen. Die misschien wel met ons naar El Tarra zou rijden om ons veilig af te leveren. Maar nee, vergeet het maar. Teleurgesteld vertel ik Eus de uitslag. We halen allebei onze schouders op en weten eigenlijk niet wat te zeggen. Zijn we nog steeds bang? Zeker. Vertrouwen we die ELN-gasten? Mannen met wapens? Helemaal niet. Is onze situatie zwaar klote? Absoluut. Met het verhaal over onze missie probeer ik Jaguar nog een keer op andere gedachten te brengen, maar ik zie al van mijlen ver dat het vergeefse moeite is.

De laatste stralen zonlicht komen bijna horizontaal het verlaten hok binnen, waar we staan te overleggen.

'Stil!' zegt Jaguar opeens. 'Hoor je dat?'

We luisteren en horen inderdaad wat gebrom in de verte.

'Helikopters,' zegt onze commandant, 'ze vliegen laag. Het zijn de helikopters van het leger en ze zijn op zoek naar jullie.'

'Hoe kunnen die dat nu al weten?' vraag ik hem.

Het antwoord is zo duidelijk als wat. Iedereen in het dorp Versalles heeft gezien dat er twee gringo's zijn opgepakt door de guerrilla. Dat is natuurlijk allang bij de militaire post van El Tarra terechtgekomen. En met dat soort informatie weet het leger wel raad. Meteen de lucht in, op zoek, misschien vangen ze ook nog wat guerrillastrijders. Hoe klein en kinderachtig ik het ook vind, het blijft een oorlogje. De wapens zijn echt en zodra de vijand in beeld komt wordt er ook zeker geschoten. Doodgeschoten.

Jaguar is zichtbaar zenuwachtig. Hij stuurt een paar soldaten op pad om uit te vinden waar de heli's zitten en hoe laag ze vliegen. 'Zodra het donker is gaan we weg,' deelt hij ons mee.

Ik vraag waarheen de weg zal leiden.

De rivier over, de bergen in, naar een veilig onderkomen voor de nacht, legt hij uit.

'Dan zijn we dus nu officieel ontvoerd,' stel ik hardop vast.

Maar daar sla ik de plank echt mis, volgens de commandant. 'Jullie worden in voorlopige hechtenis genomen tot de zaken uitgezocht zijn.' Wij worden vanaf nu door hen beschermd omdat het te gevaarlijk voor ons is om hier vrij rond te lopen. De hele operatie die nu wordt opgestart is voor onze eigen bestwil. 'Je mag blij zijn dat jullie door ons zijn opgepakt en niet door een groep losgeslagen boeven,' zegt Jaguar overtuigd. Wat een gelul, denk ik alleen maar. Laat ons lekker gaan joh, wij redden ons wel. Laat je vooral niet door ons ophouden. Kletsmajoor.

De zon is onder en de schemer gaat snel over in volstrekte duisternis, zoals altijd in de tropen. Het geluid van de helikopters verdwijnt, die vliegen niet in het donker. Het wordt tijd om op te breken. Er komen twee motoren en daarop wordt onze bagage gebonden. Hoe ze het voor elkaar krijgen weet ik niet, maar alles wat we hebben gaat erop, van camerastatief tot drone. Wanneer de apparatuur stevig is vastgesjord met een groot aantal elastische spinnen verdwijnen de motoren naar een voor ons onbekende bestemming. De guerrillero's ontsteken een paar zaklantaarns en houden hun wapens in de aanslag.

'Lopen,' commandeert Jaguar. Hij knikt richting de brug over de rivier.

Uiteraard vertrouwen we het niet. Die dodenrivier bezorgt me nog steeds de rillingen en erlangs lopen met een aantal pistolen en mitrailleurs in je rug is al helemaal griezelig. We aarzelen, lopen langzaam, kijken steeds achterom naar de gedragingen van onze begeleider. Er wordt veel gefluisterd. Ik versta steeds het woord '*mata*', wat zoveel zou kunnen betekenen als 'doden'.

'Wat denk jij?' vraag ik Eus. Ook hij heeft geen clue en ook hij beseft dat we geen keus hebben. Ik trek toch maar weer de stoute schoenen aan en vraag Jaguar of er een kans is dat ze ons zullen doden.

'Nee, absoluut niet,' reageert hij kortaf. Verder maakt hij er geen woorden aan vuil.

We gaan wat langzamer lopen, proberen naast de gewapende bende te komen in plaats van ervoor. ‘Ik ben bang,’ zeg ik tegen de commandant, ‘laat ons naast jullie lopen, dat vinden we prettiger.’ Ik voel me een schijterd, de stoere Jaguar zal zo geen hoge pet van me op krijgen, maar ik meen het wel. En als ze geen kwaad in de zin hebben, lijkt het mij toch ook geen groot probleem. Voor of naast de groep, wat is het verschil? Bovendien zullen we echt niet op de vlucht slaan. Het is pikkedonker, we weten niet waar we zijn en tegen een gewapende bende kunnen we nooit op.

Wanneer we de rivier over zijn slaan we linksaf. Tot mijn grote opluchting passeren we de wilde stroom waaraan zoveel dood en verderf kleeft zonder zelf deelgenoot van die misère te worden. Een smal pad voert omhoog, een donkere berg op. Nergens een lichtje te bekennen. De mannen zetten de sokken er stevig in. De route die we volgen is steil, maar niet overdreven. Het is wel lastig lopen door de vele keien en gaten in de weg. Af en toe komen we iemand tegen, een lopende voorbijganger of een paar jongelui op een motorfiets. Wij mogen dan niet praten, want onze vreemde taal kan argwaan wekken. Het is beter dat niemand ons in de gaten krijgt. Wanneer we een barretje passeren waaruit luide zaterdagavondmuziek schalt, wil een van de mannen iets te drinken kopen als mondvoorraad. Om ons een plezier te doen zal hij ook proberen wat bier te scoren, kondigt hij aan. Nou, daar zijn we niet bepaald voor in de stemming. We slaan het aanbod af en verklaren geheelonthouders te zijn. Met een paar literflessen cola komt hij even later terug. ‘Het is maar goed ook dat jullie niet drinken,’ zegt hij, ‘het bier was al op.’

Opnieuw komen we op gang. We lopen en lopen. Na een uur of twee wordt het pad smaller en heel steil. We raken vermoeid en buiten adem. De gebeurtenissen van de afgelopen middag eisen nu ook lichamelijk hun tol. We zijn op, zitten erdoorheen. De ene voet voor de andere lukt nog wel, maar het hoofd is er niet meer bij. Eus en ik zwijgen over het algemeen. Af en toe spreken we een paar woorden, meestal omdat ik iets wil vertalen. Soms ook om te verwoorden hoe verbijsterend onze situatie is. Wat hebben we misdaan om dit te verdienen? Steeds langzamer schuifelen we voort. Waarom zouden we zo snel mogelijk onze ondergang tegemoet lopen?

We hebben geen idee wat ons te wachten staat, maar plotseling staan we voor een huis. Een grote houten schuur boven op een heuvel. Een meter of twintig lang en ruim vijf meter diep. Voorlangs loopt een overdekte veranda. Het is een huis dat ze kennen. Iedereen gaat automatisch naar de plek die de zijne is. Het is een uur of elf 's avonds en we zijn gesloopt op alle fronten.

'Mogen we slapen?' vraag ik aan de commandant.

Hij doet een deur open en wijst op een houten verhoging die de afmetingen heeft van een tweepersoonsbed. Er ligt een zeiltje op met camouflageprint. Daar zullen we de nacht doorbrengen. Met een dikke ketting wordt de deur van ons slaapvertrek afgesloten. We kunnen er op eigen gelegenheid niet meer uit.

Verdoofd gaan Eus en ik op het voeteneinde zitten en kijken elkaar aan.

'Godsamme Eus!' zucht ik uit de grond van mijn hart.

'Wat een klotezooi!' antwoordt Eus eveneens welgemeend.

We trekken onze schoenen uit en gaan naast elkaar liggen op de keiharde planken. Sprakeloos staren we naar boven. Na een poosje nemen we toch nog even een paar belangrijke zaken door. Dat we vastzitten en voorlopig niet op vrije voeten komen is ons nu wel duidelijk. Jaguar verwacht de eerste resultaten van het onderzoek naar onze achtergrond over een dag of drie. Onze verdwijning zal vanaf morgen wel wat onrust in de buitenwereld veroorzaken. Ik heb onze correspondent Edith al een paar uur niet meer geappt, wat ongebruikelijk is. De man die we zouden ontmoeten heeft ons niet zien komen, die probeert vast ook contact te krijgen. We hebben het hotel niets laten weten, de huurauto zal morgen niet terugkomen. Het kan niet anders of er wordt over een dag alarm geslagen. Wij zijn namelijk van de aardbodem verdwenen en dat doen we nooit.

Het is geen fijne gedachte om mee naar bed te gaan. We hebben familie, vrouwen en kinderen. Eus zelfs nog een jong manneke. Die zullen ook worden ingelicht wanneer wij onvindbaar zijn. Hè verdomme, wat een puinhoop. Konden we maar één telefoontje doen. Bellen met correspondent Edith bijvoorbeeld. Laten weten dat we nog leven, zodat alle geliefden en naasten zich daarover in elk geval geen zorgen hoeven te maken. Ik sta er eigenlijk geen moment bij stil dat zij aan iets anders zullen denken dan aan een ontvoering. Dat ook een dodelijk auto-ongeluk kan worden gevreesd, komt niet bij me op. Ik rij al bijna veertig jaar schadevrij, op de weg naar El Tarra kun je niet sneller dan twintig, er zijn geen ravijnen en er is zelfs geen verkeer om tegenaan te botsen. Ongelukken, zeker dodelijke, zijn vrijwel onmogelijk. Maar ja, dat weten wij heel goed, en zij uiteraard niet. Wij gaan er zondermeer van uit dat het thuisfront op korte termijn te horen zal krijgen dat wij nog leven, maar wel ontvoerd zijn.

We hebben het er moeilijk mee. De gedachte dat je je dierbaren niet kunt behoeden voor deze droeve tijding is eigenlijk onverdraaglijk. Is dat dan helemaal onze schuld, vragen we ons af. Nou, de hunne is het in elk geval niet en de guerrilla's zal het een zorg zijn, dus het blijft op ons bordje liggen. Wij doen ze dat aan.

'Nou ja, we leven in elk geval,' stelt Eus terecht vast.

En optimist als ik ben kan ik daar nog net aan toevoegen: 'Tja, maar hoelang nog?'

Voor we er nog somberder van worden, proberen we de slaap te vatten.

Een paar uur later word ik wakker van de herrie. Geen idee wat de heren aan het doen zijn, maar ze doen het bepaald niet stilletjes. Er wordt muziek gedraaid en op luide toon gesproken. Het is één uur, zie ik op m'n horloge. Zouden ze gedronken hebben? Of een verdovend goedje hebben gebruikt? We zitten midden in het meest vruchtbare cocaïnegebied, dus er zal wel wat voorhanden zijn. Maar ik kom er niet achter. Het is ook onmogelijk om te ontdekken waar de gesprekken over gaan. Onderling spreekt men een taaltje dat in het geheel niets te maken heeft met Spaans. Ik kan er in elk geval geen touw aan vastknopen.

Het lijkt ook wel alsof er een dvd op staat. Het klinkt als porno. Een mevrouw maakt geluiden van zeer bedenkelijke aard. Het klinkt in elk geval alsof ze het einde van de film niet haalt. Tekst heeft ze niet, maar kreten slaan kan ze als de beste. Toch lijkt het me stug dat de mannen gezellig een pornootje zitten te bekijken.

Waarom eigenlijk, vraag ik me ineens af. Hoe komt het toch dat ik me dat niet kan voorstellen? Omdat ik het zelf nooit zou doen, waarschijnlijk. De opwinding zou bij mij meteen plaatsmaken voor schaamte. Wat zou men wel niet van mij denken? Vuile smeerlap. Maar militairen zijn natuurlijk een heel ander slag mannen. Die zitten waarschijnlijk ook gezellig naast elkaar te poepen in het wilde bos.

Dus misschien vinden zij het wel heel normaal om dergelijke intimiteiten te delen.

Net wanneer de gedachten mij dreigen te verscheuren wordt er een ander dvd'tje in geschoven. Ineens knalt het scherpe geluid van geweervuur uit het luidsprekertje. Ze hebben vast een boevenfilm gevonden en geven daar toch de voorkeur aan. En ook in deze film valt mij op dat vooral de vrouwen niet veel te vertellen hebben. Alleen maar veel te gillen. Er is sowieso weinig dialoog. Geschoten wordt er des te meer. En dat geeft me een geruster gevoel dan bij het vermeende pornografische werkje. Vreemd. Liever schieten dan een vrolijke portie seks. Daar moet ik misschien toch eens door een psycholoog naar laten kijken.

Overigens is er nog iets wat me die nacht geruststelt. Heel af en toe hoor ik de vriendelijke stem van een vrouw. Een jonge, welbespraakte, slimme vrouw, zo lijkt het wel. Ik weet niet wie het is, maar ze moet live aanwezig zijn want haar stem komt zeker niet uit een lullig luidsprekertje. Het is fijn om naar te luisteren. Waar zo'n vrouw is kan niet alles slecht zijn, denk ik. Ik hou van vrouwen en val opnieuw in een droomloze slaap.

Zondag 18 juni 2017

Dag 2

We worden om een uur of zeven wakker. Vol-ko-men gebro-ken. Ons keiharde bed heeft een funeste uitwerking op het lichaam gehad. Eus kan nauwelijks nog een ledemaat bewegen en ik heb het gevoel alsof ik bont en blauw ben geslagen. Beiden slapen we graag op onze zij en die positie hebben we blijkbaar ook automatisch ingenomen. Mijn hele rechterkant is beurs. Wat ik ook aanraak, het veroorzaakt pijnscheuten alsof er met een breinaald in een open wond wordt gepoerd.

We bespreken onze eerste overnachting bij de guerrilla en wie het hardste heeft gesnurkt. Eus doet wat oefeningen om de spieren los te krijgen en ik kijk onder m'n kleding of m'n zij blauw is. Dat blijkt erg mee te vallen, maar de pijn blijft. Ineens ratelt de ketting en gaat de deur open. Een van de jongens komt binnen met borden eten en wat koffie. Uit zijn achterzak haalt hij twee dunne boekjes. Die kunnen we lezen zodat wij overtuigd zullen worden van het heilzame werk van de ELN. Er staat precies in waar ze voor staan en wat hun ideologie is. Zeer interessant, voegt onze ober er nog aan toe.

Het eten ziet er bijzonder smerig uit, maar de koffie valt mee. Zoet en sterk. Op het bordje ligt wat rijst, een paar stukken yucca en bakbanaan afgemaakt met een gecarboniseerd stuk varkenshuid. Het is een enorme portie. Ik heb geen honger en dat zal zeker zo blijven met deze rotzooi voor m'n neus. Ik krijg nauwelijks iets naar binnen. Eus probeert me ervan te overtuigen toch iets te eten, want je weet niet wanneer je weer wat krijgt en met al dat lopen heb je toch voedsel nodig, is zijn logische redenering. Met lange tanden hark ik nog wat rijst en yucca naar binnen. Het vlees bekijk ik aan alle kanten, maar ik kan er niets eetbaars aan ontdekken.

Ik moet pissen. Daarvoor moet ik naar buiten. Als ik de deur uitkom zit het hele groepje gezellig te smikkelen op de veranda. '*Buenos dias,*' klinkt het vriendelijk van alle kanten. Men wijst aan dat ik maar ergens in de bosjes m'n gang moet gaan. Ik kijk om me heen. Waar zijn we? Het huis waar we de nacht hebben doorgebracht is behoorlijk groot. Ik zie een keukentje en een woongedeelte en wat kamers waarin spullen zijn opgeslagen. De ruimte waar wij verbleven is de beste. Een soort gastenkamer. We staan op een heuvel met een behoorlijk uitzicht over de omgeving. Het is een mooi afwisselend landschap. Op mijn horloge zie ik dat we niet echt hoog zitten, nauwelijks zevenhonderd meter. De bergen om ons heen stellen dan ook niet heel veel voor, maar al met al bevalt het me wel. De zon schijnt en wanneer we vrij zouden zijn zou ik het leven als mooi kunnen omschrijven. Maar dat is het nu niet.

Nadat Eus ook de bosjes bezocht heeft, andere bosjes, gaan we op de rand van het bed zitten om onze situatie eens onder de loep te nemen. Hoe staan we ervoor? Niet best, is onze unanieme conclusie. We zitten opgescheept met een stelletje ongeregeld en we weten niet wat ze met ons willen. Wat ze zeggen geloven we niet. Dat we vastgehouden worden voor onze eigen veiligheid. Wat een onzin. Straks zal ik op een geschikt moment nog eens benadrukken dat dat echt niet hoeft. Laat ons maar lopen, we komen wel terecht. Er speelt dus iets anders, vermoeden wij. Losgeld? Dat zou behoorlijk zuur zijn. Wanneer we als handelswaar worden gezien kan onze situatie op elk moment verbeteren of verslechteren, al naar gelang het verloop van de onderhandelingen over de poen. Dan is het nu zeker niet de bedoeling om ons door het hoofd te schieten, maar later, als er niet genoeg betaald wordt, misschien weer wel.

We kijken elkaar regelmatig onthand aan. Zo weinig hebben we nog nooit te vertellen gehad over ons eigen leven. Dat accepteren valt niet mee. We zijn alle twee nogal in control. Wat in ons hoofd bedacht wordt gebeurt. Zo veel mogelijk. Onze handen zitten aan het stuur, wij bepalen waar wordt afgeslagen of geremd. Niet het junglecommando van opperhoofd Jaguar. Het is moeilijk te verkroppen. Maar ja, zij zijn gewapend en wij niet.

Om de feestvreugde te verhogen bespreken we ook nog de mogelijkheid van een nekschot. Of je daarvan iets zou meekrijgen. Voel je dat? Ik heb weleens gelezen van niet. Wanneer het schot gelost wordt dat jou dodelijk zal treffen hoor je dat niet eens. De kogel is sneller dan het geluid. Een hele geruststelling, verzucht Eus cynisch. En marteling dan? Ja dat voel je sodeju natuurlijk wel, maar zullen we het even gezellig houden? Toch zijn het die dingen die door ons hoofd spoken. We staan machteloos tegenover onze kidnappers en zijn overgeleverd aan hun genade. Het zijn allemaal geen opbeurende gedachten.

En bij mij speelt er nog iets heel anders. Iets waar ik liever maar niet over spreek. Lang geleden is bij mij een bloedafwijking geconstateerd; de afloop zal vrijwel zeker niet fijn zijn, al weet niemand wanneer die afloop begint. Tot dat moment, we spreken over jaren en jaren, kunnen de effecten van de ziekte worden onderdrukt door medicijnen. Zegt men. Ik leef er dan ook altijd enthousiast en zonder bijgedachten op los. Het levenseinde heeft voor mij dan wellicht een wat herkenbaarder vorm aangenomen, maar het is niet verplicht je daar iets van aan te trekken. Ieder mens is op weg naar een zekere dood en die komt vaak nog behoorlijk onverwacht ook. Bovendien heb ik een prachtig leven gehad. Nergens tegenslagen, alles gedaan wat ik wilde, veel gewerkt en met plezier. Geen economisch ongemak, geen ziektes bij kinderen en ouders. Het lijden is ver van mij gebleven. Dat ik uiteindelijk dan toch nog een beetje zal struikelen vlak voor de finish doet niets af aan dc glans van het voorafgaande.

De affaire met mijn bloed heeft me rust gegeven. Echt. Ik ben namelijk typisch zo'n wijsneus die denkt dat-ie nooit zal sterven. Een optimist, wat dat betreft. Maar dat leidt er vaak ook toe dat ik zaken uitstel. Nu eerst nog even keihard werken en sparen en geen vakantie nemen en niet met de kinderen op stap gaan, want dat komt allemaal later wel. Ik begrijp nu dat dat dus nog maar te bezien staat. Ja, ik weet het, verstandige mensen hadden dat al veel eerder door en leven daar ook naar. Ik probeer dat nu ook te veranderen. En ik ben ook een echte 'lever'. Ik hou van de volgende dag, kijk ernaar uit. Naar een nieuwe zon, nieuwe geluiden, nieuwe mensen, zelfs naar boodschappen doen. Leven. Net als mijn ouders, ze zijn nu zesentachtig en achtentachtig. Het hoeft niet veel te zijn, maar erbij horen, bij hen die ademen en spreken en kijken en proeven en lekker in de zon zitten.

Ik wil maar zeggen: ik ben zeker niet levensmoe. Maar op de rand van dat keiharde bed met buiten de ongure types die ons gevangen houden bedenk ik me dat ik misschien liever hier een pijnloos nekschot krijg dan dat ik ooit naar mijn einde lig te creperen in een ziekenhuisbed. Eus is kerngezond, die leeft nog eeuwig, dus ik zal hem maar niet met deze gedachten lastigvallen.

In plaats van verder somberen besluiten we de lectuur

eens door te nemen die de ELN-ober ons hedenmorgen heeft bezorgd. Het gaat om twee Spaanstalige boekjes waarin verhaald wordt over de heldendaden van de guerrilla en het verachtelijke optreden van ieder ander. Op één cover staat een foto van een natuurramp. Een modderstroom veroorzaakt door noodweer, met dodelijke afloop voor enkele honderden boeren die in de buurt woonden. Allemaal de schuld van de regering, die voor de boeren een goed geplaveide weg had moeten aanleggen ter vervanging van hun zwakke zandpaden die maar al te gemakkelijk in dodelijke stromen modder veranderen.

Tja, wat moet je daar nu weer van denken. Misschien hebben ze wel gelijk. Het gaat de ELN vooral om het welbevinden van de boeren in deze streek. Kort gezegd verdienen die te weinig en wordt hun alle infrastructuur onthouden waardoor zij hun producten niet kunnen vervoeren naar de grote stad. Verder staan er in de arme streek nauwelijks scholen en al helemaal geen ziekenhuizen. Dat moet allemaal veranderen en als het niet goedschiks gebeurt, dan maar gewapenderhand. Als ideologische basis heeft men de twijfelachtige Che Guevara-doctrine gekozen: iedereen gelijk en alle macht aan het volk. Een hopeloos verouderd en onwerkbaar idee, dat op Cuba al voor rampen heeft gezorgd en nu bezig is buurland Venezuela te gronde te richten. Maar misschien zijn die berichten hier nog niet doorgedrongen.

Hoe serieus moet dit worden genomen? Ik neem aan dat de 'junglesoldaten' sterk overtuigd zijn van hun reddende missie in het leven, maar de commandanten aan de top? Het lijkt mij allemaal eerder een cover-up voor de lucratieve cocainehandel. Laat de boeren coca telen en geef ze daarvoor een paar centen meer dan voor koffie. De cocaïnepasta wordt onder toezicht van de dappere strijders naar distributiepunten vervoerd en daar vallen dan de miljoenen van de kar. In de zakken der topcommandanten. Zoiets. Iedereen wordt beetgenomen, gefopt. Behalve de mannen die aan de touwtjes trekken. Zij tellen hun geld op een veilige plek. Of ben ik nou te achterdochtig en zegt dit meer over mijzelf dan over anderen? Ik moet er in elk geval smakelijk om lachen.

Ik bespreek een deel van de geschriften met Eus en hij lacht even smakelijk mee. Dan gaat de deur van ons slaapkamertje weer open. Een strijder met koffie. Hij is vriendelijk en vraagt geïnteresseerd wat wij van de informatie over het werk der ELN'ers vonden. Omdat ik liever populair blijf verklaar ik plechtig hun ideologie helemaal te kunnen onderschrijven. De overheid doet de boeren in deze streek duidelijk tekort. Er moet meer infrastructuur komen en betere scholing, ziekenhuizen. Nee hoor, wij staan volledig achter hun strijd. Norte de Santander komt me voor als een door de Colombiaanse overheid totaal vergeten gebied, hoor ik mezelf zeggen. En dat is een schande, de boeren hebben recht op een beter leven, ze werken als bezetenen onder de brandende zon. Ze voeden de burgers van Colombia en krijgen stank voor dank.

Nu ik eenmaal lekker bezig ben weet ik niet meer van ophouden. Gelukkig is Eus daar om me af te remmen. Overdrijf het niet, zegt hij verstandig.

Ik heb al heel lang geen suiker meer in de koffie en dat bevalt me heel goed. Wanneer ik het weleens per ongeluk drink, springt het glazuur van m'n tanden. Bah. Maar op de een of andere manier smaakt de loeisterke zwarte koffie hier uitstekend met een paar lepeltjes suiker erin. Ik vraag of we even naar buiten mogen en dat wordt toegestaan. Het lijkt wel alsof je op de camping in Zuid-Frankrijk de voortent komt uitgelopen. Een slok koffie in een groen plastic bekertje, beetje uitrekken, zuchten en dan: '*Buenos dias señores.*' Voor de grap had ik *señoritas* willen zeggen, maar ik heb mijn zelfvertrouwen nog lang niet terug en bovendien lijken mij dat soort grappen riskant in deze macho groep. Onder de overkapping van de porch zitten ze. Ons eigen legertje. Een man of acht, hoewel onduidelijk is wie er precies bijhoren. Om het in zwart geklede groepje strijders heen lopen nog wat nieuwsgierige randfiguren van wie ik de rol niet kan inschatten.

Commandant Jaguar zit rustig op een wrak stoeltje en kijkt inspecterend naar zijn manschappen. Zodra hij ons ziet krijgen we twee zitplaatsen toegewezen. De mooiste. Hij begint tegen me te praten. Ik versta er geen woord van, en dat probeer ik hem uit te leggen. Dat ik dus Spaans spreek en hij die taal blijkbaar op een heel andere manier heeft geleerd. Maar Jaguar is ervan overtuigd dat ook hij Spaans spreekt, dus in zijn optiek moeten we elkaar toch op z'n minst een beetje kunnen volgen.

Ik stel voor rustig en duidelijk te spreken, en dan gaan we aan de slag. Ik wil ten eerste weten wat er nu gaat gebeuren. Zijn er mogelijkheden dat we vandaag door iemand met verstand en bevoegdheid zouden kunnen worden vrijgelaten?

Jaguar trekt een gepijnigd gezicht. Zo gaat het niet in dit soort zaken, legt hij uit. 'Kijk,' zegt-ie, 'wie jullie ook zijn, wat jullie ook kwamen doen, het moet worden uitgezocht. Door de hogere legerleiding. Dat duurt een paar dagen. De telefoonverbindingen zijn hier slecht, communicatie is moeilijk, de afstanden zijn enorm. Alles kost zeer veel tijd. Maar maak je geen zorgen. Het komt allemaal goed.'

Ik zeg dat we ondanks zijn geruststellende woorden echt nog wel bang zijn.

Jaguar glimlacht. Voor het eerst. Hij heeft dit al zo vaak meegemaakt, zegt-ie. 'Luister, jullie gaan een avontuur beleven. Een avontuur dat je je hele leven niet meer zult vergeten. Vanaf nu heb je op elke verjaardag of elk feestje een verhaal te vertellen waar iedereen ademloos naar zal luisteren. Maak je geen zorgen.'

'Dus we zullen dit overleven?' vraag ik zo stoer mogelijk.

Jammer genoeg kan Jaguar daar geen garanties voor geven. 'Het gevaarlijkste dat jullie en ons kan overkomen is een confrontatie met het leger,' vervolgt hij. 'Ze zijn op zoek. Kijk maar omhoog.' Hij wijst op een piepklein vliegtuigje dat grote cirkels lijkt te draaien op een paar kilometer hoogte. 'Dat is een verkenningsvliegtuigje van het leger. Straks zullen ze ook weer helikopters de lucht in sturen. Die doorzoeken het hele gebied en proberen ons te vinden. Wanneer dat leidt tot een vuurgevecht is niemand zijn leven zeker. Ook jullie niet. Het leger schiet tot er niets meer beweegt.'

Hmmm, er gaat niet echt een opbeurende werking uit van deze woorden. Eerlijk gezegd zal het mij een worst wezen wanneer het leger ons groepje rebellen overhoopschiet, maar ik maak wel bezwaar tegen het schieten op ons. Eus en ik laten de woorden van onze commandant op ons inwerken en we schatten onze kansen in. Zou het leger echt vanuit de lucht gaan schieten op een groep guerrilla's terwijl ze weten dat wij erbij kunnen zijn? Ik kan het niet geloven. Een confrontatie op de grond lijkt me mogelijk. Als ze weten in welk huisje we zitten. Bij het minste of geringste gerucht is het zaak om plat op de grond te gaan liggen in de hoop dat de kogels vooral op borsthoogte door de keet zullen vliegen. We moeten aan een witte doek zien te komen, denkt Eus. Zodat we ons zouden kunnen overgeven wanneer daar de gelegenheid voor is. Maar we hebben niks wits. Nog niet. Onze shirts en broeken zijn donker.

We dragen nog steeds de kleren waarmee we gisteren uit Cúcuta vertrokken. Eus een zwart T-shirt met korte mouwen en een lange, donkergroene wandelbroek. Ik het standaard donkerblauwe Hugo Boss-overhemd dat ik altijd aan heb, met daaronder een T-shirt. M'n grijze backpackbroek zit oncomfortabel strak om billen en benen. Verder is ons schoeisel ook al niet om over naar huis te schrijven. Eus draagt blauwe sportschoenen en ik een paar fancy sneakers. Verschoning hebben we niet, dus zullen we het hiermee moeten doen. Lekker fris. Dan is er ook nog een klein medicijnenprobleem. Ik moet elke dag een pilletje slikken en het is beter die kuur niet te lang te onderbreken. Geheel toevallig heb ik nog drie pillen in m'n broekzak, maar wanneer ons avontuur langer gaat duren is meer medicatie nodig. In mijn bagage zit genoeg, maar die is in beslag genomen en verdwenen.

Ik overleg met Jaguar en dik de ernst van de situatie een beetje aan. Zo van: ik moet elke dag een pil nemen anders houdt het hart ermee op en stik ik de moord. De commandant onderneemt meteen actie. Een jongeman met de omfloerste domme oogopslag van een koe krijgt opdracht in onze spullen te gaan zoeken naar medicijnen. Blij met de belangrijke missie gaat hij onverwijld op pad. Een van de soldaten stopt hem ook nog eens een pistool toe, dat hij verguld in de broeksband steekt. En nog voordat ik kan zeggen waar hij naar moet zoeken is hij verdwenen. Het is een uur of tien.

Onze groep strijders glijdt langzaam in de routine van een nieuwe dag. Er wordt wat rondgehangen en heen en weer gedrenteld. Regelmatig is er koffie en zelfs van de gisteren aangeschafte cola blijkt nog iets over te zijn. Die krijgen wij. Afgezien van de zenuwen die ons voortdurend alert houden heerst er een weldadige ontspanning. Het enige wat mij mateloos irriteert is het voortdurende geklooi met die pistolen. Die worden steeds tevoorschijn gehaald. Niet om ermee te dreigen of om indruk te maken, maar zo'n joekel van een schietijzer achter de broeksband zit in de weg wanneer iemand opstaat of weer gaat zitten. Dus dan moet het pistool even verwijderd worden. En steeds wanneer dat gebeurt werpt de strijder een soort verliefde blik op zijn wapen. Ik vind het irritant. Net als het gehannes met de handgranaten. Ze hebben er allemaal een. Een groene, gebutste dennenappel aan een kettinkje. Het lijken mij overblijfselen uit de Eerste Wereldoorlog. De roestvlekken staan er aan alle kanten op. Ik zou er als soldaat niet mee gezien willen worden en Bruce Willis volgens mij ook niet. Maar de heren kunnen er duidelijk niet van afblijven. Haakje los, haakje vast, haakje los, haakje vast. En steeds weer even kijken. Naar wat?

Vlak bij me zitten de drie jongste strijders. Jochies zijn het. Twee van hen zijn rustig hun geweer aan het poetsen. Ik neem ze zorgvuldig op. Wat doen die jongens hier? Leuke jongens met vriendelijke kindergezichten. Ik zie mijn zoon. Een aardige, meegaande, knappe jongen die dan dus bij een onooglijk huisje met zijn vrienden een geweer aan het poetsen is. Ik kan er gewoon niet bij. Er is naast dit boerderijtje nog een hele wereld jongens, ga kijken, zou ik tegen ze willen zeggen. Blijf niet hier met die debiele ideologie en kansloze commandanten. Laat je niet als kanonnenvlees gebruiken.

Omdat de dag nog lang is en mijn nieuwsgierigheid groot, begin ik maar eens een gesprekje. Hernan (Spaans voor Herman) zit het dichtst bij me. Ik schat hem een jaar of negentien. Ingespannen zit hij de onderdelen van zijn wapen in te vetten. Ik ben van vrijwel alle kanten heteroseksueel, maar ook ik kan zien dat Hernan een mooie jongen is. Golvend zwart haar, een regelmatig gaaf gezicht met een ferme 'tache de beauté' rechts van zijn mond. Op z'n linkeronderarm een grote abstracte tatoeage. Hij heeft een droevige, melancholieke blik in zijn koolzwarte ogen. Ook hij spreekt nauwelijks Spaans. Ik vraag hem of hij familie heeft. En waar die dan is. Hernan blijkt al twee keer vader te zijn. Z'n vrouw woont ver weg samen met hun twee zoontjes. Twee zoontjes!

'Hoe oud ben je dan?' vraag ik hem.

Hernan is net twintig geworden en zijn vrouw is zestien. Hun oudste kind is vier, de kleine nog maar één. Even rekenen. De jongen van vier is dus geboren toen Hernan zestien was en zijn vriendin twaalf! Met een glimlach bevestigt hij de juistheid van deze berekening. Jochie toch, denk ik. Dan was dat meisje dus elf toen je aan het nageslacht begon. Elf! Laat onze hoofdstedelijke zedenpolitie daar maar geen lucht van krijgen.

De jongens zien dat ik verbijsterd ben en het haast niet kan geloven. Ze moeten erom lachen. Crespo, een ventje met blond krulletjeshaar die ik nog geen zestien geef, legt uit. Kijk, voor een man is maar één ding belangrijk. En dat is het planten van zijn *semilla*, zijn zaadje. Elke vrouw die kan produceren komt daarvoor in aanmerking. En geloof hem, de vrouwen uit deze streek kunnen produceren zoals geen ander. Crespo is inderdaad zestien en heeft net zijn eerste kind, een meisje van een jaar. Meteen besef ik dat het niet verwonderlijk is dat juist bij deze jongens de boerenideologie van de ELN zo goed valt. Je bent zonder twijfel behept met een zeer beperkt verstand wanneer je zo aan gezinsplanning doet, precies hetzelfde verstand dat nodig is voor de guerrillastrijd.

Chino, de derde jongen in het groepje, kijkt met vrolijke nieuwsgierigheid naar zijn kameraden. Hij heeft iets Chinees, vandaar zijn bijnaam. Hij is net bij de groep. Misschien heeft hij daarom nog geen wapen. Af en toe mag hij dat van een ander even vasthouden, en dan glundert hij. Chino wil weten hoe het met ons zit. Hebben wij een vrouw, kinderen? Ik vertel hem hoe wij de verspreiding van het zaad in ons leven hebben georganiseerd. Leg uit dat we 58 en 62 zijn en nooit in militaire dienst zijn geweest. Vertel dat de boeren in ons land over asfaltwegen rijden op mooie trekkers. En dat er geen bergen zijn in Nederland en overal scholen en ziekenhuizen.

Hernan wil graag weten wat onze guerrilla dan doet. Waar strijden zij voor?

'Goeie vraag,' zeg ik lachend. 'Wij hébben helemaal geen guerrilla. Natuurlijk hebben wij hetzelfde type politieke opportunisten als men hier in de regering heeft. Maar wanneer iets je niet bevalt, strijd je met woorden en niet met wapens,' spreek ik zalvend.

Deze filosofie wordt hoofdschuddend aangehoord en duidelijk afgekeurd. Strijd zonder wapens, belachelijk. *Patria o muerte* is hier het devies. Vaderland of de dood. En dan natuurlijk het vaderland volgens de regels van de guerrilla. Zo niet, dan maar dood. Arme kinderen. Zo goed en zo kwaad als het gaat kletsen we verder over ditjes en datjes. Hoe ver is het vliegen naar Holanda en wat kost een ticket? Hoe duur is mijn horloge eigenlijk en wat verdienen wij per dag? Praktische vragen waarop ik de antwoorden maar zo'n beetje verzin.

We komen uiteindelijk te spreken over andere zaken

dan oorlogsvoering. Wat zou je het liefste worden in je leven? Hernan antwoordt meteen. Hij zou kunstschilder willen zijn. De tatoeage op zijn arm heeft hij zelf ontworpen. Namen van schilders kent hij niet, maar schilderijen heeft hij weleens gezien. Op televisie. Chino zou het liefst muzikant worden, gitaar heeft zijn voorkeur. In zijn familie zitten al twee zangers die met redelijk succes plaatjes maken en optreden. Zoiets wil Chino dus ook. 'Nou jongens,' spreek ik bemoedigend, 'aan de slag dan. Leg de wapens neer en doe wat je het liefste doet. Ja zuster, nee zuster.' Mijn advies wordt gegeneerd weggewoven. Eerst de boeren verheffen, dan dromen over de toekomst. Ach, ach.

De dag heeft zich inmiddels alweer een paar uur voortgesleept. De ouderen uit onze groep hebben wat rond het huis gepatrouilleerd en bespreken hun waarnemingen. Er hangen zeker weer twee heli's in de lucht, een paar valleien verderop. Af en toe komen ze boven de bergtoppen uit, maar ze zijn nog op veilige afstand. Verder zien sommigen drones in de lucht zweven. Drones van het leger.

Met het hoofd in de nek turen we mee. Ik zie geen barst. Tegen de blauwe lucht zou je een wit stipje moeten kunnen ontwaren en dat is dan dus zo'n drone. Ze zijn er trouwens bang voor. Een drone zou niet alleen in staat zijn om ze te bespieden, maar zo'n mini-helikoptertje kan het ook lood laten regenen, zegt Jaguar. Verbaasd vraag ik wat-ie daarmee bedoelt. Dan vertelt hij over drones die voorzien zijn van handgranaten die op grote afstand zouden kunnen worden afgeworpen. Dat noemen zij dus 'lood regenen'. Daarom waren wij ook zo verdacht met onze drone, voegt hij er fijntjes aan toe.

Opnieuw kijken we naar boven en zien helemaal niets.

Ik bedoel, niets anders dan blauwe lucht. Wanneer er echt een drone hangt, moet die dus op minstens een kilometer hoogte vliegen. Dan zou men ons blijkbaar kunnen zien en handgranaten kunnen laten vallen. En wanneer ontploffen die dan? Ergens halverwege? Of in een ander dal waar ze door de stevige wind heen zijn gewaaid? Ik heb zo mijn bedenkingen bij het verschijnsel drone zoals waargenomen door onze mannen. Het zijn allemaal simpele zielen, dat is me wel duidelijk. Jongens en mannen zonder enige opleiding. Ik denk dat het grootste deel niet kan lezen of schrijven. En die zouden dan dus een betrouwbare kijk hebben op modern wapentuig en de mogelijkheden daarvan. *I doubt it.*

Maar goed, laten we er geen ruzie over maken. Over de relatie ontvoerden en ontvoerders heb ik weleens wat gelezen. Het is in elk geval van belang de sfeer vriendelijk te houden en grimmige communicatie te vermijden. Aardig tegen elkaar blijven. En dat lukt goed. De guerrilla's zijn buitengewoon voorkomend naar ons toe en wij proberen ook aardig over te komen. Het Stockholmsyndroom, waarbij de ontvoerden sympathie krijgen voor hun ontvoerders, lijkt in de maak. Nu al.

Tijd voor de lunch. Opnieuw krijgen Eus en ik als eersten een bord eten. Misschien is het uit beleefdheid, maar misschien ook om te zien of wij de eerste happen daadwerkelijk overleven. Het lichtblauwe plastic bordje ligt vol smerigheid. Opnieuw rijst, yucca en vlees. Een hond ofzo. Ik heb geen honger en de presentatie van de maaltijd weet die ook niet op te wekken. Een beetje rijst, meer krijg ik niet naar binnen.

Met bewondering en jaloezie kijk ik naar Eus. Die zit zowaar smakelijk te schransen. Zelfs het gebraden maagdarmkanaal ontdoet hij van restjes vlees. Held! Ik vrees dat mijn nog steeds overvolle bord als een teken van ondankbaarheid zal worden opgevat. Gelukkig heeft Eus het bijna op en kan ik de helft van mijn portie naar zijn bord overhevelen. 'Het was lekker,' zeg ik tegen Crespo, die even later onze borden ophaalt. Wat ben ik toch een praatjesmaker.

Om een wit voetje te halen bij onze leider vraag ik aan Jaguar hoe het met zijn familie zit. We belanden in een serieus gesprek. Jaguar heeft twee kinderen. Die wonen met hun moeder in Chili. Ver weg van het land waarin papa z'n vermetele guerrillapraktijken uitoefent. Jaguar is veertig, zijn kinderen, een zoon en een dochter, zijn respectievelijk zestien en dertien. Eén keer per jaar ziet hij ze. Met Kerstmis, wanneer zij samen met hun moeder even terug zijn in Colombia, in Bucaramanga, waar opa en oma wonen.

'Mis je ze?' ga ik maar even op z'n *Spoorloos*' verder.

Jaguar windt er geen doekjes op. '*Un montón señor, un montón!*' Hij mist ze verschrikkelijk.

Dan nog even een extraatje. 'Weten je kinderen dat je van ze houdt?'

De commandant slaat zijn ogen naar de lucht, een rimpeling van twijfel trekt over zijn vastberaden kop. '*Ai hombre,*' spreekt hij berustend. Hij staat snel op en verdwijnt richting de bosjes aan de rand van het pad, die daar speciaal staan om in te urineren.

Kinderen... een gevoelige plek, denk ik. Misschien is die wetenschap later nog bruikbaar.

Ineens is er entertainment. Of op z'n minst afwisseling. Een paar vage figuren komen het pad opgelopen met voorop de man die veel eerder die dag op zoek was gestuurd naar mijn medicijnen. Om de een of andere reden komt Jaguar aangesneld en hij stuurt ons naar binnen, de slaapkamer in. Blijkbaar gaat er iets gebeuren wat wij niet mogen zien.

Al na vijf minuten zwaait de deur open en laat de medicijnman trots mijn gevonden toilettas zien. Ik zeg hem dat het nou uitgerekend daar niet in zit, maar ik ben te vroeg met mijn kritiek. Alles wat hij in onze bagage aan pillen, poeders en pasta's kon vinden, heeft hij in mijn medicijntas gepropt. Dus inderdaad, ook de juiste pilletjes voor mij en verder nog wat desinfecteerspullen en anti-muskietenolie uit de reisapotheek van Eus. Als klap op de vuurpijl komt er ook nog een onaangebroken pakje 'natte doekjes' tevoorschijn. Dertig velletjes vochtig toiletpapier.

We zijn er blij mee en ik bedank de man vriendelijk. Zoveel aardigheid is hem blijkbaar nog nooit ten deel gevallen, want ineens ontspant z'n gezicht en krijgt hij zowaar iets sympathieks. Ik krijg nota bene de indruk dat hij het goed met ons voor heeft.

Het stelt ons gerust dat er zoveel moeite wordt gedaan om ons, nou ja mij, gezond te houden. Dat doe je toch niet met iemand die op het punt staat neergeschoten te worden. Of juist wel, denk ik er meteen ongerust achteraan. Misschien moeten ze ervoor zorgen dat we niks in de gaten krijgen en verrast worden door het uiteindelijke genadeschot. Je gaat in je onzekerheid de vreemdste dingen fantaseren, dat is wel duidelijk. Eus en ik bespreken even snel onze overlevingskansen en komen tot de conclusie dat die toch licht gestegen zijn.

Dan stelt de commandant ons voor aan twee nieuwe gasten. Het gaat om een vertegenwoordiger van het 'hogere kader' van de ELN die vergezeld door een hulpje naar ons verhaal komt luisteren. Volgens Jaguar spreekt hij veel beter Spaans en zal hij daarom ook veel correcter ons verhaal kunnen overbrengen aan de legerleiding.

Na deze aankondiging komt er inderdaad een man binnen. In zijn kielzog een jochie dat er mijns inziens nog maar net haar op heeft. Hoe oud zal-ie zijn? Veertien, hooguit. De vertegenwoordiger van het 'hogere kader' is een vetklep van de ordinairste soort. Een te kort T-shirt laat een groot deel van zijn bierpens onbedekt en de broek slobbert om de veel te dunne benen onder zijn veel te dikke reet. Het meest vermakelijke is nog dat de dikzak een ELN-sjaal om zijn hoofd heeft gebonden teneinde herkenning te voorkomen. Geen idee waarom. Iedereen loopt hier volkomen herkenbaar rond en dat schijnt niemand te deren. Wellicht probeert onze gast zo zijn belangrijkheid wat op te schroeven, ik weet het niet. Zodra de man begint te praten schuift zijn sjaal langzaam naar omlaag. Ook bij het bewegen van zijn hoofd raakt het ding los en komen belangrijke delen van zijn gezicht tevoorschijn.

Eus en ik hebben veel moeite ons lachen in te houden, maar we proberen serieus te kijken.

Hij vraagt wie van ons het beste Spaans spreekt en ik steek mijn hand op. 'Ik meneer.' Of ik dan eens zou willen vertellen wat wij eigenlijk kwamen doen in deze streek. En daar gaat-ie weer. Voor de zoveelste keer begin ik het verhaal van onze zoektocht en de man in El Tarra. Ik kies eenvoudige Spaanse woorden en denk dat ik goed bezig ben. Maar Sjaalmans is al na tien seconden gestopt met het maken van aantekeningen in zijn verfomfaaide schoolschrift. Dat kan komen doordat het lastig is notities te maken en ook nog eens je vermomming vast te houden, maar er is iets anders. De man verstaat gewoon geen woord van wat ik zeg.

Jaguar komt erbij en ze bespreken het probleem. De oplossing blijkt gemakkelijk. Het jonge ventje bezit een goedkope smartphone, en daarop kunnen filmpjes worden gemaakt om later te vertonen aan Spaanstaligen die op school wel hebben opgelet. Ik mag mij tot de camera wenden en het hele verhaal in een monoloog uit de doeken doen. Dat gaat prima, het is tenslotte mijn werk. Wanneer het betoog erop staat vraagt de dikke of ik echt wel Spaans heb gesproken, want anders verstaat zijn baas er ook niks van. Ik zou misschien per ongeluk alles in mijn eigen taal hebben gezegd en dat zou niet opschieten. Wat een idioot.

Ineens bedenk ik me nog iets en vraag of het broekje de camera van zijn telefoon opnieuw wil starten. Het lijkt mij namelijk goed om in het kader van de verzoening ook eens flink de loftrompet te steken over het nuttige werk van de ELN en in het bijzonder over de verheffing van de arme boer. Met veel respect spreek ik over de bevrijdingsbeweging en de mannen die daaraan meedoen. Ten slotte maak ik melding van onze zorgen over de familie in Nederland. Ik vraag of men contact kan opnemen met onze vrienden in Colombia om hen te informeren over onze omstandigheden. De telefoonnummers staan in mijn iPhone en wanneer iemand daarmee onze kant op zou kunnen komen, zou dat een pak van ons hart zijn.

Ik trek bij dit alles een zeer bedrukt gezicht en dat kost geen enkele moeite want zo voel ik het ook. Als ik de zinnetjes over 'vrienden bellen' uitspreek komt het heel eventjes dichtbij. Vlak onder de adamsappel. Tsjonge, wat een gezeik allemaal. De twee ELN-helden verdwijnen met de opnamen, geen idee waarheen.

Zodra de kust veilig is mogen we weer naar buiten. De strijders voor het goede doel liggen loom op de veranda, vrijwel allemaal te spelen met hun pistool. Ik ben bang dat door dat voortdurende gepruts aan die pistolen per ongeluk een schot afgaat dat dan onbedoeld iets vitaals raakt. Eus merkt op dat die pistolen natuurlijk altijd door middel van een veiligheidspal zijn gezekerd, maar dat stelt me niet gerust. Dan komt ons gesprek op een mogelijke ontsnapping. Hoe zouden we dat kunnen aanpakken, als we het al willen aanpakken?

We zijn het er al vrij snel over eens dat er een moment zal komen waarop we een wapen kunnen afpakken. De mannen zijn niet erg oplettend en af en toe slingert er weleens wat rond. Maar dan hebben we natuurlijk het probleem van voornoemde veiligheidspal. Die moet er dan dus 'af'. Maar waar zit dat ding? Eus heeft in elk geval nog weleens op een schietbaan gestaan met een reeds ontgrendeld pistool, dus hij denkt dat hij wel weet waar het palletje zit. Maar ik heb alleen films gezien van mensen die aan het schieten zijn en zich over het algemeen niet bekommerden om de stand van de veiligheidspal.

Na ampel beraad zien we toch maar van een ontsnapping af. De kans dat we een pistool aan het schieten krijgen is niet groot, maar het risico dat onze acht opponenten ons vervolgens in *no time* aan gort knallen is vrijwel honderd procent. En dan nog. Stel dat je als door een wonder, net als Jack Reacher, al je tegenstanders kunt uitschakelen met een paar gerichte schoten, wat dan? Wie gaan we dat uitleggen en wie gaat ons helpen bij het opruimen van de puinhoop? Vergeet het maar. *We are fucked.*

En er is meer slecht nieuws. Om een uur of vijf, als het gaat schemeren, zullen we gaan verkassen. Ik hoef niet uit te leggen dat wij daar geen zin in hebben. Laat ons maar lekker een beetje op de veranda hangen in afwachting van onze zekere vrijlating. Weinig behoefte aan actie en zeker niet aan urenlange wandeltochten. Maar helaas hebben wij hier niets in te brengen. 'Is het ver?' vraag ik alvast een beetje schijterig aan Jaguar. Hij vindt van niet. Hooguit een uur of vier, misschien vijf. '*Dios mio,*' kreun ik, '*tan lejos?*' Zover? Beteuterd kijk ik naar mijn weinig heldhaftige voorkomen. Een deegsliert in zijn uitgaanskloffie. Dat zal een succes worden straks.

Ik vertel Eus wat ons te wachten staat en ook hij kan de lol er niet van inzien. Ook zit-ie erg in z'n maag met de gevolgen van onze verdwijning voor het thuisfront. We zijn ervan overtuigd dat in elk geval onze correspondent inmiddels weet dat we van de radar zijn. Zal ze alarm slaan? Het lijkt me zeker dat ze iemand in Hilversum gaat informeren. Op z'n minst onze eindredacteur Paul. En dan is het hek uiteraard van de dam. Dan begint ook daar de ellende.

We praten er even over, maar dat beurt de stemming zeker niet op. Eus weet hoe hard het zal aankomen, zeker bij zijn jongste zoon van twaalf. En ik denk aan mijn kinderen, die al wat ouder zijn, maar tegen wie ik al hun hele leven zeg dat papa altijd thuiskomt. *No matter what.* En mijn moeder en vader dan? We voelen ons opnieuw schuldig. Alsof wij ze dit aandoen, alsof wij hiervoor hebben gekozen. Terwijl het natuurlijk die klojo's van de ELN zijn. Die mafketels met hun gewapende padvinderij. Een achterhaalde strijd waarmee wij niks te maken hebben.

Wanneer ik heel intens denk aan het verdriet dat onze verdwijning de familie zal doen, prikt het even in m'n ogen. Het is niet leuk voor hen, nee, maar wij hebben het fijn, denk ik sarcastisch. Laten we elk maar onze eigen portie ellende dragen en hopen dat we er ooit om kunnen lachen.

Het is vijf uur. Plotseling is er hernieuwde activiteit. Een paar manschappen beginnen op te ruimen en pakken hun plunjezakken in. Anderen graaien in een paar onduidelijke rijstzakken en doorzoeken de inhoud. Er komen wat nieuwe jasjes en broeken tevoorschijn. Het lijkt wel Sinterklaas. Best leuke dingen zijn het. Zou ik zo als souvenir mee naar huis willen nemen. Stoer terugreizen in een ELN-jasje, met een bandera om het hoofd. Dat zou grappig zijn, terugreizen. Maar wanneer, *if ever*? Bij alles wat we fantaseren over de toekomst voegen Eus en ik er steeds aan toe, 'als we dit overleven'. Je moet de goden namelijk nooit verzoeken.

Wanneer iedereen z'n cadeautje heeft ontvangen, is het tijd om op te stappen. Wij hebben niet veel in te pakken. Eus heeft een plastic zakje met wat muggenspul en antijeukpasta. En ik heb m'n toilettas. Daar zit gelukkig een stevige lederen lus aan zodat ik hem aan mijn broekriem kan rijgen. Heb ik beide handen vrij, voor het geval er halsbrekende toeren moeten worden uitgehaald.

'*Vámonos!*' roept onze commandant.

En ineens komt ze tevoorschijn. De geruststellende vrouwenstem van die nacht. Ze hebben haar de hele dag voor ons verborgen gehouden. Ze is een jaar of vijfentwintig, misschien dertig, en buitengewoon mooi. En zwanger. En overduidelijk het liefje van de commandant. Jaguar neemt afscheid op een manier die ik eigenlijk niet van een guerrillero verwacht. Liefdevol, anders kan ik het niet omschrijven. En de vrouw doet net zo terug. Ergens moet er iets knap aantrekkelijks in onze commandant zitten. Iets vertederends, iets buitengewoons. Zijn verloofde ziet dat en neemt er met tegenzin afscheid van. Ze lachen innig naar elkaar. De plicht roept maar hij zal snel weer terugkomen. Ik vind het mooi om te zien.

Na een paar honderd meter marcheren vraag ik het.

'*Tu mujer?*' Je vrouw?

'*Mi novia,*' antwoordt Jaguar trots; mijn verloofde.

'*Embarazada?*' Zwanger?

'*Cinco meses.*' Vijf maanden.

'*Guapa,*' ze is knap, durf ik op te merken.

'*Demasiado*,' gruwelijk knap, zegt Jaguar tevreden.

We blijken die nacht te hebben doorgebracht in zijn huis, met gevaar voor niet alleen ons leven maar ook dat van zijn verloofde en hun ongeboren kind. De legerhelikopters bleven vandaag nog op veilige afstand, maar dat kan zomaar veranderen. Dus moeten we ons verplaatsen. Om zelf veilig te zijn, maar ook om anderen niet in gevaar te brengen. Er zit wat in, geef ik toe.

De wandeling gaat in eerste instantie over een goed begaanbaar pad. We lopen in het midden van de groep. Er zijn een paar 'verkenners' vooruit en de wat oudere garde marcheert in de achterhoede. Af en toe steken we een weilandje door, lopen om een klein boerderijtje heen en verdwijnen aan de achterkant weer door prikkeldraad van het landje. De pas zit er goed in. Het lijkt alsof we nog ergens een trein moeten halen, zo stevig stapt men voort. Ik ben redelijk in vorm, maar toch probeer ik om de zoveel tijd even een paar minuutjes rust los te peuteren.

De route begint langzamerhand ook de nare neiging tot stijgen te krijgen en dat wordt door mijn linkerenkel slecht gewaardeerd. Ik brak hem twaalf jaar geleden. Finaal doormidden. Na de operatie maakte de orthopeed duidelijk dat het door hem weer vastgeschroefde gewricht moest herstellen uit een grote interne puinhoop. Dat kon het lichaam allemaal zelf wel regelen, maar de linkerenkel zou altijd een zwak punt blijven. Dat begin ik nu wel te merken, ja. Het ding buigt slecht en zet enorm op. Klotegevoel. Verder hebben Eus en ik toch wel al onze adem nodig om de heren bij te houden, dus van een goed gesprek onderling komt het niet.

We stappen door, zo goed en zo kwaad als het gaat. Af en toe vraag ik onze begeleiders hoe ver het nog is. 'Niet zo ver,' is steevast het antwoord. Op een vrij breed pad passeren we een paar jongelui met een motor. Ze schrikken als commandant Jaguar ze aanspreekt. We hebben geen idee wie die gasten zijn en vermoeden meteen weer onraad.

Maar dat blijkt onnodig. Een paar honderd meter verderop halen ze ons in met hun knettermachines en blijkt het de bedoeling dat wij achterop plaatsnemen. Het knaapje bij wie Eus op de buddyseat stapt heeft een alcoholkegel van hier tot Tokio, maar de mijne lijkt nuchter. Op de een of andere manier bevalt de alcoholgast Jaguar helemaal niet; hij geeft hem op niet mis te verstane toon een forse reprimande.

Daarna gaan we rijden. Eerlijk gezegd snap ik de actie niet helemaal. Is het een teken van vriendelijkheid? Zo van: laat die jongens even uitrusten achter op de motor, ze hebben het al zwaar genoeg? Dat zou reuze aardig zijn, maar is het ook echt zo? We rijden langzaam, twintig kilometer per uur schat ik. De weg is goed en loopt langzaam omhoog, een soort vals plat. De manschappen van Jaguar rennen met ons mee, als een escorte. We mogen natuurlijk niet ontsnappen.

Ze moeten best stevig rennen, stel ik vast. Voor het eerst begint het tot me door te dringen dat deze jongens ijzersterk zijn en een geweldige conditie hebben. Kleine tanige mannetjes met een behoorlijk stel longen. Ze hebben stuk voor stuk een stevige bepakking op de rug en uiteraard hun onafscheidelijke wapens. Maar ze houden de motoren gemakkelijk bij.

Na een half uur wordt er even gerust. Jaguar neemt van een van de boys als vanzelfsprekend de zware rugzak met de keukenspullen over. Hij draagt die wel. Een goede commandant ontziet z'n mannen. Tijdens de pauze steekt iedereen er eens lekker een op. Allemaal roken ze het merk Empire, rode pakjes die voor altijd in mijn geheugen gegrift zullen staan. Mocht ik weer gaan roken, dan zal het uitsluitend een Empire zijn. Even overweeg ik om meteen maar weer te gaan paffen en ik merk dat Eus hetzelfde denkt. We lachen erom en zien er toch maar van af. Misschien overleven we het wel en zitten we vervolgens opgescheept met een hernieuwde tabaksverslaving. Niet doen.

Wanneer de peuken zijn uitgetrapt vervolgen we onze reis. Wij zitten nog steeds achterop en het peloton jaagt te voet voort. Na weer een half uur stoppen we. Het feest is voorbij, ook wij moeten weer gaan lopen. Via een smal paadje gaan we de heuvels in. Meteen vraag ik Jaguar hoe ver het nu nog is en voor de afwisseling zegt hij dat we best nog een eindje door moeten. Ik wil niet als zeiksnor overkomen, maar toch informeer ik ook nog even naar het stijgingspercentage van de route. '*Arriba, arriba,*' omhoog omhoog, antwoordt hij. Ook dat nog.

Over het vervolg kan ik kort zijn. Het paadje gaat inderdaad van steil via steiler naar steilst omhoog. Het is loodzwaar. Een ware uitputtingsslag voor hart en longen. Ik heb ooit met vrienden de Kaldirimi (geitenpaadjes) van Griekenland bedwongen, en dat vonden we al gruwelijk zwaar. Maar dit? Dit is de hel. Dat komt natuurlijk ook doordat we niet ontspannen aan het bootcampen zijn, maar gewapenderhand naar boven worden gejaagd door een stelletje onvermoeibaren. We zweten verschrikkelijk en verliezen daardoor veel vocht. Gelukkig is het niet zo warm, een graad of 20 schat ik, maar de inspanning is groot. Een gordijn van zweet druppelt van mijn voorhoofd voor m'n ogen langs. Overhemd en T-shirt zijn doorweekt, net als het stuk tussen broeksband en kruis, en wat al niet.

'We moeten drinken,' benadrukt Eus.

Ik informeer bij Jaguar, maar er is geen water.

‘Halverwege passeren we een waterbron,’ zegt hij, ‘en daar zullen we de veldflessen vullen.’

Wat een tegenslag, we zijn dus nog niet eens op de helft. Moeder!

Belangrijk bij het bergopwaarts lopen is dat ieder zijn eigen tempo loopt. Wanneer je in de voetsporen van de ander gedwongen wordt red je het niet. Maar het is blijkbaar geen optie om een tandje langzamer te lopen. Daarom ga ik er op een gegeven moment gewoon maar eens bij zitten. Effe rusten Jaguar, we zijn niet allemaal roofdieren. Vijf minuten. Tijd voor een saffie en om weer even op adem te komen.

‘Gaat het nog?’ vraagt Eus bezorgd.

‘Makkie,’ krijg ik zowaar op luchtige toon uit m’n strot.

Maar gemakkelijk is het zeker niet. Er is wel een hoogtepunt. Dat bereiken we bij de ‘bron’. Een dunne zwarte waterslang komt uit een stukje berg en verdwijnt daar na een paar meter weer in. Je kunt hem van een koppelstuk loshalen, en dan spuit er met grote kracht koel, helder water uit. We laten ons rustig vollopen. Wat is dat lekker zeg, daar kan geen flesje Meursault tegenop, van welk jaar dan ook. De veldflessen worden gevuld en de slang weer aangekoppeld. En hoppa, daar gaan we weer.

We hebben nog een uur afzien voor de boeg. Met af en toe pauzeren en regelmatig een paar slokken water is dat uiteindelijk wel te doen. Wat veel goed maakt is het indrukwekkende uitspansel. Natuurlijk zijn we weleens in streken geweest waar de sterren door de duisternis in het afgelegen gebied goed zichtbaar waren, maar dit spant de kroon. Om ons heen is geen lichtje te bespeuren. Het is absoluut voor 100 procent pikkedonker. De maan ontbreekt, maar de sterren zijn ongelooflijk.

Waarom kunnen we dit niet filmen, of een foto maken?

De lucht is bijna wit van de flonkering. Veel sterren herken je nog als een apart lichtpuntje, maar andere zijn voor ons oog schijnbaar samengesmolten tot enorme witte vlekken. Felle witte vlekken. Een volle maan heb je in dit gebied echt niet nodig voor de verlichting. De zuiverheid van de atmosfeer moet hier wel totaal zijn. Zo helder, zo verrassend, en zo jammer dat we moeten rondlopen met een zooitje marxisten dat er helemaal geen oog voor heeft.

Uiteindelijk bereiken we onze bestemming. Op het eerste gezicht net zoiets als de vorige nacht. Een langgerekte 'boerderij' met rechts het woongedeelte en links een paar onduidelijke hokken waar kippen en varkens rondscharrelen. Er wonen mensen. Geen idee of ze op de hoogte zijn van onze komst; ik denk eigenlijk van niet. Jaguar maakt hun duidelijk dat hij op zoek is naar een plek om te overnachten, voor zijn manschappen en voor ons. Ik kan niet goed beoordelen of de bewoners blij zijn dat ze vannacht in de prijzen zijn gevallen. De guerrillastrijders worden zeker niet overal en door iedereen met open armen ontvangen. De meesten zullen wel doen wat ze zeggen, maar dat komt dan voornamelijk door de wapens die alle tegenargumenten met gemak om zeep helpen.

Het is iets over tienen. De zaak wordt georganiseerd. Ons wordt als eerste een slaapplaats toegewezen: het varkenshok. Een paar biggen worden eruitgeschopt en ook de wakker geschrokken haan moet het veld ruimen. Opnieuw is er een stellage van ruw houten planken met een plastic zeiltje erover. Ons bed. We beginnen te kreunen bij de aanblik. Dat wordt afzien. We gaan even proefliggen en merken meteen de schade van de afgelopen nacht. Mijn complete rechterzij is nog beurs en Eus voelt messteken in ruggenwervel en de rest van het karkas.

‘Eén ding doen we echt nooit weer, Eus, we gaan nimmer meer in zee met het reisbureau dat deze trip voor ons heeft verzorgd.’

‘Allemachtig nee, zeker niet,’ bevestigt Eus.

We lachen. Nog met een beetje kiespijn, maar het lijkt erop dat we iets van bravoure en goede moed aan het terugwinnen zijn. De voldoening dat we onze marteltocht van vanavond volbracht hebben, is dan ook groot. Een hele prestatie.

Op de veranda krijgen we na een halfuurtje een bord eten in de handen gedrukt. De kok heeft duidelijk dezelfde menukaart als van die middag gebruikt, want het ziet er opnieuw zeer onsmakelijk uit. Maar in tegenstelling tot eerder sterven we nu echt van de honger. Ik net zo goed. En wat voor een bagger er ook op het bord ligt, we lepelen het rap naar binnen. Kop koffie erbij en smullen maar. Een tandenstoker zou na het verscheuren van het lapje vlees wel heel fijn zijn, maar helaas, die hebben we niet. Net zo min als een tandenborstel. Of een kam, een spiegel, zeep, schone kleren.

We gaan vies en stinkend op bed liggen. En omdat we beiden waarschijnlijk een even weerzinwekkende geur afscheiden, ruik ik eigenlijk niks. Ja varkens, maar dat is normaal in een varkensstal. En misschien nu ook wel een uitkomst.

Ons ietwat opgefleurde humeur gaat trouwens weer snel richting het nulpunt zodra de vernietigende uitwerking van de houten planken op het arme lichaam merkbaar wordt. We kletsen nog even over de Nederlandse kant van de zaak. Wat is inmiddels bekend? Waar denkt onze familie aan? Weten ze überhaupt al iets? Net zo goed als zij geen idee hebben van onze situatie, geldt dat omgekeerd voor ons ook. We zijn weleens eerder een poosje van de radar geweest. *Nothing to worry about.*

Maar hoezeer we ook hopen dat het nu opnieuw mee zal vallen, we begrijpen maar al te goed dat dit niet met een sisser kan aflopen. Niet aan denken, niet aan denken, niet aan denken. We worden er verdrietig van en kunnen toch ook niets aan de zaak veranderen. Wanneer we een minuut of tien hebben gezwegen is duidelijk dat we ieder ons weegs zijn gegaan. In het hoofd bedoel ik. Laat de slaap snel komen, zodat we met een fijne droom onze benarde situatie even aan de zijlijn kunnen parkeren.

Het liefst val ik in slaap met de hunkerende gedachte aan een vreemd begeerlijk meisje. Toegegeven, met Eus naast me is dat wat ongepast, dus ik probeer het eerst met een waanvoorstelling van een nieuwe Jaguar XJ thuis voor de deur. Tevergeefs. Meisjes werken bij mij altijd beter. Ik boetseer dan in mijn gedachten het beeld van mijn ideale meisje. Ik zeg meisje, geen vrouw. Net zoals ik mezelf zie als jongen, niet als meneer. Dat meisje mag dus best wat ouder zijn. Ik zal nu geen uitlatingen doen over hoe zij er uiteindelijk komt uit te zien, dat zou de illusie bij mijn volgende slaap nogal wat schade berokkenen. Nee, laat mij nou maar gewoon fantaseren. Wat wil helpen is wanneer je dat meisje al eerder op de dag bent tegengekomen. Dat je al met open mond naar haar hebt staan kijken. Het vergemakkelijkt het erotisch boetseren, zeg maar. Je hebt een beginnetje. Nou heb ik vandaag wel de prachtvriendin van Jaguar gezien, maar dat lijkt me nu geen goed idee, daar komt maar ruzie van, en zelfs op een gedroomd genadeschot zit ik niet te wachten.

Nee, ik zou verder terug moeten. Misschien naar dat dromerige meisje tegen wie ik bijna opbotste bij het oversteken van de Calle Balmes in Barcelona. Zij was aan het appen. Donkere huid, golvend lang kastanjebruin haar, groene ogen en een sereen gezicht om van te smullen. Een paar dagen later zag ik haar nota bene op het strand. Godsamme, wat een egaal bruine huid zonder tatoeage of ander smetje. Een meesterwerk van onze superboetseerder daarboven. Borsten, billen, benen, prachtige vormen uit mahoniehout gesneden. Ik moet mijn best doen om mijn blikken tot het aanvaardbare te beperken.

Ik krijg verwarde gedachten. Wat heb ik bij de liefde nog te zoeken? De tijd is al zolang voorbij dat de ontroering bij het kijken naar zo'n meisje tot een reële hunkering leidt. Dat het verlangen naar haar, haar aanrakingen, haar zachte zuchten, het blazen in je oor, dat dat nog zou kunnen. Zou mogen. Zou kloppen. Ik kan gemakkelijk naar haar blijven kijken tot de tranen in m'n ogen komen. Ik kijk namelijk naar een wonder, naar een droom. Een droom die ik later zonder haar zal beleven. Op een hard houten bed in een varkenskot bij de Colombiaanse guerrilla. Ze had eens moeten weten. Al denkend komt er een hopeloos verlangen naar vrijheid in me op. Al net zo onbereikbaar als voornoemd naamloos meisje. Eus snurkt.

Geheel in tegenstelling tot de normale gang van zaken doe ik er vannacht behoorlijk lang over om onder zeil te raken. Er komt toch weer iets van onheil in mijn gedachten. En ik kan ook al niet op m'n zij liggen. Al piekerend vallen de ogen uiteindelijk toch dicht en glij ik dromenland binnen. Daar is vannacht blijkbaar niets beschikbaar want voor mijn gevoel word ik onmiddellijk weer wakker. Of droom ik toch? Er knijpt iemand stevig m'n neus dicht. Ik schrik. Waar ben ik, *what the fuck*? Het is Eus. Ik lag als een bezetene te snurken, legt hij uit. Schoppen hielp niet, want ik wilde maar niet op de zij draaien. Dan dus de neustruc. Nou, die is geslaagd.

Het is inmiddels schoorvoetend licht aan het worden. Half zeven. Krakend komen we overeind. Alles doet pijn. Elk botje dat die nacht in aanraking is geweest met het tropische hardhout heeft er een blauwe plek aan overgehouden. We kijken elkaar aan. Twee oude mannen worden wakker en staan op. Je kunt er zo een komisch pauzefilmpje van maken.

'Vandaag maar uitchecken?' stelt Eus voor.

'Nog even het ontbijt afwachten voor we een beslissing nemen,' antwoord ik.

Maandag 19 juni 2017
Dag 3

Iets brutaler dan gisteren lopen we de veranda op naar buiten. We kiezen ieder een bosje om te pissen. Opnieuw staan we op de top van een heuvel. Voor de deur ligt een aangenaam ogend pad waarop wij makkelijk per motor comfortabel verder vervoerd zouden kunnen worden naar de vrijheid. Maar dat zal ons wel niet gegund zijn. Er is niets meer te zien van de stevige regenbui die ik de afgelopen nacht heb gehoord. De zon schijnt, vriendelijke wolkjes dobberen in een zee van blauw.

Het uitzicht is fenomenaal. We kijken over een weids dal waarachter een berg verrijst en dan dáárachter wat vager weer zo'n dal met berg. Een soort 'painted desert' zoals in Arizona, maar dan vruchtbaar en groen in alle schakeringen. Als dit je vakantiebestemming was zou je nu diep tevreden eens een lekker eitje gaan bakken in het rurale onderkomen dat de reisorganisatie voor je heeft gevonden. Dan een korte ochtendwandeling, en aansluitend koffie. Maar helaas.

Als we teruglopen staat de commandant wat wazig voor zich uit te turen richting het dal. Zoals altijd groet hij vriendelijk en vraagt hoe het gaat. Opgewekt zeg ik dat we besloten hebben uit te checken en of hij de rekening kan laten opmaken. Even zie ik dat hij denkt dat ik krankzinnig geworden ben, maar een tel later dringt de grap tot hem door. Brede grijns. '*Desafortunadamente*,' helaas, zegt hij. Koffie kunnen we wel krijgen. En ontbijt. Lachen is goed en de onderlinge verstandhouding met onze ontvoerders is het meest waardevolle dat we nu hebben.

Dus melden we ons ontspannen voor het ochtendmaal. Er loopt een nieuwe gast op de veranda. Eus merkt hem als eerste op en geeft een treffende omschrijving. ‘Heb je die mafketel gezien? Dat kleine crimineeltje met die belachelijk geknipte haren? Als die niet stijf van de middelen staat dan weet ik het niet meer.’

Even later komt juist hij uit de ‘keuken’ en moet ik Eus gelijk geven. Het is een vreemd figuur. Een klein mannetje, jaar of veertig, haren geschoren zoals voetballers en moderne jongeren dat ook vaak hebben, met stekeltjes die qua lengte verschillen en zo een patroon op het hoofd vormen. De ogen van de man hangen halfdicht, hij maakt daardoor een slaperige, maar inderdaad misschien ook gedrogeerde indruk. Eus kan er behoorlijk pissig om worden dat wij totaal machteloos zijn ten opzichte van dit soort mafketels. Wie zijn zij nou helemaal om ons te koeioneren? Het zijn onbenullen met het verstand van een kip. Ik deel die ergernis volledig, maar zoals gezegd, we kunnen elkaar maar beter sympathiek vinden.

Daarom begin ik een praatje met onze nieuwe ster. En dat gaat verrassend goed. Hij heet Paisa en spreekt veel beter Spaans dan de anderen. Begrijpelijk, want Paisa komt uit de streek rond Medellín, waar de bewoners *Paisa* worden genoemd, en daar is het dialect nu eenmaal veel beter verstaanbaar dan in deze uithoek van het land. Paisa vocht eerder de eervolle strijd met de FARC, maar nu die de wapens hebben ingeleverd is daar uiteraard geen lol meer aan. Dan maar meevechten met de ELN.

Paisa zal vanaf nu voor ons koken. De borden die hij ons voorhoudt illustreren goed dat hij voor dit vak geen opleiding heeft genoten. Opnieuw rijst, yucca en vette bakbanaan, en daarbij een stukje kip dat zo is volgezogen met de afgewerkte olie waarin het is gebakken dat mijn hart er nu al van op hol slaat. Pollo cholesterol.

'Lekker, Paisa,' complimenteer ik hem.

Tijdens het ochtendmaal nemen we onze situatie maar weer eens door. Er verandert niet veel, het is bijna saai. Maar in onze hoofden zijn de ontwikkelingen wél druk gaande. Zou de hogere legerleiding al kennis hebben genomen van de telefoonopnames die gisteren zijn gemaakt? En zo ja, wat vinden ze ervan? Is er door de ELN al gemeld dat zij twee Hollandse heren gevangenhouden? Het is maandagochtend, in Nederland al ver in de middag. Wie weet wat?

De mogelijkheid van het vragen van losgeld houdt ons ook flink bezig. Zouden ze daarom zo goed voor ons zorgen? Het zal ook niet om een paar tientjes gaan. Dat idee beangstigt ons. Het maakt de situatie nogal onvoorspelbaar. Je bent nog van waarde zolang er onderhandeld wordt en de besprekingen vruchtbaar zijn, maar wat gebeurt er als een en ander vastloopt? Schijnexecuties? Laatste woorden die je nog voor een camera mag uitspreken? Nare spelletjes? Marteling? Weten wij veel. Er zijn genoeg spannende boeken over geschreven. En hoe beminnelijk de jochies ook uit hun ogen kijken, als ze opdracht krijgen een vinger af te snijden dan zullen ze dat heus wel doen. Jaguar net zo goed. Wanneer die eenmaal van z'n baas de mededeling krijgt om ons maar de rivier in te flikkeren gebeurt dat ook hoor. Daar zijn we alle twee vast van overtuigd. De mannen hebben een opdracht en die nemen ze serieus. En of dat nou in ons voordeel uitpakt of niet, dat zal ze uiteindelijk worst wezen. Van die gedachten breekt het zweet je uit.

We besluiten met een korte berekening.

'Hoeveel denk je dat we uiteindelijk waard zijn?' vraagt Eus. 'Inclusief btw?'

Ik probeer een reële schatting te maken. Driehonderd zoektochten in vijfentwintig jaar. Als die nou allemaal 5000 euro per stuk duurder zouden zijn geweest, dan kom je op anderhalf miljoen. Een mooi bedrag. Dan doen we er nog een crowdfundingsactie en wat spaargeld bij, om zo misschien wel tot 2 miljoen te kunnen komen. Een bedrag dat onze echte waarde uiteraard tekortdoet, hahaha, maar waarvan de ELN-leiding toch best weer een paar mooie Toyota Landcruisers kan kopen. In elk geval concluderen we dat we nog wel een kansje maken als het op financiële onderhandelingen aan gaat komen. Maar eerlijk gezegd, we hebben geen idee. En dat vreet juist zo aan ons. Dat er totaal geen houvast is, behalve de aanwezigheid van onze gewapende bewakers die geen van allen de indruk wekken het buskruit te hebben uitgevonden. Wat valt er van hen te verwachten?

Na het ontbijt worden we geconfronteerd met het gapende gat van weer een nieuwe dag, nog geheel onbewust van wat ons te wachten staat. En gelukkig maar. Ontspannen informeer ik waar hier eigenlijk een afgeschermde gelegenheid is om te ontslakken. Van de weeromstuit en misschien ook wel vanwege de sterke koffie en de rondwalmende lucht van Empire-sigaretten zijn mijn darmen in actie gekomen. Er is inderdaad een *baño*, een hokje naast de keuken van Paisa, achter het gammele boerderijtje.

Wanneer ik de deur opentrek, schiet ik in de lach van het tafereel dat ik aanschouw. Een proper hokje, met een grote bak water en een plastic bekertje om het uit te scheppen. Daarnaast een vaal blauwe toiletpot. Nou ja, toiletpot? Het heeft inderdaad de exacte vorm van een toiletpot, alleen lijkt het erop dat hij vergeten is uit de folder te komen. Hij is nog net zo klein als op een reclameafbeelding. Ik denk de pot van Paulus de boskabouter. Een schattig, schoon minizeteltje voor mensen ter grootte van hooguit een halve meter. Je kunt net zo goed op de grond gaan zitten. Dat wordt nog een hele operatie, vooral vanwege de lichaamspijnen die moeiteloos bewegen verhinderen. Er is geen papier, maar wel water ter reiniging van een en ander. Ik ben dat wel gewend van andere verre reizen.

Ik probeer me in een houding te positioneren waardoor het gehele proces min of meer vlekkeloos zou kunnen verlopen. In Aziatische landen kijk ik vaak vol bewondering en ongeloof naar de ontspannen manier waarop man en vrouw daar gehurkt kunnen zitten. Tijden lang! Ik krijg zelf na een minuut al kramp en het gevoel dat de onderbenen al te lang van bloed verstoken zijn geweest. Gelukkig is het hier wel schoon. Echt. En bovendien zijn we ook nog eens gezegend met dat onaangebroken pakje vochtige babytissues van Nivea. Dertig stuks. Mocht het zo dadelijk misgaan met het water, dan is er dus redding. Afijn, ik breng de hele operatie tot een goed einde en ik overhandig het niet-geopende pakje tissues aan Eus, die nu het experiment aangaat. We lachen er wat om. Onderbroekenlol gaat er altijd wel in. We blijven jongens.

Doordat ik even achter het huisje ben geweest, snap ik nu waar de vreemde geluiden vandaan komen die af en toe onduidelijk op de achtergrond hoorbaar zijn. Het is een legerradio met een enorme antenne waarmee men contact probeert te leggen met de buitenwereld. Ik krijg de indruk dat dit maar matig lukt. Er is veel ruis en het enige woord dat min of meer duidelijk doorkomt is: *Allo*. Mooie Hernan, die achter de knoppen zit, antwoordt ook met *allo* en daartoe blijft de conversatie beperkt. Mocht er al eens iets meer gezegd worden, dan lijkt het een toevallig opgevangen signaal van buiten onze melkweg te zijn. Hernan kan er geen chocola van maken. Lachend haalt hij zijn schouders op als hij mij verwonderd ziet staan kijken. '*Mala señal*,' slechte verbinding, zegt hij met een oogverblindende smile en een Empire tussen de tanden. Word fotomodel jochie, weg van hier, denk ik.

Voor ons huis, op de veranda, is opnieuw Sinterklaas gearriveerd, vertegenwoordigd door Chino. Ditmaal nota bene voor ons. Onze cadeaus mogen er zijn. Voor beiden is daar een prachtige felrode boxershort van het merk Calvin Klein. Namaak uit China uiteraard, maar toch, je mag erin gezien worden. We krijgen ieder ook nog een nieuw T-shirt. Voor Eus een helaas iets te krappe blauwe met een drukke Adidas-print. De mijne is merkloos, heeft ook een opdruk en past redelijk. De vrolijke print staat nogal haaks op onze situatie. Er is op borst en rug in verschillende lettertypen 'haha' afgedrukt.

Dan komen er twee Adidas-trainingsbroeken uit de zak. Het verhoogt meteen ons campinggevoel. Eus krijgt een mooie donkerblauwe met gele strepen, en ik een vaalgrijze met witte bies. Als klap op de vuurpijl wordt ten slotte de grootste verrassing gepresenteerd. Chino haalt ze vol trots tevoorschijn. Fonkelnieuwe, zwarte Converse-sneakers! Tot ieders grote teleurstelling blijken ze veel te klein. Maat 43 was de grootste die ze konden vinden, terwijl Eus maat 45 heeft en ik 46. Dat gaat geheid pijn doen aan de tenen, als we ze al aankrijgen. Aangemoedigd door de hele club proberen we het wel, maar inspectie van de positie van onze tenen in het schoeisel maakt voor iedereen duidelijk dat dit geen doen is. Jammer.

We steken onze blijdschap over de cadeaus uiteraard niet onder stoelen of banken. *Muy sympatico, muy amable en muchas gracias*. Iedereen krijgt z'n bedankje. Jaguar zegt dat we nu ook eens lekker onder de douche kunnen gaan.

Het valt me op hoeveel waarde er in deze groep wordt gehecht aan hygiëne. De mannen nemen elke dag een wasbeurt, altijd vlak achter elkaar. Alsof ze in overleg zoeken naar een moment waarop het veilig kan. Naast het poetsen van de wapens zijn ze steeds in de weer met het wassen van hun kleding. Het prikkeldraad hangt de hele dag vol met drogende broeken en ondergoed.

Nu ik zelf ook in de wachtrij zit voor een wasbeurt let ik een beetje beter op de anderen die de tobbe achter het huis bezoeken. Men ontkleedt zich, maar houdt de onderbroek te allen tijde aan. Voor de morele hygiëne en tegen het mogelijke verval der zeden, vermoed ik. Op het eerste gezicht zie je gewoon wat bleke torso's en benen, maar bij nadere beschouwing heeft iedereen nogal forse littekens. Meestal in buik en zij. Daar hebben geen geringe gaten gezeten. Zelfs de knappe Hernan heeft een fikse portie littekenweefsel onder z'n rechteroksel. En ook nog iets vreselijks in z'n linkerzij. '*La lucha,*' de strijd, verklaart hij, en hij maakt met zijn wijsvinger een beweging alsof hij een trekker overhaalt.

Ik kom ineens wel een andere realiteit binnen. Mochten de afgelopen dagen dan angstig en onaangenaam zijn geweest, echte gewapende strijd is in geen velden of wegen te zien. En omdat we toch al in zo'n onwezenlijk slechte film zitten, heb ik de neiging het pief-paf-poef onderdeel maar even te negeren. Maar de lichamen van de manschappen spreken voor zich. Er wordt gevochten, er vallen schoten, men overleeft met littekens, maar er zullen er ook sneuvelen. Het is zo moeilijk om je dat voor te stellen wanneer je uitkijkt over dat oneindige, prachtige landschap van de provincie Norte de Santander. Wanneer je niet overal cocaplantages zou zien kon je zelfs spreken van een lieflijk en onschuldig terrein. Dat hier regelmatig gevochten wordt klopt haast niet bij het uitzicht.

En voor wat? De strijd duurt al 54 jaar, zegt Jaguar. Hij is zelf vanaf zijn veertiende guerrillero. Zijn ouders vonden het niks, maar hij zag geen andere mogelijkheid. Op z'n veertiende! Ja, nu is hij veertig en leeft dus al zesentwintig jaar als strijder in de jungle. Elke twee weken mag hij even naar huis. Inderdaad naar die zwangere vriendin, zegt hij met twinkelende ogen. Over een paar maanden wordt hij opnieuw vader, hij kan z'n geluk niet op. Ik hoop dat hij tegen die tijd het leven nog heeft.

Ineens wordt hij serieus. 'Hoor je ze?' vraagt hij.

We luisteren gespannen en inderdaad, de regelmatige stevige slag van zware helikopters is duidelijk waarneembaar.

'Dat is niet goed,' verklaart Jaguar. 'Wanneer die ons in de gaten krijgen, lopen we groot gevaar.'

Dat geeft mij de gelegenheid een tactische vraag te stellen. 'Waarom overnachten we nu al twee keer op een bergtop waar we voor iedereen duidelijk zichtbaar zijn? Waarom niet in een hutje verscholen onder het bladerdak van de dichte jungle?'

'Goede vraag,' zegt Jaguar, 'maar het leger kamt met een beetje pech ook te voet de hele omgeving uit. Ze gaan via de smalle junglepaadjes van boerderij naar boerderij. En niemand die ons heeft gezien zal dat geheim kunnen houden. Wanneer we overvallen worden in zo'n hutje zitten we in de val. Hier, vanaf de top, hebben we een prima uitzicht op de vijand en zijn we zo verdwenen in de jungle daar beneden. Dan vinden ze ons echt niet meer terug.'

Een beetje angstig kijk ik naar de groene hel die even verderop inderdaad steil afdaalt. Lijkt mij meer iets voor een film met Tom Cruise.

‘Hou er trouwens rekening mee,’ voegt onze commandant er nog aan toe, ‘dat wanneer het schieten begint, het leger iedereen zal doden. Ons, maar ook jullie.’

Hè verdomme, denk ik. Zaten we net zo gezellig te keuvelen, krijgen we dit weer. Ik vertel het toch ook maar even aan Eus, die net opgefrist uit de wasafdeling komt. Jammer dat ik zo’n verontrustende mededeling heb, want de situatie is erg grappig. Eus in zijn vier maten te kleine Adidas-T-shirt en de al even strak zittende boxer. Nu ik maar snel naar de wastobbe, we kunnen beter beiden gereed zijn voor de dingen die komen gaan.

Bij het middageten – het blijft even smerig maar wordt toch steeds lekkerder – valt het me op dat iedereen onrustig is. Afwisselend zit men nu openlijk te kloten met de radioverbinding die maar niet wil lukken en Jaguar kijk voortdurend strak naar het dal voor ons. Inderdaad zweven daar ver weg twee stipjes aan de horizon. *El enemigo.* De vijand.

We krijgen de opdracht onze spullen bij elkaar te pakken en ons op te maken voor vertrek. Er ontstaat een leeg gevoel in mijn maag, terwijl ik toch net een flinke portie naar binnen heb gewerkt. Niet goed, niet goed, dit is niet goed, flitst door mijn hele lichaam. Ik weet niet hoe Eus de situatie nu beoordeelt, maar ik wil hem niet nog ongeruster maken met de dramatische teksten die door mijn hoofd gonzen.

We schoppen de varkens maar weer eens uit onze slaapkamer en pakken de spullen in.

‘Moet je nou kijken,’ zegt Eus.

Blijkt er de hele tijd al een jachtgeweer naast de deur te hebben gehangen. Geen idee of het bruikbaar was, maar onze bewakers zijn duidelijk minder alert dan ze zouden moeten zijn. De afgelopen nacht hadden we weleens een uitbraakpoging kunnen wagen. Nu is het uiteraard te laat. Gelukkig maar.

Intussen zijn de kledingstukken die we gewassen hebben ook droog en kunnen we de ontwikkelingen afwachten in onze oorspronkelijke outfit.

Weer buiten heb ik alleen nog oog voor het dal, waar de helikopters overduidelijk naderen. Nu nog ver weg, maar Jaguar is schichtig en zenuwachtig. Ergens een paar honderd meter verderop gebeurt iets. Ineens worden we serieus gesommeerd mee te komen. Onder verrassend fors gewapende begeleiding, automatische geweren in de aanslag, lopen we iets omhoog naar een groepje bomen, waaronder in de schaduw een soort vergadersituatie is gecreëerd. Een forse man in burger zit aan de ene kant, wij moeten tegenover hem plaatsnemen op twee witte, gammele plastic stoeltjes. Om ons heen staan vier zwaarbewapende manschappen die bepaald nerveus gedrag vertonen.

De man tegenover ons stelt zich voor als Commandant Mateo. Tot mijn grote opluchting spreekt hij onberispelijk Spaans. Misschien eindelijk iemand met verstand, hoop ik. Mateo heeft een vriendelijk, vol gezicht. Een ontspannen lach. Het wekt vertrouwen. Maar laat ik niet te vroeg juichen. Mateo begint zijn betoog. Hij weet inmiddels dat we geen kwaad in de zin hebben en geen informanten van de regering of de CIA zijn. Maar om helemaal zeker te zijn wil hij nog een laatste check doen. CIA-agenten hebben namelijk altijd gps-zendertjes onder de huid geïmplanteerd en daarop wil hij ons controleren.

Naar wat voor films kijken ze op het ELN-hoofdkwartier, vraag ik me af, maar goed, misschien heeft hij gelijk. Mateo haalt een zwarte jas tevoorschijn en geeft zijn begeleider opdracht die voor onze ogen te binden. We mogen namelijk niet zien met welk apparaatje hij onze implantaten gaat opsporen. Eus en ik kijken elkaar aan. Ik zie dat Eus bang is, en hij ziet dat zonder twijfel bij mij ook. Er staan tot de tanden bewapende mannen om ons heen. Een executie, schiet door onze hoofden.

De vier zwaarbewapende kerels komen dichter bij ons staan. Twee naast en twee achter. Zou het kunnen, zomaar langs de openbare weg voor je kop geschoten worden? Het lijkt me onwaarschijnlijk, maar zeker niet onmogelijk. En wat zouden ze dan met onze lijken doen. Verbranden? Toch niet meeslepen door de jungle, neem ik aan. Ik voel de straaltjes transpiratie langs m'n zij lopen. Ineens realiseer ik me dat ik een horloge om heb dat van alles kan. Daar zal toch niet zo'n chip in zitten, mag ik bidden.

Zodra we niets meer zien voel ik dat Mateo met z'n apparaatje mijn lichaam scant. Het maakt een zoemend geluid.

M'n adem stokt. Langzaam worden de contouren van het lichaam gevolgd. Niemand zegt een woord. Zo dadelijk zal het scan-apparaatje mijn horloge bereiken. Ik krijg de neiging de blinddoek af te trekken, maar beheers me. Dan gaat de chip-verklikker naar Eus. Ik krijg weer wat lucht.

Even later is de klus geklaard. De blinddoeken gaan af, we leven nog en worden zendervrij verklaard. 'Zie je wel,' zeg ik. Godzijdank, denk ik.

Dan begint de commandant een uitvoerig verhaal, waarin hij eerst stilstaat bij het waardevolle en noodzakelijke werk van de ELN. Natuurlijk luisteren we quasi-aandachtig en knikken instemmend. Nee, het zal niet meevallen zo'n gerechtvaardigde strijd voor de boeren. En dat je daarvoor veel geld nodig hebt, geloof ik direct. Voor niets gaat de zon op, maar kogels moet je cash betalen. Het lijkt mij een hint richting de losgeld-aanpak. Ik wijs hem erop dat hij eerder verklaarde dat wij geen gevaar meer vormen, dus dat vrijlating dan toch voor de hand ligt. Maar zo eenvoudig is het niet. Er moet nu een procedure opgestart worden. Veel overleg met alle partijen om tot een voor iedereen bevredigende oplossing te komen. 'Mogen wij ook meepraten?' vraag ik. Een klein beetje, zo blijkt.

Er komt iemand aan met mijn zwarte rugzak uit de in beslag genomen bagage. Het is dezelfde man die gisteren de medicijnen verzorgde. Hij lacht bemoedigend en vist een iPhone uit de tas. Mijn iPhone. Wanneer ik wil mag ik een paar namen en telefoonnummers opgeven van mensen die over onze omstandigheden kunnen worden ingelicht. Dat is in elk geval iets. Ik geef het telefoonnummer van de ambassade in Bogotá, dat van onze correspondent Edith en van Christine, een collega in Nederland die vloeiend Spaans spreekt.

Plots klinkt er geschreeuw uit de richting van ons safehouse. Mateo kijk onrustig naar het dal. De legerhelikopters komen nu wel erg dichtbij. Het zijn er twee en ze 'hoveren' zo'n beetje op de hoogte van de plek waar we zitten. Of mijn telefoon een gps-voorziening heeft, vraagt Mateo. 'Natuurlijk,' zeg ik. 'Alleen niet in vliegtuigmodus.' Hij moet meteen uitgeschakeld worden.

Mateo staat haastig op en loopt naar het pad. Zijn bewakers volgen. Snel zegt hij nog tegen mij dat we elkaar over twee tot drie dagen weer zullen treffen. Hij ziet mijn teleurstelling en voegt er met een knipoog aan toe dat er 5 miljoen dollar losgeld zal worden gevraagd.

'Zo weinig maar?' antwoord ik, en ik zie duidelijk dat ik nu hem te pakken heb.

'Adios,' klinkt het afgemeten en in no-time is de legertop verdwenen.

Inmiddels zijn de activiteiten rond onze boerderij fors toegenomen. Iedereen graait van alles bij elkaar en maakt zich overduidelijk op voor vertrek. Jaguar leunt tegen een steunpilaar en tuurt naar de helikopters. Ze komen dreigend dichterbij. Ik schat nog een meter of vijfhonderd, en dat is niet veel.

'*Peligro?*' vraag ik. Gevaar?

'*Mucho,*' antwoordt Jaguar.

Met een ruk verlaat hij zijn positie en schreeuwt iets onverstaanbaars, maar ik begrijp heel goed wat er gaat gebeuren. We slaan op de vlucht. Nog heel even hoop ik dat we de dans kunnen ontspringen. We wachten in onze gesloten kamer op wat komen gaat. De zon projecteert de schaduwen der vluchtende manschappen haarscherp op het witte doek dat voor ons raam hangt. Zouden ze ons vergeten? Ik hoop het zo erg.

Maar dan zwaait de deur open en kijk ik in het verhitte gezicht van onze ooit zo stoïcijnse commandant. '*Vámonos, rapido, vámonos, vámonos!*' Snel meekomen! We rennen achter hem aan richting de zoom van de jungle, die als een ondoordringbare groene muur voor ons oprijst.

De angst die me naar de keel grijpt heb ik nog nooit zo sterk gevoeld. Loop ík hier? Stap ik een actiefilm in? Wat gebeurt er? Maar het kan niet anders, ik spring achter Jaguar aan met m'n ogen dicht een leeg zwembad in. Zo voelt het. De nachtmerrie is begonnen.

Na tien seconden weet ik het al zeker, dit kan ik nooit overleven. Binnen een vloek en een zucht beland ik in het decor van een zwakke remake van *Apocalypse Now*. Of liever gezegd van *Tropical Thunder*, de parodie daarop. Hoe moet ik dit uitleggen? Er is geen begaanbaar pad, er zijn alleen bomen, struiken, lianen, bladeren en veel modder. Ons tempo ligt hoog, we zijn nu eenmaal op de vlucht. Uit de spekgladde junglebodem steken met grote regelmaat afgebroken bamboetakken. Als dodelijke spiesen wijzen ze omhoog en wachten overduidelijk op mij.

In de eerste halve minuut struikel ik een keer of vijf, omdat over de grond gedrapeerde flexibele wortels me voortdurend pootje haken. Het is alsof je verstrikt zit in het netsnoer van de stofzuiger. 'Dit wordt niks,' zeg ik tegen Jaguar, die me in de gaten houdt. 'Echt, schiet me hier maar dood, ik werk op een kantoor en ben geen soldaat. Sorry, maar ik doe niet meer mee.'

Het valt niet in goede aarde. De commandant kijk me strak aan en schreeuwt: '*No grites, no grites!*' Niet jammeren, wees een man, je gaat dit overleven, vertrouw op ons. Even verderop hoor ik Eus een smak maken. Hulpeloos kijk ik Jaguar aan en zie dat ik er niet onderuit kom. Ik haal m'n toilettas van de riem, het ding haakt overal achter en zit me in de weg.

'Wat ga je daarmee doen?' wil Jaguar weten.

'Weggooien natuurlijk,' zeg ik, 'onhandig kloteding.'

'Maar daar zitten je medicijnen toch in?'

'Ja, en wat heb ik daar nog aan als ik zo dadelijk doodval?'

Jaguar pakt het tasje op en doet het aan zijn pols. Zo'n zwak ontwikkeld overlevingsmechanisme heeft hij duidelijk nog nooit gezien.

En dan kom ik bij zinnen, raap alle moed bij elkaar en denk aan de kinderen. Godverdomme, die mag ik niet in de steek laten. Wanhopig probeer ik Eus weer in het vizier te krijgen. Al schreeuwend bereiken we elkaar.

'Pas op,' zegt hij, 'even verderop zijn ze met een boobytrap bezig, eromheen graag.'

We proberen dicht bij de anderen te blijven, maar ze gaan snel. We moeten wel opschieten, de helikopters boven ons zijn duidelijk hoorbaar. Naast de angst voor alles om ons heen komt dat er ook nog eens bij. De angst om beschoten te worden. We moeten in het begin nog een paar keer door wat open stukken en dat valt voor een niet-militair nogal tegen. Hoe knap en koprollend Tom Cruise dat ook doet, zo lachwekkend en levensgevaarlijk zijn mijn capriolen. Ik bedoel, de theorie van het onzichtbaar kruipen begrijp ik wel, maar in de praktijk breng ik er niets van terecht.

Wanneer we het eerste half uur achter de rug hebben komt er weer enige rust in onze tocht. Maar de begroeiing wordt steeds dichter en de begaanbaarheid neemt zienderogen af. Ik val en glij uit en zit nu al onder de schrammen en steken van de grootste doornen die ik ooit aan een struik zag. De jungle is echt waardeloos terrein. Je kunt je vrijwel nergens aan vasthouden. Het meeste waar je naar grijpt zijn loshangende lianen of verrotte takken die geen enkele steun bieden. Maar je zoekt steun in een flits, dus dat gaat vaak mis. De junglecommando's hebben er geen problemen mee, zij kennen het terrein en weten precies waar ze de voeten moeten zetten en wat betrouwbare steunpunten zijn. Ik heb geen idee wat ik doe.

Als ik in een uitglij-situatie niet snel genoeg een oplossing zie, ga ik gewoon zitten. Dat is het veiligst. Ik grijp een paar keer mis. Een liaan die wegwappert en mij in het luchtledige een blik gunt in een zeven meter diepe spelonk. Hoe ik daar dan toch net weer niet in val, is mij een raadsel.

Onze outfit is ronduit belachelijk voor dit terrein. Eenvoudige broek, Boss-overhemd en sneakers van de gymschoenjuwelier. Lekker handig ja. Onder mijn schoenen verzamelt zich een laag glanzende lichtbruine modder. Spiegelglad. Daarom glij ik uit op elke steen of rots waarop ik vaste voet probeer te vinden. Op enig moment gaat dat fout. Ik maak een zwieperd en kom knalhard op m'n linkerzij terecht. Even krijg ik geen adem meer. Een halve minuut blijf ik liggen, maar als alles in het lichaam toch nog heel lijkt, kruip ik weer overeind. De tocht gaat nu eenmaal verder, geen idee waarheen of hoe ver.

Het wordt langzamerhand donker, we zijn twee uur onderweg. Ik heb er geen zin meer in. Ik geef nu wellicht de indruk dat we gewoon een stuk aan het lopen zijn, een soort van wandeling maken, maar dat moet ik corrigeren. De route is zo gevaarlijk dat we voortdurend voor ons leven vrezen. En het is ook niet zo dat het gaat wennen, dat je door krijgt hoe het werkt in het oerwoud. De bodem waarop je loopt is volkomen onvoorspelbaar en de takken die je weg moet slaan zijn van de meest uiteenlopende soort. Ik pak een zacht ogend struikje vast en meteen trekt er een bijtende pijn van mijn hand door de arm naar het hele lichaam. Blijkbaar iets verdovends, of giftigs, weet ik veel.

Maar je moet wel. Overal zoek je wanhopig iets om je aan vast te houden. Een tak met enorme stekels kan ik niet vermijden. Ik heb mijn hand er al omheen voor ik het door heb. De doornen staan ver uit elkaar maar ze zijn zeker vijf centimeter lang. En scherp. Eén zie ik zo m'n arm in verdwijnen, helemaal. Ik schreeuw. Niet van pijn, maar meer van angst en verwondering. Er zit ineens een punt van vijf centimeter in mijn arm, vlak bij de pols. Zal die iets vitaals geraakt hebben? Lopen er geen slagaders op die plek? Voorzichtig trek ik mijn arm naar boven en zie de stevige doorn uit het lichaam glijden. Ik verwacht een stroom bloed, maar er gebeurt niks. Een donker druppeltje komt tevoorschijn, maar dat is alles. Nu maar hopen dat de plant niet giftig is.

We lopen min of meer op een rijtje. De verkenners met kapmessen voorop. Zij proberen een begaanbaar pad te kappen en zij zijn dus ook de eersten die obstakels tegenkomen. Ik loop zo'n beetje in het midden en Eus vormt met nog twee andere ELN'ers de achterhoede. We kunnen elkaar niet zien, alleen maar horen. Met enige regelmaat is dat een luide kreun of een schreeuw van schrik. Ik heb het idee dat ik zelf doorlopend aan het jammeren en steunen ben. Ik kan nu eenmaal slecht lijden in stilte. Wanneer het mij te gortig wordt moet het eruit. Dus bij wat er ook gebeurt, hoor je mij reageren. Een kleine zucht wanneer het een spin op de hand betreft, een gil zodra ik vermoed in een ravijn te gaan storten en luide scheldwoorden op het moment dat takken dreigen het lichaam binnen te dringen.

Omdat het schemert zie ik alles ook niet zo goed meer. Het wordt lastiger. Wanneer ik snel moet reageren om weer eens iets te ontwijken loop ik een bamboestruik in. Het is onvermijdelijk. Ik zie een scherpe, afgekapte scheut die probeert bij mijn milt naar binnen te snijden. In een soort verlammende wanhoop kan ik niets anders doen dan mijn lot gelaten aanvaarden. Daar gaat-ie, denk ik. Maar de bamboe mist zijn doel en blijft steken op m'n bekken. Even ter illustratie: hij snijdt door mijn broek en onderbroek en veroorzaakt zelfs dan nog een stevige snijwond. Gelukkig kan ik in het duister niet zien hoe erg het is, maar ik besef wel dat het heel veel erger had kunnen zijn. Zo'n tak op een vitale plek door je lijf en het is afgelopen. Dat gevaar voel je voortdurend.

Ineens is daar weer zo'n spekgladde steen. Ik voel mijn benen onder het lichaam uit schieten en beland opnieuw op de linkerzij keihard op het rotsblok dat iets boven de modder uitsteekt. Ik schreeuw en vloek als nooit tevoren. Ik heb pijn, vreselijke pijn. M'n ribbenkast is beurs. Ik heb geen idee wat er intern is gebeurd, maar voor mijn geestesoog zie ik de röntgenfoto al voor me. Ribben doorboren long en nier. Waarom niet, de klap was hard genoeg.

Rebel Paisa is aangewezen om mij te begeleiden en te helpen bij de jungletocht. Tot dusverre heeft hij weinig anders gedaan dan geïrriteerd kijken wanneer ik weer eens kreunend weggleed. Maar langzaamaan lijkt ook tot hem door te dringen dat het voor ons eigenlijk geen doen is. We halen het tempo eruit en kunnen elk moment een doodsmak maken.

Een geweldige schreeuw met vloek achter me maakt duidelijk dat Eus het ook niet gemakkelijk heeft. Hij lijdt veel minder luidruchtig dan ik, dat is zeker, maar wanneer we even mogen uitrusten en elkaar weer eens zien spreekt zijn gezicht, dat onder de schrammen zit, boekdelen. En wat zeg je op zo'n moment tegen elkaar? De humor is nu in elk geval wel weg. Volhouden, is het enige woord dat in ons opkomt. Volhouden voor kinderen en geliefden. Willen we hier ooit nog uitkomen, dan moeten we door, achter de guerrilla's aan. Raken we ze kwijt, of laten ze ons achter, dan sterven we hier beslist de dievenmoord.

Ik voel aan mijn linkerenkel. Ik wil het liever niet weten, maar ik merk al een poosje dat het daar niet goed gaat. De enkel is twee keer zo dik als normaal. Het opgehoopte vocht beperkt de beweegbaarheid. Het voelt alsof ik met een houten been loop.

Ik laat Paisa mijn enkel zien. Hij schrikt en schudt z'n hoofd. Ik weet niet of hij met me te doen heeft of dat hij denkt: ook dat nog! Feit is wel dat hij dichter bij me blijft en af en toe een hand toesteekt wanneer een obstakel ook in zijn ogen te fors voor mij is. We lopen weliswaar naar beneden, maar af en toe zijn er ook korte stukjes omhoog. Vooral dan gaat het niet goed met de enkel. Ik kan er bijna niets meer mee.

We zijn nu een uur of vier onderweg. Het is inmiddels donker en het enige dat ons pad verlicht zijn de felle smalle stralen van de led-zaklampjes die de heren bij zich hebben. We overzien daardoor steeds maar een metertje jungle en dat maakt het reageren nog lastiger. Het terrein begint ook een beetje te veranderen. Steeds vaker hoor je stroompjes water ruisen en niet veel later stuiten we dan op een heftig verval in het landschap. De route gaat opeens een meter of vier naar beneden. Geen probleem voor de junglevlooien, maar Eus en ik hebben een dergelijke horde niet zomaar genomen. Het is steeds een flinke operatie om ons erdoorheen te helpen.

Niet zelden krijgen we een touw omgebonden om ons te zekeren tegen een mogelijke val. Boven houden ze het touw strak en wij moeten dan al abseilend naar beneden. Daar staat dan weer een van de jongens om ons op te vangen. Vooral de positie van de laatste is een gevaarlijke. Ik ben geen abseiler en de jongens boven hebben duidelijk ook niet al te veel ervaring, dus stort ik mij verschillende keren al vanaf halverwege in de armen van de ongelukkige die onder me wacht. De eerste keer is dat Crespo, de magere spicht met z'n krulletjeshaar. Ik ben bang dat ik hem zal verpletteren, maar het ventje is een stuk sterker dan ik dacht. Met kunst- en vliegwerk houdt hij zichzelf op de been en voorkomt en passant ook nog even dat ik doodval.

De keren erna neemt Jaguar de onderste positie in. Hij is verreweg de sterkste van het stel. Steeds als ik hem even zie op onze dodentocht krijg ik een kleine injectie goede moed. De man is een onverbeterlijke optimist die z'n manschappen voortdurend motiveert. En hij heeft een groot verantwoordelijkheidsgevoel. Mijn bruine toilettas bungelt nu al een uur of vijf aan zijn rechterpols. Het lijkt wel alsof hij dat niet eens merkt. Ik zie onze commandant met een kapmes in de weer, de stevige knuisten om het heft. Vlak daarnaast een onhandig bungelende bobbel. De toilettas, vijfentwintig jaar geleden gekocht op het vliegveld van Toronto. Hij ziet eruit als iemand die zich een weg hakt naar het toiletgebouw op een woeste camping. Even scheren en haren wassen.

De tijd schrijdt voort. Seconden worden minuten, minuten worden uren. Steeds vermoeider raken de benen, steeds talrijker de verwondingen. Het voelt alsof mijn hele lichaam onder de schrammen en blauwe plekken zit. Het wil nauwelijks meer vooruit, ik krijg mijn voeten steeds minder hoog. Het is een doorlopende marteling. Heel af en toe zien Eus en ik elkaar, en ons adagium '*The torture never stops*' komt regelmatig over de lippen. Want echt, deze marteling lijkt nooit meer op te houden.

Wat me opvalt is dat het gevaar in de jungle voornamelijk komt van de onvoorspelbaarheid van het terrein. Beesten zie je hier eigenlijk niet. Ik bedoel beesten van formaat. Een fikse slang, een junglepoema, spinnen van epische afmeting. Ik geef toe dat ons zicht in het donker beperkt is, maar het lijkt wel uitgestorven in het oerwoud. Kleine beesten zijn er natuurlijk wel. Insecten overal.

De verkenners letten vooral op vuurmieren, die overal hun kampementen opslaan. Liefst aan de voet van een vochtige boom. Dan schreeuwt iemand een meter of twintig voor ons: '*Hormigos, no caerse!*' Niet vallen op die plek!

Op dat moment weet ik al wie er precies op die plek wél onderuit zal gaan: ik. Een paar keer loop ik als een vlo op een hete bakplaat te dansen en onder m'n kleding te graaien. Wanneer die mieren je te pakken hebben, is er geen houden meer aan. Je móét krabben. De jeuk is infernaal, het is echt alsof er stukjes huid in brand staan. Die kwelling duurt een kwartiertje. Het enige voordeel ervan is dat het afleidt van alle andere ongemak. Kapotte enkel, beurs lijf, vermoeide benen, het valt in het niet bij de brandhaarden die de mieren veroorzaken.

Het hart gaat tekeer, urenlang al. Ik denk dat het minstens tweehonderd slagen per minuut maakt. In het begin is dat verontrustend. Wanneer zou het ermee ophouden, vraag je je af. Maar als blijkt dat je maar door kunt gaan wordt het een hele geruststelling. Het hart is in orde en kan het wel aan. Nu de rest van het lichaam nog. De omgevingstemperatuur is niet onaangenaam. Een graad of 22 schat ik, maar door de hoge luchtvochtigheid en de inspanningen die verricht moeten worden spuit het zweet de poriën uit. Alles is doorweekt en plakkerig. Van shirt tot broek, je loopt eigenlijk in een wetsuit. Ik wil niet klagen, maar het is allemaal zeer oncomfortabel. En er komt een moment waarop je toch weleens zou willen weten hoelang dit rampzalige gesjok nog door zal gaan.

Jaguar heeft me al een keer toegesnauwd: 'Heel lang!' Maar dat was toen we nog maar vijf minuten onderweg waren. Nu het bijna middernacht is en we nog steeds geen exacte richting op lijken te gaan, vind ik dat de vraag opnieuw gerechtvaardigd is.

En net als ik overpeins hoe ik het aan de commandant zal voorleggen, ga ik opnieuw onderuit. Ditmaal zoals je in een cartoon uitglijdt over een bananenschil. Het lichaam komt los van de grond en stort een tel later neer op het stevige stuk steen onder me. Weer op m'n linkerzij. De guerrillero achter me ziet het gebeuren. Hij schijnt net naar voren met z'n zaklantaarn en zegt geschrokken: '*Dios mio, hombre.*'

Ik blijf liggen en kreun wat. Dit kan natuurlijk niet goed aflopen. Drie keer een doodsmak op dezelfde plek van het lichaam.

Jaguar komt kijken en zegt dat ik toch maar weer op moet staan.

'Schiet me maar dood,' zeg ik tegen hem. Nee echt, ik meen het, schiet me maar dood man. Ik voel dat er iets mis is in de ribbenkast aan die linkerkant. Iets gebroken, gekneusd, rib door de longen?

Eus haalt ons in en bekijkt de situatie. Met iets meer compassie beveelt ook hij me om door te gaan. Met doodschieten schieten we volgens hem niet echt iets op. Ik zie het redelijke daarvan in en blijf nog even liggen. Het ademen gaat nog, ik voel pijn, maar verder niets. Als ik overeind wil komen schieten pijnscheuten door m'n hele ribbenkast. Hier klopt iets niet. Het janken staat me nader dan wat dan ook, maar wanneer Eus vijf minuten later vraagt 'Gaat het?' kies ik toch voor de luchtige benadering. 'No problemo,' probeer ik grappig te zeggen.

Na een uur of acht komen we op een punt in de jungle waarop een beslissing genomen moet worden. Gaan we links of rechts? Er worden verkenners weggestuurd om te onderzoeken of er ergens in de buurt onderdak is te vinden. Het kan wel een poosje duren voor ze weer terugkomen en ik vraag of we even mogen slapen. Er wordt een bed geïmproviseerd op een stuk rotssteen. Na vijf minuten liggen we zomaar ergens in het oerwoud. Ik vraag me geen seconde af of er slangen zijn, of vogelspinnen, of andere bedreigingen van de natuur. Ik probeer het getormenteerde lichaam in een houding te leggen die wat pijn betreft acceptabel is en val meteen in slaap.

Na een half uurtje is er rumoer, het is een beetje gaan druppelen en Hernan probeert een soort afdakje in de bomen te knopen. Ik word langzaam wakker en voel direct de pijn. Vooral in m'n zij.

'Hoe is het?' vraagt Eus, die net zo gebroken naast me ligt.

'Mwaahhh, sterf van de pijn,' zeg ik.

We praten wat over de geleden ontberingen en over wat ons wellicht nog te wachten staat. We zijn nu ruim acht uur onderweg en hebben nog geen slok water gehad. Er is geen eten en voorlopig ook geen zicht op een comfortabeler slaapplaats. Wat zijn we hier in vredesnaam aan het doen, vraag ik me af. Voor wie zijn we nu eigenlijk nog op de vlucht? Kunnen we niet gewoon in het dichtstbijzijnde huis een paar uur gaan tukken? Ik vraag Jaguar wat we verder nog van de nacht mogen verwachten. Het antwoord bevalt me niks. Er schijnt een huis in de buurt te zijn, maar dat ligt ongunstig. Daar kunnen we niet overnachten. De verkenners hebben op een andere heuvel een boerderijtje ontdekt dat wel in aanmerking zou kunnen komen.

Ik wil weten hoe ver dat nog is.

'Ver,' zegt Jaguar, 'een uur of vier lopen nog.'

'Omhoog?' vraag ik angstig.

Inderdaad, omhoog. Ik begin te kreunen en probeer duidelijk te maken dat we dat echt niet meer trekken. Ik zeker niet met m'n verrotte enkel, maar Eus zit er ook doorheen.

Toch wordt alles opnieuw bij elkaar gepakt en gaan we een half uur later weer op stap. Ditmaal de berg op dus.

Al vrij snel blijkt het onbegonnen werk. Na een uurtje strompelen begin ik te sputteren. M'n kapotte enkel doet niet meer mee en ook de rest van het lichaam piept en knarst. Ik krijg m'n voeten nauwelijks meer vooruit en de spekgladde oerwoudbodem maakt mijn tred nog onzekerder.

Onze begeleiders krijgen allebei nieuwe instructies. Paisa moet mij helpen en dat doet hij hartstochtelijk. Ik hou zijn arm vast en probeer zo overeind te blijven. Paisa is een klein mannetje dat er niet uitziet alsof hij de sportschool frequenteert. Maar de arm die ik vastheb is van staal. Je voelt dat er enorm veel kracht in zit. Telkens wanneer ik dreig onderuit te gaan spannen de spieren zich en houdt Paisa me wonderwel op de been. Ook Eus redt het beter met een begeleider. We zien elkaar niet, maar schreeuwen af en toe elkaars naam. Wie antwoord geeft leeft en dat doen we kennelijk allebei nog.

De jungle is in de nacht natuurlijk een kleurloos donker doolhof, maar overdag was me ook al opgevallen dat er geen enkele kleur in de begroeiing zit. Ja, groen in alle schakeringen, maar meer niet. Af en toe schijnt een van de zaklantaarns net even iets verder het gebladerte in, en daardoor zien we een paar keer een mooie rode plant. Of bloem. Ondanks het gezwoeg en geploeter kun je daar dan toch van genieten. De schoonheid ervan leidt heel even af.

De tijd verstrijkt, de benen verzuren weer, het onweer barst los. Machtige bliksemschichten en een voortdurend oplichtende wolkenhemel begeleiden ons op de tocht naar de top van een heuvel. We doen daar een uur of drie over. Wanneer we boven zijn kijken we uit over een uitgestrekt landschap van dalen, heuvels en bergen. Dat landschap wordt nu vrijwel doorlopend verlicht door het onweer, dat zich tientallen kilometers om ons heen ontlaadt. Het is indrukwekkend. We mogen even een paar minuten zitten om te kijken. Ik hou van onweer. Vroeger gingen we altijd naar de Grebbeberg om het over de Rijn te zien aankomen uit het zuiden. Het noodweer bleef daar dan hangen zodat je uren kon genieten van de ene inslag na de andere. En zo is het hier dus ook. Alleen dan honderd keer zo groot.

Maar in deze hellenacht is er niet veel tijd om te genieten. Na een minuut of tien wordt het sein voor vertrek alweer gegeven. Niet dat ik nog overeind kan komen, maar toch, we moeten. Paisa's arm vasthouden is langzamerhand niet genoeg meer. De benen trillen steeds onwilliger en de tred wordt daardoor steeds onzekerder. Paisa beveelt me zijn rugzak vast te pakken. Hij wil me zo gemakkelijker verder kunnen slepen, krijg ik de indruk. Ik durf er niet helemaal voor te gaan, ben bang dat ik al hangend aan zijn rug het kleine mannetje omver trek. En dat we uiteindelijk dus gezamenlijk een afgrond in zullen storten.

Mijn getwijfel irriteert Paisa. Terwijl hij eerst vriendelijk was, klinkt hij nu geagiteerd. 'Pak m'n rugzak vast!' 'Is dat vastpakken, heb je zo weinig kracht?' 'Doe nou je best eens, poppetje.' 'Kom op, slapjanus!' En hij blijft maar schelden.

Ik voel me natuurlijk precies zo. Een krachteloze slapjanus, maar nondeju, ik ben toch ook helemaal geen jungletijger zoals zij. Ik heb talent voor andere dingen. Een tekst inspreken, of een zoektocht filmen, een goede vader zijn. Maar aan al die vaardigheden heb ik hier helaas helemaal niks. Kracht moet ik hebben, gewoon domme kracht.

Uiteindelijk geef ik me over en ga als een zoutzak aan Paisa's rug hangen. Dat verbetert de zaak. Het kleine kereltje blijkt over een ongekende kracht te beschikken. Ik weeg een kilo of 90 en hij tilt me alsof ik een extraatje in zijn bepakking ben. Comfortabel is het allemaal niet, maar we komen vooruit. Langzaam, maar zeker.

Wanneer we een paar uur later bij een donker boerderijtje aankomen kan ik wel huilen van geluk. Eindelijk een plank om op te liggen, misschien wel water en ook nog een heerlijk bord vies eten. Die visioenen komen me voor de geest.

Ik ga met Eus op een krakkemikkig houten bankje zitten en wacht de gebeurtenissen af. De bewoners van het huisje worden gewekt. Hen wordt om water en eten gevraagd. En verdomd, even later is er water. Ik schrik wel wanneer ik zie om wat voor water het gaat. De grote plastic ton waaruit het geserveerd wordt lijkt nogal vuil, maar dat is dus het water dat erin zit. Het is vies bruin. Toch drinkt iedereen het en omdat we een uur of twaalf geleden voor het laatst iets vloeibaars binnenkregen drinken wij het ook. Het is heerlijk koud maar zoet.

Ons wordt uitgelegd dat het ongefilterd water is afkomstig uit de bergen waaraan suiker wordt toegevoegd om de bacteriën te doden. Ik heb van die methode nog nooit gehoord, maar besluit om een en ander niet in twijfel te trekken en slurp nog een grote beker naar binnen. God, wat is dat lekker. Even later is er ook een bordje eten en wanneer dat leeg is hoop ik op een verkwikkend slaapje.

Tot mijn verbijstering breken we na de maaltijd meteen op. Diep teleurgesteld ga ik aan Jaguar vragen waarom. We moeten verder, antwoordt hij onverbiddelijk. Maar hij heeft ook goed nieuws. Verderop zouden wat muilezels staan. Hij heeft mannen vooruitgestuurd om de beesten in beslag te nemen en te voorzien van een zadel. Wanneer dat allemaal is gelukt mogen zijn twee gevangenen te 'paard' verder.

Ik vertel Eus wat ons wellicht te wachten staat. Hij kan

een beetje paardrijden, maar ik heb nog nooit op zo'n beest gezeten. We bespreken in het kort de do's en don'ts van het muilezelvervoer en lopen vervolgens achter de junglemannen aan de diepe duisternis in. Het onweer is al een poosje geleden gestopt, nu motregent het alleen nog.

Na een half uurtje krijg ik zowaar zicht op een dier. Er staat een uit de kluiten gewassen ezel op het pad. Mijn ezel. Omdat ik degene ben die het luidste kreunt mag ik deze ezel bestijgen. Een kilometer later krijgt Eus de zijne.

In eerste instantie dank ik God op m'n blote knieën. Wat is het een onbeschrijfelijk genot om vooruit te komen terwijl je zelf niets hoeft te doen. De ezels maken een krachtige en vastberaden indruk. Het zijn grote dieren. Met hun dunne poten vinden ze gemakkelijk de weg op de smalle paadjes die wij volgen. Soms twijfelen ze en gaan ze eerst rustig wat bladeren junglevoer langs het pad oppeuzelen. Duurt dit te lang, dan krijgen ze een oplawaai van een van de guerrillero's. '*Hacha, mula!*' schreeuwen ze, en dan zet de ezel zich in beweging. Niet altijd van harte, want ook de ezels hebben het regelmatig moeilijk met de route. Af en toe moeten we afstappen omdat het beest een gevaarlijk stukje beter zonder berijder kan afleggen.

Op die momenten voel je hoe erg je er zelf aan toe bent. Mijn benen lijken wel verlamd. Bij het afstijgen word ik geholpen door Paisa en echt, ik kan niks anders doen dan me van het beest te storten. Alle kracht is uit mijn onderstel verdwenen. Wanneer we een paar honderd meter verderop weer mogen opstijgen, is het een wonder dat ik mijn been nog over de kont van het beest heen krijg.

Dat rijden op die ezel is overigens ook niet alles. Het is natuurlijk fijn dat je niet zelf hoeft te lopen, maar of je daardoor een betere overlevingskans hebt, is maar de vraag.

De paadjes waarover de ezels voortstappen zijn soms angstaanjagend smal. En precies op de smalste stukjes kijk ik weleens in de berm. Een berm die ontbreekt. Want naast het paadje gaat het loodrecht naar beneden, de diepte in. Wat nou als zo'n ezel eens een bochtje mist, of wanneer er onverhoopt een steen losraakt waartegen hij zich net afzet? Dan vertellen we het niet na.

Het is een van de redenen waarom ik er wellicht iets te verkrampt op zit. Ik hou de knop van het zadel in een stevige greep, net als de leidsels achter me. Een echte cowboy heeft dat allemaal losjes tussen de vingers, maar ik ben bang om eraf te vallen. Dus wanneer het beest omhoog gaat hang ik naar voren en zodra er wordt gedaald breng ik mijn gewicht naar achteren. Geheel volgens de instructies die ik heb gekregen. Tussen mijn duim en wijsvinger van de linkerhand ontstaat al vrij snel een wondje. Omdat ik die leidsels dus te strak vast heb. Dat wondje is binnen de kortste keren een wond en wanneer we een uurtje onderweg zijn kan ik het rode vlees onder de gebarsten huid in de muis van mijn hand al zien. Ook dat nog.

Ondertussen blijft het maar nacht. Ik kijk af en toe op m'n horloge en zie hoe de tijd voorbijkruipt. Zo'n beetje net als wij, want ook met ezels schiet het niet echt op. Ik vraag me af of íémand weet waar naartoe we onderweg zijn en wanneer we die bestemming ooit gaan bereiken.

Af en toe is er gelukkig afleiding. Zo moeten we een snel stromende ondiepe rivier over. Ook daarvoor worden onze muilezels ingezet. Een voor een op de rug van een mula door het water. De mannen hebben de grootste lol. Vooral wanneer een van hen met ezel en al half omvalt en meegesleurd dreigt te worden. Luid gejuich en applaus als het toch weer goed komt. Ik zie al wel dat we de overkant niet droog gaan halen, als we er al levend aankomen. De ezels verdwijnen tot hun rug onder water en het is een wonder dat de beesten in die stroom min of meer overeind blijven.

Normaalgesproken zou ik niet peinzen over zo'n tocht door het water. Mij niet gezien. Maar ik merk dat het me nu helemaal niets doet. Bang zijn heeft totaal geen zin, het gaat toch gebeuren, kom maar op. Ik hijs me op mijn donkerbruine mula en laat me lijdzaam vervoeren. We lopen het water in en ik voel de koude stroom over m'n benen klotsen. De ezel loopt aarzelend. Hoe hij zijn weg vindt over de onzichtbare bekiezelde bedding van de rivier is mij een raadsel. Je voelt hoe de spillepoten af en toe wankelen en naar grip zoeken, maar dat lukt steeds weer. Om ons heen kolkt het, maar de ezel houdt koers. Nooit zal ik nog lacherig doen over een ezel, of laatdunkende opmerkingen maken; alle respect voor dit nuttige dier.

Aan de overkant van het water wachten we tot iedereen is overgezet en vervolgen we de route. Wij te ezel, de manschappen te voet.

Kort daarna komt een van de verkenners terug om met de commandant te overleggen. Er is verderop een punt in de weg waar we niet verder kunnen. Althans, niet met de ezels. Ik begrijp wat het probleem is en begin te bidden om een oplossing. Een oplossing waarbij de ezels wel door kunnen en wij fijn op hun ruggen kunnen blijven zitten. Maar mijn gebeden worden niet verhoord. We moeten afstappen. Met lede ogen zie ik hoe Jaguar beide ezels een tik op de kont geeft. Haastig maken ze zich uit de voeten, terug naar de stal die ze uren geleden verlieten. Die schijnen ze zelfstandig perfect te kunnen terugvinden.

Wij moeten weer wennen aan het op eigen benen staan, en dat valt niet mee. Min of meer kruipend vervolgen wij onze weg. Het is inmiddels licht geworden. Een nieuwe ochtend. Gelukkig kunnen we nu zien waar we lopen, maar dat maakt het er niet minder zwaar op. Ik hou me opnieuw vast aan Paisa, en Eus aan zijn begeleider. Hoelang kunnen we dit nog volhouden? Toegegeven, er is geen sprake meer van echt lopen. Ik moet elke tien minuten zeker vijf minuten uithijgen. Voetje voor voetje schuifelen we voort.

Alles in mij schreeuwt om het einde. Stoppen, neervallen, sterven, het maakt niet meer uit. Deze tocht houdt immers nooit op. Hij duurt tot de dood erop volgt. Kan niet anders.

Als we een uur of twee hebben gestrompeld, hoor ik het sterke ruisen van een bergbeek. Even later zie ik een opening in het gebladerte. Ineens stappen we de jungle uit en komen terecht op een breed grindpad dat langs een watertje loopt. Een paar honderd meter verderop staat een huisje. Een cafeetje, nota bene.

Helemaal gesloopt slepen we ons ernaartoe. Het houten kot staat aan de rand van een riviertje, dat een meter of tien lager ligt en waarin grijs-geel water snel stroomt. Het is eigenlijk een grote zaal van twintig bij tien met een golfplaten dak. Binnen staan twee afgedekte biljarttafels en wat brommers. Tegen alle wanden zijn lege bierkratten hoog opgestapeld. Een paar kinderen spelen een luidruchtig spel, de televisie schalt en in een keukentje maakt een vriendelijk ogende matrone het middagmaal.

De tranen springen me in de ogen. We hebben de nacht overleefd, maar zo dicht bij de dood was ik nog nooit. Zouden we hier wat langer blijven? Kunnen we misschien even slapen? Is de nachtmerrie nu echt voorbij? Ik tril over m'n hele lijf en Eus ook. We hebben geen kracht meer en het is ijskoud. Althans, het voelt ijskoud omdat we zeiknat zijn. Van top tot teen doorweekt.

Er komen een paar flessen Postobon Manzana tevoorschijn, mierzoete appelsap met prik. We drinken onbedaarlijk. Even later krijgen we een bord eten. De kokkin heeft een kliekje rijst en spaghetti gemaakt met daar bovenop een paar plakken gefrituurde leverworst. Ik weet niet hoe ze het heeft kunnen bedenken, maar het smaakt goddelijk. Vooral die leverworst. Precies een frikandel, of beter nog, een berenhap. We schrokken alles naar binnen, vragen nog een portie en zakken uiteindelijk al boerend tegen de houten zijwand van het cafeetje onderuit. Nu de ogen dicht, dat zou fijn zijn.

En niet alleen wij zijn moe. De jongens van het junglecommando blijken ook uitgeput. Zodra ze hun eten ophebben vallen ze in slaap. Precies op de plaats waar ze zitten. Boem, weg. De enige die blijft waken is Jaguar. Hij loopt wat onrustig heen en weer en pielt met de legerradio die hier op het lichtnet kan worden aangesloten en weer werkt.

Wij kunnen ook niet slapen. Met Eus neem ik de afgelopen nacht door. We zijn het erover eens dat we door het oog van de naald zijn gekropen. We zitten onder de schrammen, de een wat dieper dan de ander, maar echt rampzalig zijn we niet getroffen. Het is eigenlijk ongelofelijk. We kijken naar de slapende mannen. Hun wapens hebben ze her en der om zich heen liggen. Vluchten lijkt nu een fluitje van een cent. We moeten lachen bij het idee. Ik denk dat het me een paar minuten kost om op de been te komen. Dat zal een mooie vlucht worden. Nee, ik maak me veel meer zorgen om m'n ribben. Ik verga van de pijn als ik het bovenlijf ook maar even beweeg. Niezen en hoesten is een marteling. Alsof er een mes tussen je ribben wordt gestoken. Alleen stilliggen op de rug geeft geen pijn. Aan de rand van de hut zie ik een paar hangmatten. Een jongeman houdt een ervan bezet. De andere wachten op ons. Maar hoelang zouden we hier blijven? Lopen we niet het risico dat we over een half uurtje weer wakker geschopt worden door Jaguar met zijn voortdurende drang tot vluchten? Kreunend van de pijn probeer ik op te staan.

Eus kijkt me ongelovig aan. 'Is het zo erg?' Ik weet dat ik me af en toe best kan aanstellen en het een beetje overdrijf, maar echt Eus, zo erg is het. Onder normale omstandigheden zou ik op dit moment overal mee ophouden en naar huis gaan. Maar in de extreme situatie van nu lijkt het wel alsof dat lijden erbij hoort. En bovendien, eerst de vrijheid, daarna zien we wel verder.

Ik vraag de commandant wat de bedoeling is. Of we hier een poosje zullen blijven zodat we wat kunnen slapen. Jaguar kijkt als altijd bezorgd, maar knikt instemmend. Ga maar even slapen. En trouwens, hij heeft nog iets voor me.

Hij rommelt wat bij zijn spullen en komt dan terug met mijn toilettas. Hij heeft hem achttien uur lang met gevaar voor eigen leven meegesleept door de jungle. Ik vind dat ongelofelijk, dacht dat-ie hem allang had weggegooid.

Het raakt me. Hoe achterlijk ik de strijd van onze kameraden ook vind, hun voorkomende houding ten opzichte van ons, twee totaal vreemden, maakt indruk. Het is weliswaar hun schuld dat we de jungle in zijn gevlucht (zij vinden het natuurlijk de schuld van het Colombiaanse leger), maar zij hebben ons er wel echt doorheen gesleept. Soms letterlijk. Zonder hen waren we nu morsdood geweest. Zeker weten. Mijn syndroom is nog niet bij Stockholm, maar Kopenhagen ben ik al ver voorbij. Ik heb de afgelopen nacht een zekere bewondering gekregen voor die jongens. Het gemak waarmee zij de jungle bedwingen, de kracht om alle hindernissen te nemen, het is onvoorstelbaar.

Ik bedank de commandant en schud hem de hand. Dan zie ik dat zijn linkeroog helemaal rood is. Jaguar doet er wat nonchalant over. Hij heeft vannacht een tak recht in dat oog gekregen. Toen het licht werd ontdekte hij dat hij er bijna niets meer mee zag. Alleen nog wat wazige vlekken. Hij moet er snel mee naar een dokter, en daarom probeert hij nu via de legerradio versterking te krijgen. Onze commandant blijkt uitgeschakeld. En omdat zijn manschappen bij hem horen, moeten wij nu wachten op een nieuwe groep, die zich de verdere reis over ons zal ontfermen. Dat kan wel even duren, zegt Jaguar, dus ga lekker slapen.

Ik ben gelukkig niet de enige gewonde, stel ik quasitevreden vast, en ik loop naar het keukentje dat tegen de zuipkeet is aangebouwd. Het is er schoon en opgeruimd; dat valt me reuze mee. Aan de ene muur zit een ruw keukenblad met wasbak en daar haaks op staat een oven in country style: een stenen gevaarte waarin een vuurtje wordt gestookt en waar bovenop de gerechten staan te pruttelen. Een bos droge takken wordt langzaam door het vuur verteerd en regelmatig moet de keukenprinses de uitstekende delen aanduwen om het vuur gaande te houden. Door alle kookactiviteiten is het er een beetje warmer dan elders en dat is aangenaam.

Maria Luiza is een goedlachse, gezette vrouw van vierendertig. Ze geeft me een hand en vraagt waar we vandaan komen. Omdat er niemand meeluistert leg ik haar de situatie in een paar zinnen uit. Ze blijkt al zo'n vermoeden te hebben gehad, toen ze ons uit de jungle zag komen. Wat we dan verkeerd hebben gedaan, vraagt ze. Ik vertel het verhaal van onze zoektocht en de arrestatie in het dorpje Versalles. Ze schenkt koffie en is geïnteresseerd in het adoptieverhaal van Margriet, de vrouw voor wie we op pad waren. We gaan

aan de keukentafel zitten en praten over van alles en nog wat. Ik zeg haar hoe lekker ik haar berenhap vond en ze gooit meteen nog een paar plakken in de olie.

Het is gezellig. Ineens krijg ik een overdreven sympathie voor Maria. Ze is aardig, heeft geen wapens, stelt belangstellende vragen, wil graag helpen. De afgelopen dagen hadden we natuurlijk alleen maar te maken met de door krankzinnige ideologieën gedreven mannen. Kerels die voor weinig meer belangstelling toonden dan voor hun wapens en de ellendigste route door het oerwoud. Het is zó fijn om ineens met een normaal mens aan de keukentafel te zitten.

Maria vertelt dat ze de guerrillajongens niet kent. Er is inmiddels een vreemde man bijgekomen die voortdurend overlegt met Jaguar en dat is dan wel een vage bekende uit de buurt. Maar de hele guerrillabeweging ELN kan hier duidelijk niet op overdreven veel sympathie rekenen. Maria schudt het hoofd. Ze doet wat de gewapende mannen van haar vragen, maar ze is ze liever kwijt dan rijk. Ik vraag haar hoe betrouwbaar de ELN-soldaten zijn. Of ons leven gevaar loopt, bijvoorbeeld. Daarop antwoordt ze beslist: 'Het zijn geen *pendejos*, geen klootzakken. Ze vechten tegen het leger van Colombia, maar gijzelaars doodschieten doen ze niet. Wel kan het best nog even duren voor ze jullie vrijlaten.'

Hoewel Maria weinig op heeft met onze strijders begrijpt ze het doel van de strijd wel. 'Dit is een totaal vergeten stukje Colombia,' zegt ze. 'Er is hier niks. Geen medische voorzieningen, geen goede scholen en de wegen zijn waardeloos. Niemand doet iets voor ons.' Maria heeft vier dochters en ze wil die alle vier graag naar school hebben. En dan niet alleen de lagere school, nee, de kinderen moeten studeren om verder te komen in het leven. Maar studeren kan hier niet. Hier ben je voorbestemd om boer te worden. En als vrouw krijg je dan zo snel mogelijk kinderen, zodat je net zo eindigt zoals zij: als keukenmeid.

Vervolgens wil ze alles weten over Holanda. Hoe het eruitziet daar, wat de mensen eten, of er werk is en wat je dan verdient. Mijn ervaring is dat de meeste mensen hier geen idee hebben waar Holanda ligt. Dat het een eindje verderop is vermoedt men vaak wel, maar meer dan een paar dagen te paard is niet voor te stellen. Daarom wordt het ook zo vreemd gevonden dat we elkaars taal niet spreken. Maar Maria weet heel goed dat er een oceaan moet worden overgestoken om in ons vaderland te komen. Maria is namelijk een vrouw en op de een of andere manier is hun intelligentie hier een stuk beter ontwikkeld dan die van de gemiddelde man. Ik schets haar het beeld van een land van melk en honing, zonder bergen, met prachtige rivieren, weilanden en overvloed. Onvermeld laat ik het klimaat en de oprukkende terroristische aanslagen. Maria droomt weg. 'Neem me mee,' zegt ze. Ik ben zo blij met ons gesprek dat ik het nog bijna overweeg ook.

Al die tijd zie ik in m'n ooghoeken Eus een beetje dommelen tegen de houten muur van de barak. Nu ik op goede voet ben gekomen met Maria Luiza vraag ik of ze misschien een droog T-shirt voor ons heeft. Ze gaat meteen op zoek. Al snel komt ze terug met twee kraakheldere polo's. Eindelijk kunnen we uit onze natte troep. We verschonen ons en hangen de oude kleding te drogen. Maria stuurt een jongeman uit een hangmat en gebaart dat ik erin kan gaan liggen. Even later krijgt ook Eus een hangmat toegewezen.

Ik doe m'n ogen dicht en zink terstond weg in het paradijs van dromenland. Vele verwarde voorstellingen trekken aan me voorbij. De indrukken van de nacht, flarden ellende, een rode bloem, marcherende soldaten, de stem van Paisa; '*Muñeco, muñeco,*' zegt-ie steeds. Poppetje, poppetje. En ik barst in tranen uit als ik zeg dat ik echt niet meer kan. Gelukkig is het een droom, want in tranen uitbarsten is niet zo mijn ding. Ik denk dat we begin van de middag, om een uur of één, in slaap zijn gevallen.

Dinsdag 20 juni 2017

Dag 4

Twee uur later begint het nieuwsprogramma van Caracol, de grootste Colombiaanse televisiezender, met berichten uit alle regio's van het land. Dat nieuws is eigenlijk het enige dat de lokale bevolking aan informatie over de rest van de wereld ontvangt. Daarom is er veel belangstelling voor. Zo ook in de tent van Maria Luiza. Ik word wakker van het toegenomen rumoer. Er zijn wat luidruchtige televisiekijkers gearriveerd. In een halfslaap probeer ik hun gesprekken een beetje te volgen. Ineens ontstaat er meer herrie. Met de ogen gesloten in de hangmat voel ik dat er iets bijzonders op tv is. Dan plotseling hoor ik het woord *Holandés*, Nederlanders. Daarna de prachtig uitgesproken doopnamen van Eus en mijzelf. Het gaat over ons!

Zonder acht te slaan op de gruwelijke pijn in mijn ribbenkast laat ik me uit de hangmat vallen. Alle televisiekijkers draaien hun hoofd om en kijken mij aan. Ook de junglejongens zijn een en al belangstelling. Jullie zijn op tv, zeggen ze enthousiast. En verdomd, daar verschijnen onze foto's in beeld. Een Colombiaanse voice-over vertelt het verhaal.

Ik roep Eus, maar die ligt vanuit zijn hangmat allang te gluren naar de reportage. We kijken ademloos. Over onze zoektocht naar een Colombiaanse moeder wordt uitgebreid verteld. Er wordt bij gezegd dat we goed werk doen. Dat we betrouwbare verslaggevers zijn. Er worden korte stukjes uit het Nederlandse nieuws vertoond. Daar staat het duidelijk ook al ruimschoots in de belangstelling. Aan het einde van de nieuwsreportage zit een aandoenlijk statement van Rodrigo, een Colombiaanse jongen wiens moeder wij een paar jaar geleden vonden. Hij roept de ELN op om ons vrij te laten. Want, zegt hij, we zijn belangrijk voor hem, voor alle adoptiekinderen en eigenlijk voor de hele wereld.

Deze overdrijving ontroert me zeer. Misschien komt het door de ontlading van dat moment, maar ik heb moeite m'n tranen te verbergen. Het is een bevrijding om te zien dat je verhaal bekend is, dat er mensen zijn die iets voor je gaan doen. Dat er hard gewerkt gaat worden om ons hieruit te krijgen. Overleg op hoog niveau. Onze ambassadeur, Jeroen Roodenburg, is al naar Cúcuta afgereisd. We hoeven het niet meer alleen te doen.

Voor het eerst voel ik wat anderen meemaken wanneer een zaak die voor hen belangrijk is ineens media-aandacht krijgt. Dat de wereld plotseling jouw hongersnood ziet, of jouw oorlog. Niet dat je daardoor geen honger of oorlog meer hebt, maar wat is het goed om te weten dat je er niet meer alleen voorstaat. En in ons geval is het ook goed te beseffen dat onze families inmiddels weten hoe de situatie is. Dat er niet meer gespeculeerd hoeft te worden over ons lot. We leven nog, maar zijn gegijzeld. En dat valt, met een beetje geluk, best op te lossen.

Een rondedansje maken we nog net niet, maar opgelucht zijn we zeker. Ook de soldaten bekijken ons ineens met andere ogen. We zijn niet zomaar een stelletje boerenpummels, maar bekende Hollanders. Het verhaal dat ik ze steeds heb verteld klopt dus. Niks geen CIA-agenten of andere infiltranten. Ik kijk de mannen uitdagend aan. Zie je nou wel?

Alleen Jaguar reageert. 'Maar jullie zijn wel journalisten en die vertrouwen we ook niet.'

Het is ook nooit goed.

Aan het einde van de nieuwsuitzending volgt nog een

korte resumé van onze ontvoering, waarin wordt gemeld dat de gesprekken met de ELN over vrijlating inmiddels zijn begonnen. Ik kijk op m'n horloge. Vier uur, we kunnen vanavond nog thuis zijn.

Maar dat zal niet gebeuren. Doña Maria heeft weer een maaltje bereid en nodigt Eus en mij aan tafel. We eten het gebruikelijke junglediner. Rijst, yucca, bakbanaan en onduidelijk vlees. Inmiddels hebben we onze standaarden bijgesteld en genieten we van alles wat we thuis zonder pardon in de vuilnisbak zouden gooien.

Maria vertelt dat er een andere groep soldaten is opgeroepen om ons mee te nemen. Ze zegt dat we ons geen zorgen hoeven te maken, maar dat we voorlopig niet zullen worden vrijgelaten. Het optimisme dat zojuist nog door mijn pijnlijke lichaam gierde maakt plaats voor de realiteit van het moment. Vooruit dan maar, nu de rest van de wereld weet waar wij aan toe zijn, houden we het ook nog wel even vol.

Na het eten roept Jaguar ons bij zich en legt hetzelfde uit als we al eerder van Maria hoorden. Zijn ploeg wordt afgelost door een ander commando. Dat zal ons met een auto meenemen naar de volgende overnachtingsplek, in afwachting van verdere ontwikkelingen. We moeten een eindje verderop langs de kant van de weg gaan staan.

'Mogen we niet in het café wachten?' vraag ik hoopvol.

Nee, dat mag niet. 'Jij praat te veel,' zegt onze commandant tegen mij.

Zeikerd, denk ik.

Maria komt ons de hand schudden. Ze heeft haar zus bij zich. Beiden kijken bedrukt. Arme jongens, zegt de zus. We bidden voor jullie, vult Maria aan. Voorwaar geen vrolijk afscheid. Maar de T-shirts die we hebben geleend mogen we houden, dat wel.

Ik heb de hele dag nog niet gepist en dat baart me zorgen. Door die gruwelijke val van vannacht spoken er beelden door mijn hoofd van beschadigde organen. Het zou mij een lief ding waard zijn wanneer de machinerie in het lichaam gewoon zou werken. Omdat ik een beetje aandrang voel vraag ik Jaguar of het even mag. 'Niet te ver weg,' zegt hij, en als ik vijf meter doorloop is dat al meer dan geoorloofd. Er wil maar niks komen. Geen druppeltje. Nou ben ik nooit een toppisser in het gezelschap van de toekijkende medemens, maar ik krijg de indruk dat er van binnen iets mis is. Gelukkig gaan we straks verder per auto en hoeven we niet meer te lopen. Misschien dat de zaak herstelt met rust.

Rond half zes gebeurt er weer eens iets. Vanaf de rivier zien we een groepje mannen naar boven marcheren. Dat zullen ze zijn. Deze groep is heel wat beter gekleed dan de vorige. Ze dragen nog net geen uniform, maar wel alles hetzelfde in de kleur zwart. Er is één figuur in burger. Heel opvallend. Hij loopt samen met een kortgeknipte, oudere guerrillero voorop. De twee overleggen met Jaguar. Na een minuut of vijf verdwijnt onze eerste commandant met zijn mannen aan de overkant van de weg de jungle in, zonder afscheid van ons te nemen. Ik had ze graag nog even gesproken, maar van dat soort weekhartigheid moeten zij blijkbaar niets hebben.

Vanuit de nieuwe groep komt een vertegenwoordiger naar ons toe. Hij lijkt helemaal niet Colombiaans, vind ik. Meer een Duitser. Heinz, komt ineens bij me op, de man moet Heinz heten. Hij is een jaar of veertig, strak afgetraind en langer dan de anderen. Zijn blonde haar is kort maar het zijn geen stekeltjes. Heinz rookt er een lekker sigaretje bij.

Hij geeft ons een hand, maar noemt zijn naam niet. '*Encantado,*' zeg ik licht spottend, maar met een serieus gezicht. Het is de positievere variant van ons 'Aangenaam'. Heinz kijkt een beetje stuurs. Hij gebiedt ons te blijven waar we staan. Er zal snel vervoer komen. 'Een auto?' vraag ik hoopvol. Inderdaad, een *camioneta*, een vrachtwagentje.

We overleggen wat we van de groep vinden en vooral van Heinz. Volgens Eus zijn we op de ladder van professionaliteit een stapje hoger gekomen. Alle manschappen zijn op dezelfde manier bewapend. Ze hebben elk een AK-47, een pistool en een handgranaat. Ook hun kleding ziet er verzorgder uit. En ze zijn allemaal net iets ouder. Boven de twintig in elk geval. 'En wat vind jij van die commandant? Het lijkt wel een Duitser,' zeg ik. Eus betwijfelt of het wel de commandant is, en hij werpt daarbij een geheel andere kwestie op, die ons nog lang zal bezighouden. Heinz lijkt als twee druppels water op een acteur. Ja verdomd, nu zie ik het ook. Die lege vissenogen en dat tanige gezicht. Hoe heet-ie ook alweer? We kunnen er maar niet opkomen. Heel irritant. Niet meer over nadenken dan maar, dan schiet het je op een gegeven moment ineens te binnen. Meestal tijdens toiletbezoek.

Wat mij eraan herinnert weer een plaspoging te doen. Vijf meter verderop sta ik te persen en te steunen, maar er komt geen drup. En het is inmiddels donker, dus aan meekijkend publiek kan het niet liggen. Het voedt mijn ongerustheid. Wat is er aan de hand met de blaas?

Het duurt allemaal trouwens verdomde lang en het wachten gaat ons behoorlijk de keel uithangen. Om zes uur is het dan eindelijk zover. Er komt een klein terreinwagentje aangetuft. Een Suzuki RAV 4. We krijgen instructies om achterin te gaan zitten. Een paar anderen klimmen in de laadbak. Dan komen er nog een autootje en wat motoren. Daar kan de rest van het stel dan in en op. Onze chauffeur lijkt mij een gewone burger. Hij zal wel opgetrommeld zijn door de guerrilla en durft natuurlijk niet te weigeren. Hoewel, de man is uiterst vrolijk en laat de typisch Colombiaanse muziek luid schallen. Het blijkt te gaan om ELN-muziek. De liedjes die de guerrillamannetjes het mooist vinden.

Ik versta er niet veel van, maar dat komt door de vervorming die het hoge volume met zich mee brengt. Een van de strofes blijft me bij: 'De guerrillero voelt zich het fijnst wanneer hij aan het einde van de dag na het douchen zijn wapens uit elkaar haalt en schoonmaakt.' Het rijmt en in het Spaans klinkt het poëtischer, maar vrij vertaald komt het neer op deze nogal slome mededeling. Ik weet het zeker, want de regels worden eindeloos herhaald. Er was duidelijk even geen inspiratie voor een andere tekst. Ik fantaseer er maar een paar: 'De guerrillero voelt zich het fijnst wanneer hij de vijand met een schot tussen de ogen heeft geveld en aan het eind van de middag boven het lijk een lekker kopje koffie drinkt.' Of: 'Een guerrillero voelt zich het fijnst wanneer hij de gehele nacht met twee uitgeputte gijzelaars door de jungle loopt en...'

Na een half uurtje stoppen we. Een meter of vijftig verderop staat aan de rand van de weg een huis. Er branden lichtjes, vriendelijke rook kringelt uit de overkapte keuken. Mooi, denk ik. Beschaving, eten, water en misschien een zacht bed. Vol goede moed stappen we uit en willen al richting het aantrekkelijke huis lopen. Maar dat gaat niet door. De manschappen hebben een ander pad gevonden. Een pad dat steil naar boven loopt. Als klipgeiten springen ze erlangs. Commandant Heinz wijst ons ook in de richting van het pad.

‘Gaan we weer lopen?’ vraag ik ontdaan.

Heinz knikt, die kant op.

Christus te paard. Ik kan het gewoon niet geloven. Was er net iets van rust in het hoofd ontstaan, krijgen we dit. Een déjà vu doemt op. Nou ja, déjà vu. We hebben het de hele afgelopen nacht gezien. Die kloterige jungletocht. Met al dat gevaar, geval en gesodemieter. Voor ons doemt een berg op. We moeten naar de top, over een smal, haast onbegaanbaar paadje. Kolere, daar gaat-ie weer.

De ene voet voor de andere, de ene voet voor de andere, de ene voet voor de andere, dat is het enige waaraan ik het eerstvolgende half uur kan denken. Alles is precies zoals de nacht ervoor, behalve dan dat we nu niet door helikopters van het leger op de hielen worden gezeten. Maar het terrein is vijandig en voor mij behoorlijk onbegaanbaar. Droevig sjok ik vooruit, Eus weer in de achterhoede en de enthousiast ronddollende guerrillero’s rond ons.

Omdat het ijs met deze nieuwe groep nog helemaal niet gebroken is, krijg ik geen enkele informatie over de te verwachten lengte van de wandeltocht. Doorlopen, doorlopen, is het enige dat er gecommuniceerd wordt. Doorlopen, maar waarheen in godsnaam?

Ons stijgingspercentage is naar mijn schatting gemiddeld een procent of 25. Dat is al bijna niet te doen, maar af en toe moet er zelfs echt geklommen worden. Een rots doemt op. Zo’n gladde, natte, van een meter of anderhalf hoog. Modder en keien eromheen, nergens een goed houvast.

De jungleacrobaten van de ELN huppelen vrolijk door. Ze staan boven voor je het in de gaten hebt. Maar wij nemen de hindernis eerst zorgvuldig op. Vloeken daarbij maar eens fors vanwege het onneembare karakter, en proberen dan al grabbelend iets voor elkaar te krijgen. De gewapende mannen hebben ook wel in de gaten dat ons dit niet gemakkelijk af gaat. Aarzelend beginnen ze handen toe te steken en uiteindelijk sjorren een paar van de meest hulpvaardigen onze gepijnigde lichamen naar boven.

Eus is, net als ik, aan alle kanten geperforeerd door takken en rotsblokken. De schenen hebben heel wat voor de kiezen gehad en het bovenlichaam kreeg forse klappen. Alles doet pijn. Maar bij mij komt daar nog de geradbraakte ribbenkast bovenop. Er steken voor mijn gevoel vijf messen in de linkerzijkant, die beginnen te snijden zodra ik beweeg. En het vreemde is dat bij alles wat je doet, bij elke stap die je zet, vooral de ribben in beweging komen. Dus bij het hulpvaardig omhoogsjorren, of een eenvoudig steuntje in de rug om me vooruit te krijgen, slaak ik voortdurend kreten die niet motiverend werken bij de rest van de ploeg. Een stervend varken, daar lijkt het wellicht het meest op.

Even voor de goede orde, ik kan best wel wat pijn verdragen. Mijn tandarts heeft ooit onverdoofd de wortels uit twee voortanden verwijderd, vanaf de open zenuw. Daarbij zou ik geen kik gegeven hebben. Een van mijn stoere verhalen. Maar nu is het anders. De pijn ebt niet weg zoals bij die tanden. De pijn is alom aanwezig en bepaalt al mijn bewegingen. Ik moet een paar keer niezen, gruwelijk. Gelukkig ben ik niet verkouden. Ik moet er niet aan denken wat een doorlopende hoestbui aan ondragelijk lijden zou veroorzaken. Het voelt in elk geval slecht en ik heb geen idee wat er rondom de ribben mis is. Gekneusd, gebroken, iets doorboord?

Elke tien minuten probeer ik een korte rustpauze af te dwingen. Het gaat dan ook echt niet meer en ik moet even zitten. Uithijgen. Ook dat is trouwens geen pretje met die ribben. Eus en ik voeren tijdens zo'n flitspauze zeer korte gesprekken. Hoe is het? Hou je het vol? Weet jij hoelang nog? Op de meeste vragen heb ik geen antwoord. Ik weet niet meer hoe het met me is en ik heb het al zo lang volgehouden dat dit er waarschijnlijk ook nog wel bij kan. En waar we naartoe gaan? Geen idee.

Commandant Heinz is maar weinig ingenomen met mijn getreuzel. Het is een man van weinig woorden. Eigenlijk maar van één: *vámonos, vámonos!*

De klim naar boven over dat supersteile paadje verloopt verder in een soort trance. We zijn niet meer helemaal onszelf. Het is een gevecht tegen een lichaam dat helemaal niet meer wil. Bij elke stap hoor je het kreunen: *niet verder, niet nog verder!* Wat een contrast met de vrolijke flierefluiters om ons heen. De jongens dartelen bijna door het ondoordringbaar ogende woud. We zijn omringd door de piepkleine lichtjes van hun led-lampjes, als waren het twinkelende vuurvliegjes.

Rond een uur of tien in de avond bereiken we een vlak stukje land waarop een stevig gebouwde boerderij staat. Er heerst volstrekte stilte. Maar niet lang meer. De guerrilla heeft honger, en daarom worden de bewoners wakker gemaakt en krijgen ze de opdracht ons te voorzien van eten en drinken. Samen met Eus zit ik op een ruwstenen muurtje dat de boerderij afscheidt van het junglepad. We zijn doorweekt, voor de zoveelste keer. Het zweet gutst het lichaam uit onder deze omstandigheden, en we sterven van de dorst.

Al snel komt er een grote, vieze plastic teil met bruin vocht aan. Het lijkt cola, maar het is water. We krijgen grote bekers aangereikt, en hoewel ik me niet kan voorstellen dat wij dit ongestraft naar binnen kunnen werken, drinken we gulzig. Het is koud en zoet. Lekker.

Eus gaat op zoek naar de plee. Ons pakje natte doekjes hebben we eerder die dag aangebroken. Zuinigheid is nu geboden. Ik ben jaloers, wil ook zo graag pissen, maar krijg er nog steeds geen druppel uit. Er is inmiddels actie waar te nemen in de open keuken van de boerderij. Met zichtbare tegenzin bereidt de vrouw des huizes iets eetbaars voor ons allen. Ze oogt nogal sacherijnig. Veel liefde zal er niet in haar kookkunst worden verwerkt, vermoed ik. De boer zit iets verderop stuurs toe te kijken. Hem bevalt ons bezoek ook al niet, maar wat kan hij ervan zeggen?

Even later wordt de maaltijd geserveerd. Een verrassing is het niet. Rijst, yucca en banaan, boven op wat kippenbotjes.

Eus en ik zijn langzaam terechtgekomen in een staat van trance, denk ik. Alles wat we doen, doen we automatisch. We vrezen niet meer zozeer het wapen van de guerrillero, als wel effecten van onze verschrikkelijke wandeltochten. Hoelang gaat dit nog goed? Hoe ver kun je doorlopen? Wat heeft men nog voor ons in petto? Het is buitengewoon hinderlijk dat we niet weten waar we aan toe zijn. Dat het zo volkomen onvoorspelbaar is. Willekeurig, lijkt het wel. Wat is het nut van deze eindeloze jungletocht? In feite zijn we met wat korte onderbrekingen al een dag of twee in touw. En dan niet lekker rustig aan de wandel langs aangeharkte alpenweiden, maar in de woeste wildernis waar de energie uit je gezogen wordt en rampspoed achter iedere boom op de loer ligt. Het is een overlevingstocht. Een strijd tegen de elementen, om het maar eens pathetisch te zeggen.

We hebben maar weinig woorden. Meestal zijn we stil of kijken elkaar veelbetekenend aan. Je hebt hier niets aan praatjes, er valt ook weinig te zeggen. Plannen maken, waar we zo goed in zijn, heeft onder deze omstandigheden geen nut. Het enige wat we zeker weten is dat we voor een boerderijtje iets vies zitten te eten met een lichaam dat aan alle kanten pijn doet. Ik durf echt niet meer naar mijn linkerenkel te kijken. Mijn broek zit er al strak omheen, zo erg is-ie opgezet. De wond die ik eerder opliep door een aanvallende bamboestaak bloedt niet meer en lijkt rustig. Mijn armen zitten vol gaatjes van prikdingen die me onderweg te grazen hebben genomen. Veel blauwe plekken. De schenen zijn ontveld en m'n tenen voel ik nauwelijks meer. Dit in tegenstelling tot m'n ribben. God nog an toe, wat een ellende.

Wanneer de hap erin zit, staat commandant Heinz op. We gaan verder, gebaart hij. Verder met dat zinloze, belachelijke gesjok. Steeds dieper een gebied in dat overal hetzelfde is, dus waar je net zo goed op één plek kunt blijven. Opnieuw een kastijding die geen mens voordeel zal opleveren. Waarom? Ik ben natuurlijk geen militair tacticus of jungle-expert. Met mij aan het hoofd zou de Vietcong al binnen twee dagen tot overgave gedwongen zijn. De FARC had geen deuk in een pakje boter geschoten onder leiding van commandant Bolt, ik weet het. Dus naar mij moet je zeker niet luisteren als het om de oorlog in de jungle gaat. Maar het verzet is dan weer wel op mijn lijf geschreven. Proberen de vijand moreel te ondermijnen of op andere gedachten te brengen. De strijdlust van de troepen te breken, ik zie het als een uitdaging. Zo ver kan ik het hier natuurlijk niet laten komen, maar ik moet nu wel iets doen. Voorzichtig ingrijpen.

Eus en ik zijn het er direct over eens dat we echt niet meer verder kunnen. Het is vragen om moeilijkheden. De benen zijn zo verschrikkelijk uitgeput dat het overeind komen uit een zittende houding al bijna niet meer mogelijk is. We móéten een paar uur slapen. Dat zal waarschijnlijk ook niet heel veel helpen, maar alleen al het idee. Dat je ergens mag gaan liggen, de ogen sluiten, even ontsnappen. Weg uit die jungle, vrolijk naar dromenland, waar je kunt vliegen en soepeltjes de bergen bedwingt. Als je in de goede droom terechtkomt, uiteraard. Met commandant Heinz sta ik nog steeds niet op echt goede voet, maar toch zal ik het proberen.

Met mijn droevigste en meest gepijnigde blik in de ogen loop ik naar hem toe en begin een kort betoog. '*Señor comandante*, wanneer het de bedoeling is dat uw gevangenen deze nacht overleven, dan kunnen we nu echt niet verder. We moeten even slapen. Al is het maar een paar uur.' Ik voeg er nog wat smekende blikken aan toe, plus een onderdanig '*por favor, comandante*'.

De man die zo erg op een filmster lijkt, denkt even na. Zonder iets te zeggen draait hij zich om en loopt naar de boerderij. Hij spreekt kort met de boerin. Even later komt zij terug met twee hangmatten, die aan haken boven de veranda worden vastgemaakt. Voor ons, denk ik hoopvol. Maar nee. Boer en boerin leggen zich erin te ruste. De manschappen krijgen de opdracht om neer te vallen waar ze willen. En voor ons wordt de deur opengehouden van de masterbedroom, waarin een poosje geleden boer en boerin nog zo tevreden lepeltje-lepeltje lagen.

Verbaasd en toch ook wel blij kijken we elkaar aan. Een bed! Met een matrasje! We schuifelen naar binnen en proberen een comfortabele houding te vinden op de echtelijke king size. De vorige nachten gebruikten we onze stinkende schoenen nog als steuntjes onder het hoofd, maar nu ligt er een dekentje dat we als kussen gebruiken. Het matrasje is dun en kan de pijn van het liggen op een houten plank niet helemaal wegnemen, maar toch. Het is beter dan niets.

Ik kan vanwege die pijn in de ribben alleen op m'n rug liggen, en in eerste instantie kiest Eus daar ook voor. We kletsen even. Zijn we nog bang? Bang om doodgeschoten te worden? Ik krijg de indruk dat deze kwestie ons op dit moment minder bezighoudt. Overleven in deze uitzichtloze jungle is nu belangrijker. We weten vrijwel zeker dat onze begeleiders de opdracht hebben ons heel te houden, en in elk geval uit handen van het leger. We zijn een pakketje dat afgeleverd moet worden, alleen weten we niet waar. Achter de volgende berg? Of de daarop volgende? Of misschien die daarna? En bij wie?

'Hoelang kunnen we dit nog aan, Eus?'

'Zo lang als het moet,' is zijn stellige overtuiging.

En zo vallen we in slaap.

Woensdag 21 juni 2017

Dag 5

Een uur later word ik wakker. God nog an toe, wat is het koud. Mijn T-shirt en modieus overhemd zijn kletsnat. Een fris windje waait door de kieren van de slaapkamer. Het veroorzaakt tocht. Wind in huis, zoals Gerard Reve dat noemde. En die wind zorgt voor een afkoeling van jewelste. Ik bibber en klappertand. Als ik maar niet verkouden word. Een longontsteking zou helemaal funest zijn, met hoesten en proesten en stevige koorts.

In het pikkedonker begin ik alweer te piekeren. Stel je voor dat ik straks al hoestend de tocht moet vervolgen. Dat gaat pijn doen aan de ribben. En een longontsteking met koorts... dat kan zomaar je laatste zijn. Zeker in mijn geval, waar verminderde weerstand in het ziektebeeld zit. Ik ben van nature een hypochonder. Elke aandoening die ik op televisie zie, of waarover ik lees, die heb ik vrij snel ook. Ik laat altijd alles controleren wanneer ik maar even het idee heb dat er iets niet klopt. Belachelijk natuurlijk, maar wat kan ik eraan doen? Me niet zo aanstellen, dat weet ik ook wel, maar hypochondrie is een psychische aandoening dus dat werkt zo niet.

Mij aldus zorgen makend ontdek ik het dekentje dat als kussentje onder mijn hoofd ligt. Ik leg het lapje wol over me heen en voel de warmte in het lijf terugkeren, net als de slaap. Mijn zorgen lossen op in de eindeloze duisternis rond de onbarmhartige bergen van Norte de Santander.

Een paar uur later word ik wakker van een ronddolende Eus. Ook hij is bevroren. Bezweet en afgekoeld. Ik doe hem de dekentjestip aan de hand.

Even later luisteren we naar het gesnurk der manschappen. De jongens buiten kunnen er wat van. Zo te horen slapen ze als roosjes en hebben ze die slaap nodig ook.

We dommelen nog wat en het is drie uur in de nacht wanneer de commandant de deur openzwaait. Opstaan, we gaan verder. We richten ons zo goed en zo kwaad als het gaat op uit onze slaaphouding. En dat valt echt niet mee. Het wordt steeds erger.

Buiten zitten de mannen in kleine groepjes bij elkaar. Ik krijg de indruk dat ze blij zijn even te hebben geslapen. Ze zijn vriendelijk en de kok duwt ons een kom koffie in de hand. Lekker. Ook van deze guerrillaclub zijn de drie jongsten de nieuwsgierigsten. Nu we even rustig bij elkaar zitten willen ze weten wie we zijn en waar we vandaan komen. Opvallend dat die belangstelling altijd van de jongelui komt. Ze vragen ons de oren van het hoofd. Over Nederland, over onze kinderen en vrouwen, over het geld dat we verdienen en de prijs van een pakje sigaretten in Holanda.

Ook aan hen leg ik uit wat we eigenlijk aan het doen waren voordat de ELN meende ons te moeten oppakken. Het zegt ze uiteraard niet veel, maar er wordt niet onsympathiek gereageerd. Het komt allemaal wel goed, dat stralen ze uit.

Een van de jongens wordt Mono genoemd, aap. Niet dat hij op zo'n beest lijkt, maar hij heeft ooit een kleine makaak gevangen in de jungle en sindsdien zijn hij en het diertje onafscheidelijk. Het is een grappig gezicht. Als een te klein, warm sjaaltje heeft het aapje zich om zijn nek gedraaid. Hij slaapt. Zodra Mono wil demonstreren hoe de aap functioneert, reageert de makaak afwijzend. Een stevige beet in zijn vinger en een blik die duidelijk maakt dat hij wil blijven slapen. Het zij zo. Ik heb het trouwens niet zo op beesten. Ik gun ze hun leven, maar liefst ver bij mij vandaan.

Het aapje van Mono brengt me ineens bij een dierbare herinnering. Mijn oma van moederskant, oma Jansen, had ook zo'n aapje. Zij was een typische vrouw van haar tijd: zwarte kleding, schort voor, grijs opgestoken haar. Rechtvaardig, zacht en vriendelijk. Uit een boek van Maarten 't Hart of Jan Siebelink. En daar was dus die aap. Ik geloof dat hij Cheetah werd genoemd. Een leuk beestje hoor, maar ik weet ook nog wel dat ik er weinig sympathie voor kon opbrengen. Hij had een zogenaamd onschuldige blik in de ogen waarachter ik zeeën van snode plannen kon zien golven: op je kop springen, aan je haren trekken, iets kostbaars omgooien, er met de laatste gehaktbal vandoor gaan. Later begon het onbetrouwbare mormel inderdaad te bijten en te krabben en moest hij het veld ruimen, de dierentuin in.

Ik laat dit in onze junglegroep uiteraard onbesproken. Nooit stoken in de goede vriendschap tussen mens en dier. Bovendien is het met een dier net als met een vrouw: zodra ze in een groep mannen terechtkomen ontspant meteen de sfeer. Veel Colombiaanse vrouwen hebben de gave om de scherpe kantjes eraf te halen, om emotioneel te ontwapenen en af te leiden, en het aapje van Mono doet dat op zijn manier ook. Zelfs commandant Heinz, die bij ons is komen zitten, toont zijn zachte zijde. Hij aait de slapende schoonheid voorzichtig en krijgt daarbij zowaar een vriendelijke glimlach op zijn magere kop. Op wie lijkt hij nou ook alweer?

'Eus, man, hoe heet die acteur nou?'

Daar kunnen we de komende uren al lopend eens uitgebreid over gaan nadenken, ben ik bang. We gaan op pad. Heinz heeft vaag in de verte gewuifd richting onze bestemming en het hele clubje is alweer in de hoogste versnelling onderweg. Wanneer Eus en ik eindelijk overeind gekomen zijn is de laatste verkenner al achter de eerste berghelling verdwenen. Hoe doen die gasten dat toch?

Even voel ik een lichte opleving. Het pad is in eerste instantie breed en vrij egaal. Doorlopen kost niet zoveel moeite. We zetten er daarom eens stevig de sokken in, teneinde onze goede wil te tonen. Na een half uur is er van dat herwonnen optimisme niets, maar dan ook helemaal niets meer over. We zijn in feite terug bij af, of misschien nog wel erger.

Nu ik via het aapje heb ontdekt dat onze commandant een zachte kant heeft, besluit ik hem aan te spreken. Op zakelijke toon vertel ik dat zijn voorgangers de nacht tevoren muilezels hadden georganiseerd. 'Zouden hier ook muilezels zijn, comandante? Misschien schieten we dan wat beter op.'

Even denk ik dat hij me keihard gaat uitlachen, maar dat doet hij niet. In plaats daarvan steken een paar van onze begeleiders de koppen bij elkaar en overleggen. Het einde van het liedje is dat er inderdaad uitzicht is op muilezels. Op mula's.

Ik kan de onuitputtelijkheid van mijn vreugde haast niet verbergen en meld opgetogen aan Eus dat er verlossing in zicht is. Nou ja, verlossing, dan toch op z'n minst de mogelijkheid om even bij te komen op de rug van het dier dat zo sterk in mijn achting is gestegen. Even ontstaat er een vacuüm in de voortgang, maar al snel heeft het nieuwe plan vorm gekregen. We zullen doorlopen tot we een muilezel hebben gevonden. Dat valt me dan weer tegen, omdat ik bang ben dat de muilezels hier niet dik gezaaid zijn, maar dat heb ik mis. Na een minuut of tien staat er al een op ons paadje. Een slaperige boer is bezig het dier te zadelen.

Een van de razendsnelle verkenners heeft het beestje blijkbaar opgemerkt en geconfisqueerd. Deze mula is voor mij, naar een voor Eus wordt nog gezocht. Dankbaar stijg ik even later op, maar ook met schuldgevoel. Eus moet nog lopen en ik zit al hoog en droog op een trouwe viervoeter. Nou ben ik er nog steeds niet best aan toe hoor. Het slechtst van ons twee, denk ik. De muis van mijn hand ligt open tot op het rode vlees, als gevolg van de muilezelrit van gisternacht. Bij elke stap die mijn lichtgrijze kameraad nu zet voel ik een snijdende pijn. En omdat de takken nogal laag hangen, slaan de doornen doorlopend op het voorhoofd. Ik wil maar zeggen: een muilezel is ook niet alles.

Een half uurtje later krijgt ook Eus zijn exemplaar. Een donkere uitvoering met een mooi beslagen zadel. Waar dit diertje precies vandaan komt weet ik niet en het zal me ook een zorg zijn. Wij zitten.

Had ik al gezegd dat het nog steeds pikkedonker is? Dat maakt het manoeuvreren met zo'n beestje bepaald niet gemakkelijk. Ons pad is inmiddels zo smal dat het eigenlijk al helemaal geen doen is. Punt. Je kunt net een voet voor de andere zetten, maar daarmee houdt het dan ook wel op. Muilezels zijn in die manier van lopen gespecialiseerd, dus die redden het wel. Ook onze junglevrienden weten wel raad met deze pas. Ik hoop vurig dat wij zelf niet hoeven af te stappen om het ook te proberen. Het ziet er onmogelijk uit.

We hebben overigens geen echte controle over de ezels. Het leidsel wordt vastgehouden door een soldaat die er flink de pas in heeft gezet. Helemaal vooraan, een meter of 100 verder, loopt een groepje met kapmessen te zwaaien om een doorgang door het oerwoud te hakken. Nu wreekt zich het lengteverschil tussen de Colombiaanse strijder en de Hollandse gijzelaar op een muilezel. De kappende voorhoede is niet langer dan 1 meter 65. Samen met de machete wordt dat een dikke twee meter. Wij, gezeten op ons muildier, torenen met gemak naar de 2 meter 20. Zo blijven de ongekapte takken dus precies op onze ooghoogte hangen. En dat is bloedlink, zeker in het donker.

Daar komt dan ook nog eens de handicap bij dat we steeds stijgen en dalen. Om de zoveel tijd moeten we een andere houding op de ezel innemen. Eus geeft mij professionele instructies over wat ik precies moet doen. Wanneer we stijgen moet ik vooroverhangen en de knop van het zadel stevig vastgrijpen en duwen; dalen we, dan is het zaak achterover te buigen en het leidsel boven de kont van het dier goed vast te grijpen. De voeten moeten onder alle omstandigheden ferm in de stijgbeugels worden gedrukt, en daarbij is het dan ook nog zaak alle overhangende takken weg te slaan voor ze de ogen doorboren. Onthou dat allemaal maar eens. Het gebeurt dan ook regelmatig dat ik een van de instructies over het hoofd zie en een tak tegen m'n kop krijg of ineens uit een stijgbeugel schiet. Verder leidt het heen en weer bewegen op de ezelsrug tot voortdurende pijnscheuten. Nee, de lol van een ritje per muilezel is mij bepaald niet gegund.

Maar wonderbaarlijk genoeg gebeurt er niets ergs. Iets direct dodelijks of levensbedreigends. De karavaan gaat gewoon voort alsof het de gewoonste zaak van de wereld is. De ezels hebben soms een vriendelijk steuntje in de rug nodig. Bij tijd en wijle zijn ze namelijk niet vooruit te branden. De typische ezel. Ik heb de pech dat onze commandant precies

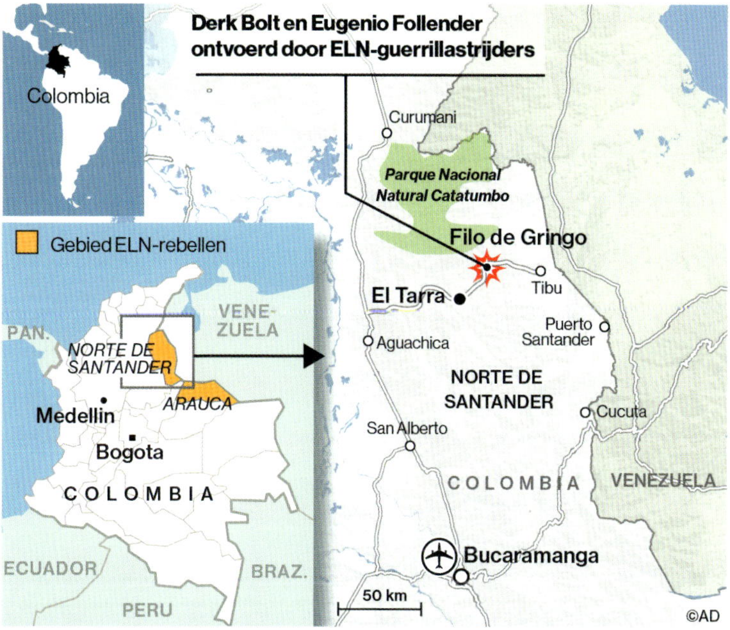

© Algemeen Dagblad

El Tarra

Tibú in Norte de Santander, de laatste plaats van betekenis voor de bergen

De Colombiaanse jungle

ELN-strijders

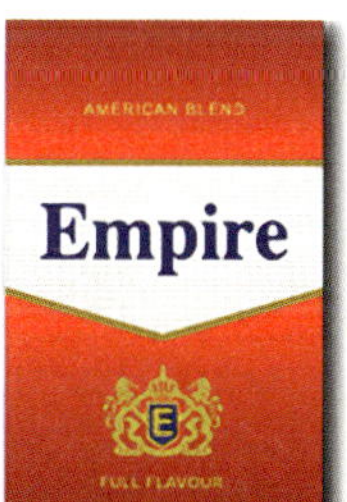

Het favoriete sigarettenmerk van de guerrillagroep van commandant Jaguar

Intussen in Colombia

Ontvoeringszaak Bolt onderwerp staatsbezoek Vaticaanstad

Op de achtergrond van de staatsbezoeken van koning Willem-Alexander en koningin Máxima aan Italië en Vaticaanstad speelt de ontvoeringszaak van de Spoorloos-ploeg in Colombia.

Jeroen Schmale 22-06-17, 19:29 Laatste update: 23:51

De kwestie is vanochtend, tijdens het bezoek aan de Heilige Stoel, vrijwel zeker besproken in de besloten ontmoeting die het koningspaar had met staatssecretaris Parolin. Die Italiaanse kardinaal heeft goede contacten in Colombia, waar hij namens het Vaticaan betrokken was bij het vredesakkoord tussen de regering en rebellenbeweginging FARC.

De guerrillabeweging die Derk Bolt en Eugenio Follender in handen heeft, ELN, kent een katholieke oorsprong en lijkt om die reden niet ongevoelig voor een oproep vanuit Vaticaanstad.

Willem-Alexander en Máxima troffen Parolin vanochtend direct na de audiëntie bij paus Franciscus. Of ook met de kerkvorst gesproken is over het lot van de Spoorloos-makers is niet bekend. Het werd in elk geval niet genoemd in een officieel communiqué met

Intussen in het Vaticaan (bron AD)

Intussen in Nederland

De ontvoerden zagen zichzelf bij hun ontvoerders op het Colombiaanse tv-Journaal

De bevrijders rijden met een witte vlag op de auto

De bevrijding
© Defensoría del Pueblo

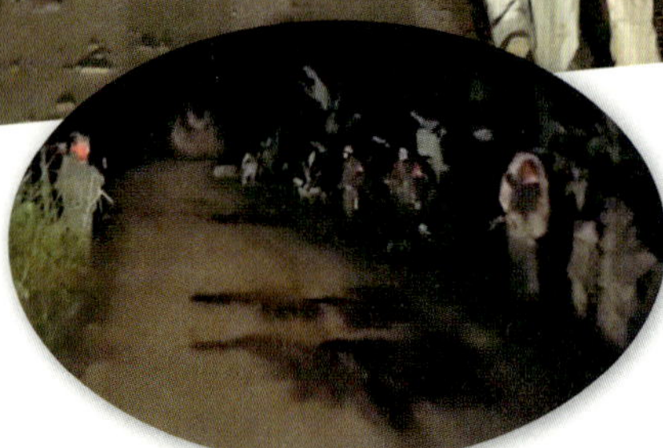

Veel ELN-soldaten langs de weg

Afscheid van ELN-commandant Mateo © Defensoría del Pueblo

Ontmoeting met de bevrijders © Defensoría del Pueblo

De overdracht heeft plaatsgevonden. Met het blauwe shirt Padre Victor

© Defensoría del Pueblo

Terug naar de bewoonde wereld in de Landcruiser met Padre Victor

Ambassadeur Jeroen Roodenburg, rechts Liz en Edith

Dank voor de politie

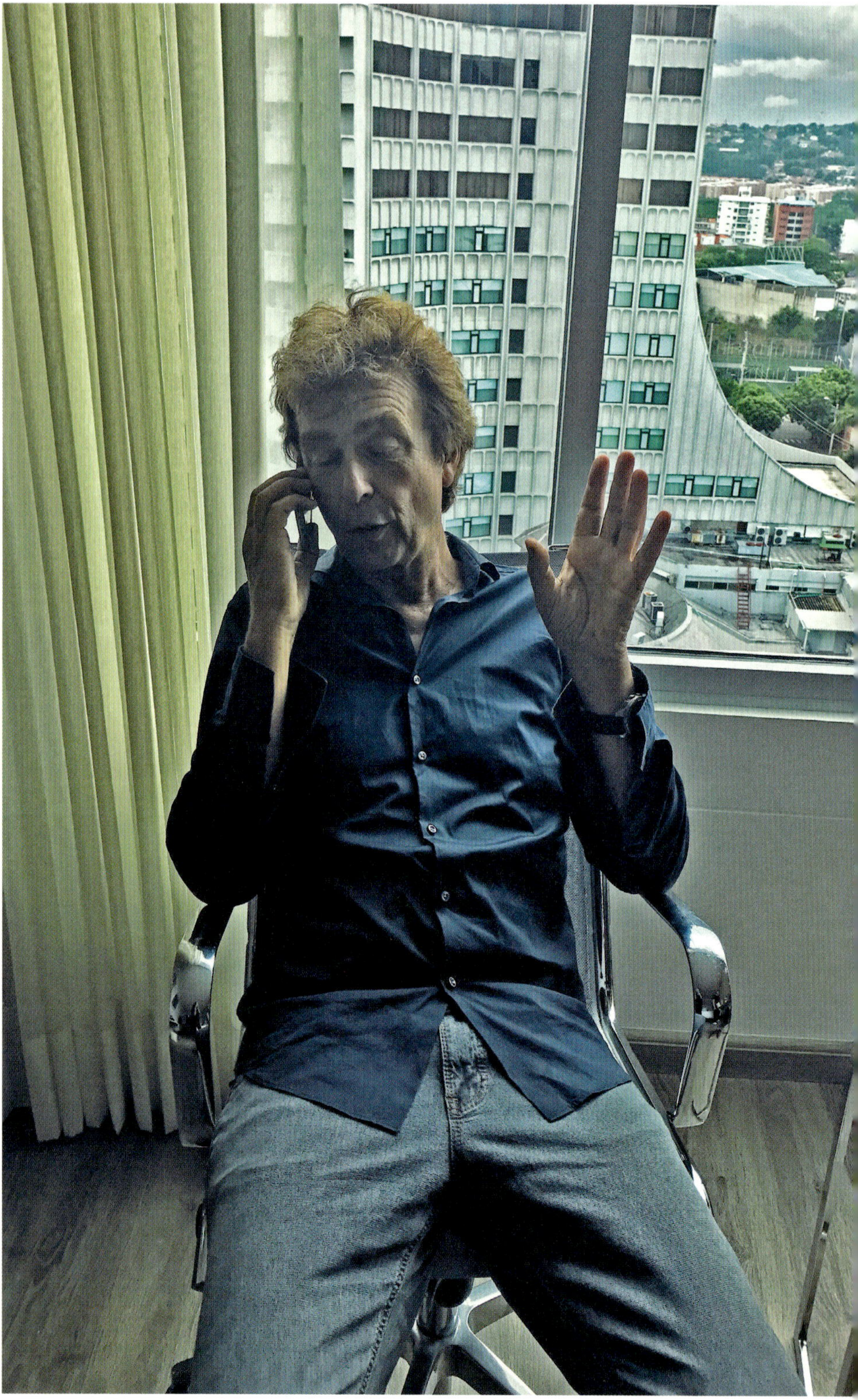

De persconferentie in de Holiday Inn in Cúcuta

Links: Bellen met het thuisfront

In de ambassadeurswoning in Bogotá

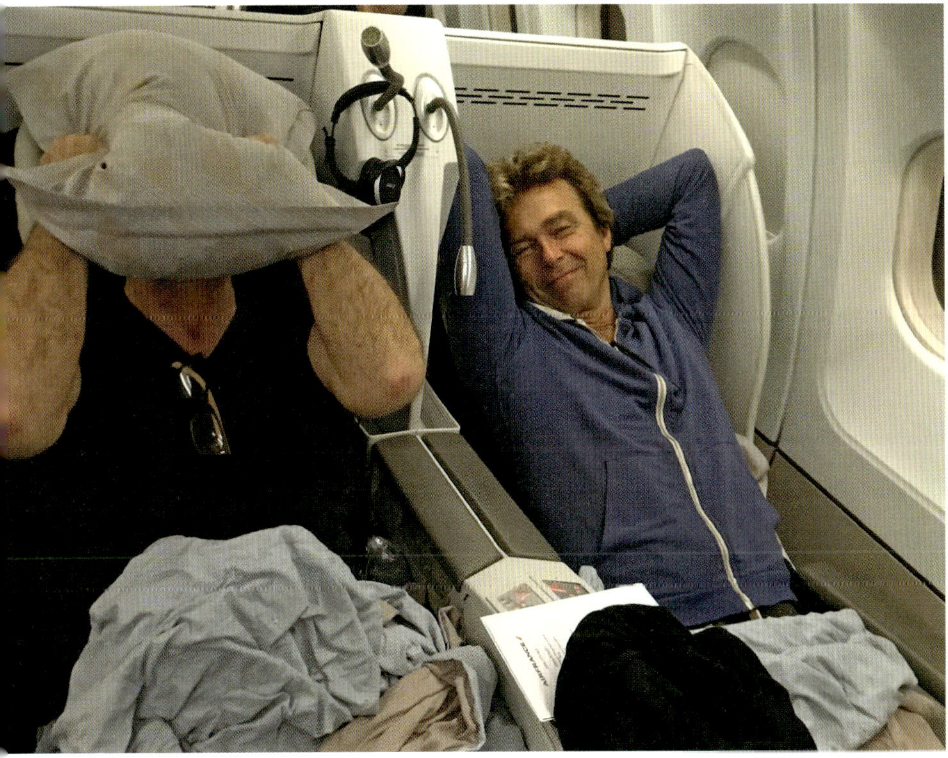

In het AirFrance-toestel naar Parijs

Het filmmateriaal is netjes geretourneerd door de ELN

De jungle-outfit gewassen

Terug in Colombia om de zoektocht af te maken

achter mijn exemplaar loopt. Hij heeft weinig sympathie voor de beestjes en wanneer het hem te lang duurt deelt hij met een tak een mep uit van heb ik jou daar. De ezel schiet vervolgens vooruit, waardoor ik er bijna afsodemieter. '*Hacha mula*,' schreeuwt de commandant en dat vind ik dan wel weer een mooie kreet. *Hacha mula*. Vooruit met de geit. Met de ezel, bedoel ik.

In het donker maken we uiteindelijk nog één keer een tussenstop. Weer bij een boerderijtje, waar ook de ezels ververst zullen worden. Eus en ik vallen van ons vervoermiddel af en merken dat we bijna niet meer kunnen lopen. Want hoeveel comfortabeler het zitten op een muilezel ook is vergeleken met zelf lopen, de vermoeidheid in de benen blijft. Gelukkig staan we inmiddels op zulke goede voet met onze begeleiders dat men ons met grote toewijding ondersteunt richting veranda. Gulzig drinken we grote plastic bekers bruin water. Het smaakt heerlijk en is blijkbaar ongevaarlijk, want we hebben er de afgelopen dagen ook niets van opgelopen.

Het is een uur of vijf. Over niet al te lange tijd komt de zon op. De leidinggevenden uit onze groep verdwijnen uit zicht. Ik heb geen idee wat ze van plan zijn. Wij blijven achter met de manschappen, die meteen de gelegenheid te baat nemen in slaap te vallen op de plek waar ze zijn gaan zitten. Wij proberen hetzelfde te doen.

Op de grond liggen blijkt na een halfuurtje echt te pijnlijk. Uiteindelijk vinden we een lange smalle bank waarop we net niet alle twee kunnen liggen. Daarom proberen we het als boekenstaanders. De ruggen tegen elkaar en de benen opgetrokken. We dommelen en dommelen. De duisternis om ons heen is compleet.

Wanneer we een uurtje later weer langzaam in de wereld terugkomen, is het inmiddels gaan schemeren. Wat is de komst van een nieuwe dag ineens een geruststelling. Weer een nacht voorbij. Een nacht overleefd. Hoe kapot we ook zijn, het daglicht geeft energie. De zon klimt voorzichtig uit het dal en de eerste stralen zijn weldadig. We zijn inmiddels beland in een toestand van permanent ongemak en hebben ons daarbij neergelegd. De grens van wat we aankunnen is de afgelopen achtenveertig uren al flink opgerekt en het lijkt erop dat we afstevenen op een overwinning op onszelf.

Er wordt een standaardmaaltijd geserveerd. We eten gulzig. Had ik dat ooit gedacht? Dat ik nog eens zou smullen van een bord eten op vies servies met gore lepels en vettige mokken koffie? Gadverdamme wat lekker.

Een half uurtje later breken we op en een beetje zenuwachtig speur ik naar ezels. De commandant ziet me kijken en stelt ons gerust. Een kilometer verderop staan nieuwe exemplaren. Geen paniek, het is maar een klein stukje. En zo draait het erop uit dat we een nieuwe dag tegemoet rijden op de ruggen van verse ezels met voor het eerst iets van optimisme in het hart.

Ik heb geen idee waarop het is gebaseerd, maar het lijkt wel alsof Eus en ik allebei duidelijk het krankzinnige van onze situatie doorhebben en niet kunnen geloven dat we daar de ultieme prijs voor zullen gaan betalen.

Omdat het licht is kunnen we elkaar nu zien. Dat leidt tot voortdurend glimlachen. Daar rijden ze dan. Twee Don Quichotes of Sancho Panza's op hun trouwe Rosinante. Het is zo verschrikkelijk jammer dat we niets kunnen filmen of fotograferen. Wat zouden we hier later om kunnen lachen. En anders onze familie en vrienden wel. We klimmen omhoog en omhoog.

Uiteindelijk bevrijden we ons uit de gevangenis van de jungle en bereiken een open plaats, waar we afstappen om even te rusten. Maar dat blijkt niet de enige reden om te stoppen. Onze mannen kijken doorlopend nogal schichtig omhoog. Alsof ergens gevaar dreigt. Het is inmiddels volop dag en volgens mijn amateurmening lopen we nu inderdaad pas echt behoorlijk in de gaten. Dat gevoel hebben de guerrillero's blijkbaar ook want ze zijn niet op hun gemak. Ineens is er geschreeuw. Paniek.

De commandant rukt ons van het pad richting de begroeiing aan de kant. We moeten dekking zoeken. De manschappen grijpen naar de wapens en laden het wapentuig door. Dat is plotseling erg schrikken. Vooral voor ons. Het zal toch verdomme niet gebeuren dat we, na alle ontberingen, ook nog eens beschoten gaan worden door het leger!

Ik lig op m'n buik en probeer wat rond te gluren. Om eerlijk te zijn zie ik niets verontrustends. Misschien zijn mijn zintuigen niet geschikt voor militaire operaties, maar ik kan met de beste wil van de wereld niet ontdekken waarop onze mannen nu hun wapens hebben gericht. Uiteraard trek ik hun autoriteit op dit gebied niet openlijk in twijfel, maar ik denk er wel het mijne van. Toch is het eng. Die gasten zullen dit niet voor de grap doen. Ergens is gevaar en dat ik het niet zie ligt zonder twijfel aan mij. Mono, die gespannen naast me ligt, begint ineens te zuchten en te kreunen. Ik kijk opzij en zie zijn van afkeer vertrokken gezicht. En daarna het spoor van poep in zijn nek. Het aapje, weggedoken onder zijn kraag, werd de spanning blijkbaar ook te veel. De stoere guerrillastrijder is daar overduidelijk niet blij mee. Ik kan er natuurlijk wel om lachen. Van binnen uiteraard.

Wanneer na een minuut of tien staren in gespannen

stilte de geweren terzijde worden gelegd, vraag ik commandant Heinz om uitleg.

'Drones,' zegt-ie, 'drones. Er zweefden er een paar op grote hoogte over ons heen. En wanneer die drones ons in de gaten krijgen, nou, dan gaat het...'

'...lood regenen,' vul ik aan.

'Inderdaad,' bevestigt de commandant.

Ik vraag maar niet wat de mannen nu precies wilden gaan beschieten. Toch zeker geen mini-heli's die op een kilometer hoogte hangen. Eus en ik kijken elkaar even veelbetekenend aan. Militair strategen zijn wij zeker niet, maar onze soldaten kennelijk ook niet. Ik begrijp er eigenlijk helemaal niks van. Bleven we de afgelopen dagen angstvallig in het duister tijdens onze afschrikwekkende tochten, het lijkt er nu op dat we die in het volle daglicht gaan vervolgen. Nee, haha, dat zal helemaal niet opvallen.

De diepere filosofie erachter ontgaat mij dus, maar dat zal me een rotzorg zijn. En Eus ook. We zitten op ons ezeltje, boven op een berg, en we kijken uit over een dal. Een prachtig vruchtbaar dal. Beneden in de diepte stroomt een brede rivier, de berghellingen om ons heen zijn begroeid met cocaplanten. Er kronkelt een pad naar beneden. Geen geasfalteerde B-weg, maar nog altijd veel beter dan het paadje door de jungle. Onze verkenners huppelen alweer kilometers verderop door het dal en wij maken ons op voor de afdaling.

Eus rijdt voor mij en ik kijk toch wel bewonderend naar de ontspannen, professionele wijze waarop hij de daling het hoofd biedt. Alsof hij dagelijks te paard zit. Bij mij gaat dat anders. Het pad is nogal steil. Mijn ezel zelf heeft daar geen moeite mee, maar ik wel. Bij elke stap die het beestje zet, voel ik hoe erg m'n ribben moeten zijn gehavend. De ezel remt steeds af om het volgende steile bochtje te kunnen nemen en precies op dat moment verrast de pijnscheut me. Ik ben doorlopend aan het kreunen. Ik wil niet, maar ik moet wel. 'Au, au, godsamme, au, shit, au au, Dios mio aaauuuuwwww.' Geen opbeurend geluid, dat geef ik toe. En de vallei is diep, dus we lopen nog wel even.

Ineens brengt de guerrillero die steeds rustig achter me loopt mijn ezel tot stilstand. Vriendelijk kijkt hij me aan. 'Wat is er nu aan de hand, jochie?' Ik leg hem uit van de pijn in mijn ribben. Hij geeft een eenvoudige instructie: 'Ga zo veel mogelijk in de stijgbeugels staan. Stevig duwen. Dan heb je echt minder last van dat gehobbel.'

En verdomd, het werkt. Ik moet er goed aan blijven denken, maar wanneer ik op tijd de voeten schrap zet is de rit een stuk aangenamer. En omdat de ongerepte natuur zo prachtig is, het zonlicht zo warm en de sfeer steeds meer ontspant, ben ik per ongeluk aan het genieten. Het lijk wel een scène uit een film, zoals we erbij lopen. Een lint van guerrillastrijders met twee gevangenen op een ezel. De schat van de Sierra Madre?

Dat brengt me trouwens meteen weer op het nog steeds onopgehelderde mysterie. Wanneer ik vlak achter Eus kom te rijden breng ik het ter sprake. Op wie lijkt onze commandant nou toch? Hoe heet die filmster ook alweer? Was het niet een James Bond?

Na drie kwartier bereiken we het dal. Het was een rustige rit. Nergens is een legerhelikopter te bekennen. Onraad lijkt geheel afwezig. De zon brandt inmiddels fors en dat is vooral vervelend voor Eus. Ik heb in elk geval nog een overhemd met lange mouwen aan, maar hij moet het doen met een T-shirt waarin nek en armen onbarmhartig bestraald worden.

Alsof commandant Heinz voelt wat ik denk komt hij een paar minuten later op de proppen met een paar enorme sombrero's. Van die grote ronde strooien hoeden waaronder in cartoons en films immer Mexicaanse nietsnutten liggen te slapen. Wat een fantastische dingen. Omdat de zon vrijwel recht boven ons staat, zet het wagenwiel op onze koppen het gehele lichaam in de schaduw. Zeer aangenaam. Ook is het nu nog grappiger geworden om ons te zien rijden. Twee gringo's die verzuipen onder hun sombrero op de rug van een balkende ezel. Hou daarbij je lachen maar eens in.

We stoppen uiteindelijk bij een hut vlak langs de rivier. De ezels mogen uitrusten, net als wij. Er staan metalen vaten en plastic containers om ons heen. Op de meeste ervan staan waarschuwingen over de inhoud. Gevaarlijk, giftig, pesticide, rotzooi. Spullen die waarschijnlijk gebruikt worden om de geoogste coca te bewerken tot verhandelbare pasta. Ik weet van dat proces helemaal niets, maar het lijkt me voor de hand te liggen.

De manschappen gaan op de plaats rust en zoeken elk een container om gemakkelijk op te kunnen zitten. Eus en ik doen geroutineerd mee en wanneer je even niet goed oplet zou je haast denken dat we erbij horen. We kijken elkaar eens aan. En verdomd, we kunnen nog lachen. Wat zien we eruit! Van onszelf zien we dat natuurlijk niet, we zijn onze eigen kop al een paar dagen niet tegengekomen in een spiegel of op een selfie.

Nu we in het onbarmhartige daglicht staan is wel duidelijk dat we niet meer dezelfden zijn als een paar dagen geleden. Vies, vet haar, grijs gestoppelde kaken, smerige, gescheurde kleding. De lange broek in de sokken, toilettas en plastic zak met ondergoed aan de broekriem. Naast afstotelijk en deerniswekkend is het ook zeer om te lachen. Tenminste, wanneer je even vergeet dat we nog steeds gevangen zijn, niet weten wat er met ons gaat gebeuren en om ons heen de wapens nog immer op scherp staan. Want nu we even bij kunnen komen is dat wat ons het meeste bezighoudt. Wat nu? Gaan we eeuwig zo door? Ligt er een nieuwe dodenmars in het verschiet? Wordt er over ons lot onderhandeld? En zo ja, gaat het daarbij dan ook om losgeld?

We zijn daarover natuurlijk echt wel ongerust. Wanneer het inderdaad zo is dat er geld voor ons wordt gevraagd, wie gaat dat dan betalen? Of, sterker nog, is er iemand die er alleen al aan dénkt dat mogelijk te gaan betalen? We filosoferen en verzinnen er lustig op los. De Nederlandse regering zegt altijd dat op eisen van losgeld niet wordt ingegaan. De Colombiaanse overheid zal ook geen reclame willen maken voor het betalen van grote bedragen. Misschien dat de KRO ergens nog wat geld naar een bankrekening kan krijgen, maar hoelang zal zo'n procedure wel niet in beslag nemen? Als het al om een bedrag gaat dat de ELN hoog genoeg vindt.

Nee, terwijl we de mogelijkheden uitvoerig bespreken komt er toch weer een beetje maagpijn opzetten. We zitten in een verkeerd schuitje, dat is zeker. Maar gelukkig zitten we er samen in en zijn we niet gescheiden. Want hoe schaars onze conversatie ook is, we hebben toch wel veel aan elkaar. Ik in elk geval veel aan Eus. Woorden zijn niet nodig.

De manschappen hebben dorst, maar geen van hen lijkt naar de naastgelegen boerderij te durven om daar om water te vragen. In die boerderij zijn namelijk een kwartiertje eerder de leidinggevenden van ons peloton verdwenen. Geen idee wat ze daar uitspoken. Normaal worden de collega-strijders nooit zo op afstand gehouden. Dus waarom nu wel?

De lege tonnen die we als stoel gebruiken deuken steeds

verder in onder ons lichaamsgewicht. Echt comfortabel is het niet. Bovendien lijkt de omgeving me ook niet erg goed voor de gezondheid. Het ruikt indringend naar vergif en omdat het zo warm is, komt die lucht nog harder aan. Waar zijn we en wat gaat hier gebeuren? We weten het niet.

Maar de sfeer is ontspannen en ik loop over de keien een stukje richting de rivier. Rustig uitkijkend over de prachtige omgeving hoop ik dat het nu eindelijk eens gaat gebeuren. Ik concentreer me op de onvoorstelbaar blauwe lucht boven mijn hoofd en probeer aan niets te denken. En ja hoor, na een minuut of wat persen kan ik een eerste succes melden. Eíndelijk heeft een behoorlijke straal pies het lichaam verlaten. Ik ben opgelucht, het systeem werkt nog. Het plasje blijft liggen en is goed zichtbaar op de witte rivierstenen. Donkergeel. Te weinig gedronken.

Even later komt een man in burger ons de gebruikelijke maaltijd brengen. Drinkwater halen we uit een slang die ergens uit de bergen naar het land van de boer is afgetakt. De man haalt een koppelstuk los en vult een paar grote kannen. Dan laat hij een geribbelde metalen trog vollopen en gooit er een pak voer in. Voor de ezels.

Ons eten is anders dan anders. Het vlees ontbreekt en is ingeruild voor een klodder stinkend spul. Kots, zou ik zeggen, of op z'n best kattenvoer. We menen er uiteindelijk een soort vis in te ontdekken. Het blijkt te gaan om makreel uit blik. Best lekker eigenlijk. Als je weet wat het is.

Wanneer de borden leeg zijn raak ik in gesprek met Eliseo, een guerrillero van een jaar of twintig. Stevige grote jongen met kort haar en een modern baardje waarmee elke jongeling tegenwoordig ook bij ons rondloopt. Eliseo is bepaald een atypische junglevechter. Hij spreekt goed Spaans en is zeker niet dom of ongeletterd. Hij kent de wereldkaart. We praten over Europa en Eliseo bespreekt Duitsland, Frankrijk en Italië. Hij weet er verbazend veel van en dat blijkt een logische reden te hebben. De jongen ging op zijn dertiende al naar het seminarie in Bucaramanga. Hij moest en zou priester worden.

Ik kijk hem verbaasd aan, wat zit hij me nu op de mouw te spelden? Maar Eliseo is bloedserieus. Een paar van zijn kompanen raken ook geïnteresseerd en even later zitten we met een heel stel te luisteren naar het levensverhaal van onze priester in spé.

Het intellectuele krachtsverschil in de groep blijkt erg groot. Eliseo troeft in parate kennis iedereen gemakkelijk af. Wanneer hij spreekt over de vlakten van de Europese laaglanden en de bergen van de Alpen zie je de verbazing in de ogen van de anderen. Hoe weet hij dat allemaal?

Het mooiste, doceert Eliseo over Europa, zijn de seizoenen in dat deel van de wereld. Wat zou hij graag eens een voorjaar willen meemaken. Dat je uit een koude winter komt waarin alles is gestorven, en dan ineens de wedergeboorte van de natuur mag beleven. Nieuwe groene blaadjes, bloemen, de steeds warmere zon. Ja, leven met de vier seizoenen, het lijkt hem fantastisch. Hij vertelt het zo beeldend dat ik even denk in de maling genomen te worden. Maar ik geloof dat hij het echt meent.

Hoeveel seizoenen hebben wij dan, wil Mono met z'n aapje weten. Het blijken er slechts twee te zijn. Zomer en winter. Welke andere zijn er dan nog meer? De groep begint mee te denken en komt met de toevoeging van *primavera,* het voorjaar, niet verder dan drie. Eliseo wijst ook nog op het bestaan van de herfst, *otoño*. Het seizoen waarin alles sterft en zich opmaakt voor een winterslaap, zo vertelt hij. Het is grappig om te zien dat er wel degelijk interesse is voor zijn praatjes. Al gaat het alleen maar om de seizoenen, de mannen lijken wel trots op hun nieuw verkregen kennis.

Ik ben nieuwsgierig naar de reden dat de slimme priester in opleiding uiteindelijk toch heeft gekozen voor de guerrillabeweging.

Het antwoord is eigenlijk ontluisterend. Eliseo was een voorbeeldige leerling, die een mooie toekomst binnen de kerkgemeenschap voor zich had. Men was zelfs zo tevreden over hem dat hij werd uitverkoren om naar Italië te gaan en daar verder te studeren. Eliseo zag dit helemaal zitten, het zette hem op het juiste spoor naar zijn ultieme doel: paus worden.

We lachen allemaal, maar hij is bloedserieus. Uiteindelijk ging de reis op het laatste moment niet door. Eliseo was net zeventien en er moest door zijn moeder getekend worden voor zijn paspoort. Maar moeder weigerde. Ze zag haar kind liever niet vertrekken naar het verre Europa. Ze was bang dat ze hem nooit meer zou terugzien en zette haar handtekening niet. Eliseo was woedend en teleurgesteld. Een week later verliet hij het seminarie en meldde zich aan bij de ELN. Hij bereikte Italië niet, maar ook zijn moeder zou hem moeten missen. Eliseo kwam nooit meer thuis.

Goed verhaal. Ik vraag hem wat hij eigenlijk vindt van de strijd die hij moet voeren.

Hij haalt zijn schouders op. Maakt hem niet uit, als hij maar ver van huis is.

De mannen zijn moe gekletst, krijg ik de indruk. Ze gaan op een willekeurige plek liggen en de meesten lijken vrijwel meteen in slaap te vallen. Hun wapens houden ze angstvallig tegen de buik gedrukt. Als een geliefde na gedane romantische zaken.

Het lijkt alsof ook bij Eus en mij een soort gelatenheid

intreedt, maar naarmate we langer wachten op de dingen die komen gaan, begint er toch weer wat ongerustheid te kriebelen. We hebben tot nu toe een redelijke ochtend achter de rug, met aanmerkelijk minder ellende dan de voorgaande dagen, maar we zijn nog steeds gevangen. En wie weet heeft men een nieuwe ellendige reis over bergen en door dalen in de planning. Of een andere verrassing. Alles is zo vreselijk ongewis en we hebben er geen enkele greep op. Vooralsnog weten we alleen dat onze vermissing is gemeld op een Colombiaanse nieuwszender. Er zal wel actie ondernomen worden, maar we hebben geen idee welke. Misschien gebeurt alles achter de schermen, langzaam, met veel overleg en gesteggel over de hoogte van het losgeld. Wie weet duurt het nog weken voor we iets te horen krijgen over de stand van zaken. Het is maar goed dat we afleiding hebben, ook al levert dat lichamelijk ongemak op en een doorlopende angst om zomaar het loodje te leggen.

Eus vertelt dat-ie zich eerder die nacht nog behoorlijke zorgen heeft gemaakt. Hij zag mij op een ezel verdwijnen terwijl voor hem nergens een beest te bekennen was. Na een poosje begon hij zich echt af te vragen of ze mij misschien aan het lozen waren. Omdat ik de zaak te veel zou ophouden. Nu lijkt dat een vreemde gedachte, maar waarom eigenlijk? Wie weet wat die lui zich in het hoofd halen.

Tijd om na te denken is niet fijn, want er is niets fijns om over na te denken. Sowieso leidt diep nadenken vaak tot depressies, vermoed ik. Een beetje luchtig aan het leven voorbijgaan is daarom meer mijn stijl. Ik heb het er lang mee volgehouden. Maar hier, tussen de vaten landbouwgif en coca-chemicaliën kan ook ik me er niet aan onttrekken. Ineens zie ik het niet meer zitten.

Bozig trek ik m'n toilettas open en kijk naar de inhoud.

Scheergel, fancy hairwax, aftershave crème, wat een rotzooi. Waarom heb ik nou nergens iets nuttigs? Iets waar je wat aan hebt: een tandenborstel, een scheermes, deodorant! Ik haal de tas leeg en flikker de gehele inhoud in een ton pesticide. Niks voor mij trouwens, het potje haarwax zat nog bijna vol en is erg duur.

'Wat doe je nou?' wil Eus weten.

Licht briesend verklaar ik toch niets aan die rotzooi te hebben en dat we zeker nog weken vastzitten aan die gewapende sloebers. Ik herken mezelf niet echt in dit plotselinge pessimisme en ook de strijders om ons heen kijken even vreemd op van mijn luidruchtige actie. Na een minuut of vijf ben ik weer bij zinnen, maar de toiletspullen hoef ik echt niet meer. Laat de cocaboer daar maar zijn voordeel mee doen.

Inmiddels is er wat reuring ontstaan rond het boerderijtje even verderop. Ik zie hoe onze commandant in een legerwalkie-talkie staat te mompelen en het valt op dat zich plotseling betrekkelijk veel burgers bij de groep lijken te hebben gevoegd.

Het is nu een uur of twee en de zon brandt genadeloos. Wanneer we onder het afdakje vandaan komen om onze ezels te bestijgen treft de warmte ons als een zware mokerslag. Het komt vooral zo hard aan vanwege de verkoelende rivier die een meter of 50 verderop lonkend stroomt. Daar zouden we graag even in zitten. Op zo'n groot rotsblok in het midden waar het heldere water langsspuit. Zo'n steen waarop je heerlijk gaat liggen wanneer je ergens in de Ardèche bent. Af en toe de benen in het lichtgroene water en bakken maar. Zo uitnodigend voelt het hier. Onze guerrillavrienden hebben er vast geen oog voor, maar ik zie zomaar een klein hotelletje met een fijne veranda vlak boven de oever van die heerlijk koele waterstroom.

We zitten inmiddels weer op de ruggen van onze geliefde mula's en kijken van onder de reuzensombrero's belangstellend naar de mooie omgeving. Af en toe spreken we lovende woorden. 'Mooi hè?' Of: 'Prachtig, die rivier.' Nog steeds worden we begeleid door onze groep guerrillero's, maar er zijn ook een paar vreemde types bijgekomen. Mannen uit de streek met sympathie voor de strijd, denk ik. Het zijn allemaal ongeschoren dikzakken met een pistool in de broeksband, ze zien eruit als struikrovers. Ik moet denken aan de vette commandant uit de aloude kinderserie *Zorro*.

Er loopt nu een ongewapende burger voorop. Uit alles begrijp ik dat hij een kenner van de omgeving is die aan de overkant van de rivier op zoek is naar een opening in de dichte jungle aldaar. Vol walging kijken we naar de bergen aan de andere kant van het water. Het lijkt erop dat de begroeiing ons straks weer zal verzwelgen en we ons kunnen opmaken voor een nieuwe beproeving. Onze padvinder heeft moeite de juiste plek te ontdekken, dus lopen we met onze ezeltjes einden door het ondiepe deel van de rivier. Het zorgt weliswaar voor een heerlijke verkoeling, maar we raken wel weer doorweekt door het onberekenbare rivierwater.

Na een half uurtje is het dan eindelijk zover. We komen uit op een helling waarop lange rijen cocaplanten staan. Mooi in het gelid, keurig onderhouden, fris groen. Daar gaan we langs en richting het fucking oerwoud een eind verderop.

Commandant Heinz loopt naast mijn mula. Af en toe krijgt het beest een hengst. Zomaar, uit verveling vermoed ik. Heinz vraagt of ik weet tussen wat voor planten we ons voortbewegen. Ik weet dat wel, maar het lijkt me fijn voor hem als ik het fout zeg. Dus antwoord ik voorzichtig: 'Koffieplanten?'

De commandant schudt zijn hoofd over zoveel domheid. Die gringo toch. Door de jungle rennen kan hij al niet en ook agrarisch stelt hij weinig voor. 'Coca!' schreeuwt hij hard en lachend. '*Cocaïna! Hacha mula!*' En met een stevige tik op z'n kont verdwijnt de ezel met mij op de rug onder het bladerdak van een nieuw stukje jungle.

De pas zit er goed in. Onze manschappen zetten het op een lopen en de ezels passen hun tempo erbij aan. Dat houdt in dat we nóg beter moeten opletten. Takken op ooghoogte zijn er voldoende en moeten ontweken worden. Maar ook op de grond beginnen zich onverwachte gevaren af te tekenen. Het paadje is opnieuw smal, maar de begroeiing erlangs is uitbundig. Veel takken en stronken snijden langs mijn scheenbeen. Die pijn is onvergelijkbaar veel minder dan de marteling die doorlopend tussen mijn ribben plaatsvindt, maar aangenaam is het zeker niet.

De soldaat die met de leidsels van mijn muilezel in zijn hand voor ons uit rent heeft maar weinig oog voor mijn hernieuwde lijden. Tot de mula het echt te bont maakt. Ik kom met mijn knie aan de verkeerde kant van een stevige stronk terecht. De ezel loopt vrolijk door en mijn been dreigt bij de lies te worden losgetrokken als een chicken wing zonder saus. Ik kan er niks aan doen en gil het uit. Ik geloof niet dat ik ooit zo luid heb geschreeuwd.

Eus roept verontrust wat er aan de hand is. Omdat de ezel inmiddels stilstaat en door een wonderbaarlijk ingrijpen van Hogerhand mijn been er nog aan zit, antwoord ik naar waarheid: niks.

Een paar honderd meter verder gebeurt het weer. Pijlsnel probeer ik de ezel tot stoppen te dwingen, maar mijn gesis heeft geen enkel effect. Het beest stiefelt doodleuk verder en de bamboescheut die mijn rechterbeen eraf probeert te rukken breekt gelukkig net op tijd af. Mijn ene voet is uiteraard uit de stijgbeugels geglipt en omdat we redelijk steil naar beneden gaan dreig ik nu van mijn vriend af te vallen. Omdat dit te allen tijde voorkomen dient te worden, om mij heen daalt het meters diep, begin ik een jammerklacht in het Spaans. Het woord *Pare*, stop, is daarin het meest kernachtige.

Mijn leidsman stopt inderdaad, kijkt wat verbaasd achterom en ziet wat er aan de hand is. Ik krijg van hem nu persoonlijk de leidsels in handen en instructies over hoe de ezel tot stoppen te manen. Daarmee wordt de tocht ineens een heel stuk aangenamer. Wanneer er iets misgaat, of als zoiets dreigt te gebeuren, grijp ik meteen in. Losjes trek ik de teugels aan en sis: 'Psst, psst, psst, stop maar jochie.' En verdomd, hij doet het. Ik bedoel zij doet het, want het is een meisjesezel.

Deze nieuwe dimensie in het ezelvervoer bevalt mij wel. Ook wanneer er geen gevaar is, ga ik af en toe over tot de handmatige besturing van het beest. Te pas en te onpas zet ik haar even stil, om daarna met een kort tikje van de hak weer op te trekken.

Commandant Heinz krijgt in de gaten dat ik de tocht niet meer zo serieus neem. Hoofdschuddend komt hij naast me lopen. En daarna achter me. *Hacha mula!* Met een bebladerde tak maant Heinz mijn ezel tot spoed. Het beest schrikt zich een ongeluk en het duurt niet lang of ik zit weer in een beenklem en loop het risico ontmand te worden. Omdat ik nu gelukkig zelf de macht heb over het stuur kan ik nog net op tijd stoppen, maar als het aan de commandant had gelegen had ik met één been verder door het leven gemoeten.

Ook Eus laat af en toe iets van zich horen. Last met de ezel heeft hij niet, maar het voortdurende geprik en gesnij van alles wat ons lichaam kan raken, speelt hem net zo goed parten. Af en toe hoor ik een gil, een krachtterm, een kreun. Met enige regelmaat proberen we elkaar even te bereiken met een schreeuw. 'Gaat het?' En, wonder boven wonder, het gaat nog altijd.

Na een uur of anderhalf rijden we zomaar ineens de jungle weer uit. Er is een redelijk begaanbaar pad bereikt en even verderop staat weer de typische jungleboerderij. Ineens hoor ik iemand op luide en schelle toon voortdurend een bevel schreeuwen. *Vámonos, vámonos, rapido muchacho, ándele, vámonos.* Het krassende geluid lijkt niet van een mens te komen, maar van wat dan wel?

Even later passeren we de dichtbebladerde boom waaruit de kletspraat overduidelijk afkomstig is. In een grote kooi zit een lorre, een papegaai, zich schor te schreeuwen. En zeker niet onverdienstelijk. Net echt. *Vámonos, vámonos, hombre, rápido muchacho, ándele, vámonos.* Heel grappig.

Het is half vier, we stappen af. Ik vraag aan de commandant of hij enige opheldering zou kunnen verschaffen over het programma voor de rest van de dag. Heinz trekt een ernstig gezicht en tuit de lippen.

Dan spreekt Eus ineens het bevrijdende woord: 'Daniel Craig, Daniel Craig!' En verdomd, natuurlijk, nou zie ik het ook duidelijk. Onze commandant lijkt sprekend op de acteur die James Bond de laatste jaren vertolkte. Met dat pruilmondje, die koude ogen en sacherijnige kop. Misschien is dit niet de meest correcte omschrijving van Craig, maar hij past wel het beste bij onze commandant, dus houden we het daar maar op.

Omdat ik denk een wit voetje te kunnen halen door onze man erop te wijzen dat hij op een wereldberoemde acteur lijkt, geef ik hem in mijn beste Spaans dit 'compliment'. Het maakt geen indruk, Daniel Craig kent hij niet en James Bond is in zijn ogen een sophisticated watje. Ook goed, krijg de klere dan maar.

Verder kan Heinz trouwens geen mededelingen doen over de rest van de dag. Hij moet contact proberen te leggen met het hoofdkwartier en dat wil nog niet best lukken.

Samen met de andere mannen worden we naar een barak even verderop gestuurd. Daar ontspant iedereen zich en binnen de kortste keren ligt een aantal van hen weer te snurken. Eus installeert zich met zijn rug tegen een houten wandje, maar ik kan zoiets hards niet meer verdragen. Er staat een verlaten rugzak op de veranda en ik vraag of ik die als steuntje in de rug mag gebruiken. Natuurlijk mag dat, ga lekker zitten, is de reactie. Ik duw mijn gepijnigde rug voorzichtig tegen de binnenkant. Het zit lekker zacht.

Het enige onprettige is de loop van het machinegeweer dat aan de zijkant is vastgebonden. Die prikt af en toe in m'n gezicht. Opvallend genoeg is er niemand die hier ook maar enig risico in ziet. Dat ik met één greep een wapen zou kunnen lostrekken en op hen richten wordt helemaal niet verontrustend gevonden. Moet ik dat nou zien als een compliment? Men vertrouwt mij, aardige jongen, verstandige vent, die zal ons geen kwaad doen. Of men minacht mij, bange aansteller, jungle hinkepoot, durft nog geen mini-pistooltje aan te raken. Ik weet het niet. Sterker nog, wanneer je mij de keuze zou laten tussen beide omschrijvingen zou ik het er ook moeilijk mee hebben.

Maar een feit blijft dat het wapentuig net als de mannen zelf her en der over de veranda verspreid liggen. We kunnen met gemak bij een pistool of een handgranaat. Terloops bespreken we opnieuw die mogelijkheid. En uiteraard hebben we na een halve minuut alweer de conclusie bereikt dat we er niet aan moeten beginnen. Er is geen directe levensbedreigende situatie en de mannen maken ook niet de indruk ons naar het leven te staan. Maar ja, je weet het nooit. De ELN is niet te beroerd om met scherp te schieten en dat hebben ze in vele situaties al bewezen. Wanneer het moet wordt er gedood, daarvan zijn we echt wel overtuigd. Zodra de leiding door het spreekmachientje zegt dat de onderhandelingen nergens toe hebben geleid en de beide gringo's waardeloos blijken, dan is het gedaan met de koopman. Die gedachte hebben we altijd in ons achterhoofd. En mocht het inderdaad zover komen dat we met een smoesje meegenomen worden, zogenaamd voor ons eigen bestwil, en dan een genadeschot krijgen, dan zouden we weleens heel erge spijt kunnen krijgen dat we niet geprobeerd hebben het junglecommando uit te schakelen.

Dan meldt de commandant zich. Niet met nieuws over het vervolg van de dag, maar met de mededeling dat we moeten douchen. Ondergoed wassen en het lichaam reinigen, dat is de opdracht. De zon is al snel aan het dalen en ik betwijfel of we een en ander dan nog wel op tijd droog krijgen. Maar Heinz, Daniel Craig voor intimi, laat geen ruimte voor twijfel. Hup, aan de slag.

Een meter of tien voorbij de hut waar de guerrillero's aan het pitten zijn staat een bouwsel dat dienst doet als douchehok. Ervoor staat een enorme ton water, en binnen op een plankje ligt een belachelijk groot stuk lichtroze zeep. Ik zie erg op tegen de ontkleding. Ik kan door de pijn nauwelijks bij de veters van mijn schoenen komen, Hoe krijg ik m'n sokken uit en moeilijker nog, hoe straks weer aan? De veel te strak zittende broek zal ook wel een probleem worden en alle draaiingen die bij het uittrekken van de bovenkleding komen kijken doen al pijn als ik er alleen al aan denk. Maar goed, het zal gebeuren en ik ga eerst.

Het is inderdaad een regelrechte marteling. Eus biedt vriendschappelijke hulp aan, maar dat is mijn eer te na. Ik sta bij de mannen al niet te boek als overlevingsheld, dus om me nou ook nog eens te gedragen alsof ik in een verzorgingstehuis ben, gaat te ver. Met zo min mogelijk gekreun en in een zo rap mogelijk tempo stroop ik de kleren van het lijf. Wat er tevoorschijn komt is niet best. Het bovenlichaam is beurs en vertoont talloze blauwe plekken. Ter hoogte van mijn bekken zitten drie stevige wonden met dunne korstjes die er blijkbaar steeds weer afschuren, want niets is nog echt aan het helen. Dan zijn er de vrijwel volledig ontvelde schenen, een enkel die een olifant niet zou misstaan en voeten waarvan de tenen nauwelijks nog weten dat ze er ook bij horen. Blauwe plekken, insectenbeten, schrammen en onduidelijke bulten completeren het inmiddels naakte lichaam. Ongelofelijk, wat zie ik eruit.

Ik weet dat de guerrillero bij het douchen altijd de onderbroek aan houdt, maar dat kan me nu even geen reet schelen. Ik heb een droge, schone nep-Calvin Klein onder handbereik en daarmee ga ik niet in het water staan. Mono heeft me zijn badslippers geleend om de voeten makkelijker schoon te houden. Het jochie heeft maat 36 en ik 46 en daardoor kost het nogal wat moeite zowel hak als tenen zandvrij te houden.

Aarzelend grijp ik de plastic bak die in de waterton drijft. Sodemieters, wat is dat koud. Maar ik besef heel goed dat ik me nu niet mag laten kennen. Laat ik dan ten minste een held onder de douche zijn. De hartverzakking die het ijskoude water veroorzaakt pareer ik dan ook vrolijk met luidkeels uit te roepen dat het heerlijk is. En eigenlijk is dat het ook wel. Koud, maar niet onaangenaam. Al wassend ga ik mezelf overigens wel steeds zieliger vinden. Ingezeept in je blote kont besef je eigenlijk pas goed wat voor ellende je hebt doorstaan. Bijna elk stukje van het lijf illustreert die lijdensweg.

Zolang je in de kleren zit kan het nog meevallen. Je ziet niks en ondanks de pijn maak je jezelf wijs dat het lichaam nog maar weinig aan aantrekkelijkheid zal hebben verloren. Bij wijze van spreken. Maar in het douchehokje van de ELN, midden in die godvergeten jungle, is er geen ontkomen aan: ik zie er gruwelijk verminkt uit. Heel anders dan op het strand van Barcelona een paar weken geleden.

Ik kijk naar de wonden en de gaten en de bulten en de enkel en mij overvalt een kort moment van intense treurigheid. Ben ik dit? Ik fleur pas weer een beetje op als ik even later bij het wassen van de onderkleding tevreden kan vaststellen dat mijn buik in omvang is afgenomen. Wanneer ik de adem inhoud, zou je zelfs kunnen spreken van een aarzelend sixpack. Nou ja, vooruit, een twopack dan.

Na een half uurtje zijn we beiden gewassen en verzorgd. Onze kleding hangt te drogen aan het prikkeldraad en de guerrillero's volgen nu één voor één ons voorbeeld. Ik heb er intussen wel spijt van dat ik mijn haarwax die middag in een vlaag van verstandsverbijstering heb weggegooid. Die was me nu mooi van pas gekomen.

Eus heeft ineens een fijne verrassing. Ergens ver weggestopt tussen zijn spullen heeft hij het borsteltje van een elektrische tandenborstel gevonden. Ons gebit heeft inmiddels ook al heel wat voor de kiezen gehad en wat grondig poetswerk zou geen kwaad kunnen. Maar willen wij wel met dezelfde tandenborstel in zee? Samen een glas whiskey leegdrinken is tot daaraan toe, maar de heldere smaak van tandpasta op die ene borstel? Ik weet het niet. Nee natuurlijk weet ik het wel. Gewoon doen, poets maar Eus, ik doe het zo wel. Als je dagelijks de goorste maaltijden naar binnen hengelt zal dat kleine stukje tussen de tanden van de ander vandaan je de kop niet kosten. En bovendien, tussendoor wordt het borsteltje toch gewassen. Onder alle andere omstandigheden zou ik er lang over getwijfeld hebben. Water, melk en bier moeten uit een perfect schoon, dunwandig glas worden gedronken. Het is niet anders. En tandenborstels kunnen alleen gedeeld worden met de eigen kinderen en eventueel met een geliefde in de beginperiode van de relatie.

Intieme zaken delen Eus en ik meestal niet. Ja intieme praatjes, dat dan weer wel. Maar naast elkaar staan piesen of nakende tegenover elkaar in de sauna plaatsnemen, nee, ik heb er geen behoefte aan en ik geloof dat het wederzijds is. Neemt niet weg dat we het er al tientallen jaren goed van afbrengen samen. Niet overdrijven, maar altijd vrienden. Zeker op de momenten die erom vragen. En dit zijn van die momenten.

De tanden zijn gepoetst, we zetten de kaken op elkaar en inspecteren wederzijds het resultaat. Prima.

Om een uur of vijf verkeren we in de situatie die in het ELN-guerrillalied zo mooi is getoonzet. Als ik uitspraak en melodie nog had geweten, was ik meteen van wal gestoken. 'De guerrillero voelt zich het fijnst wanneer hij aan het einde van de dag na het douchen zijn wapens uit elkaar haalt en schoonmaakt.'

Dat zou indruk hebben gemaakt. We zitten dicht bij de drie waarmee we het meeste contact hebben in deze groep. Mono speelt onophoudelijk met zijn aapje, tot vermaak van het hele peloton. Het beestje is razendsnel, ontkomt aan alle graaiende handen en weet en passant ook nog een pakje sigaretten te pikken. De mannen hebben de grootste lol.

Eliseo zit met ontbloot bovenlijf tegen de wand van de schuur en aait over zijn automatische geweer. Ik tel drie geheelde schotwonden. Twee in de buik en één onder de linkeroksel. Ik vraag maar niet naar de verhalen erachter. Zo weinig mogelijk aandacht voor wapens en wonden lijkt me het beste. Ik vind wel dat de moeder van Eliseo de verkeerde keuze heeft gemaakt. Een keuze voor zichzelf en niet voor haar zoon. Die had nu vrolijk over het Sint-Pietersplein in Rome kunnen lopen, op weg naar de paus.

Negro is, de bijnaam zegt het al, een pikzwarte jongen. Ik heb hem nog maar nauwelijks iets horen zeggen, maar het lijkt wel alsof hij steeds overal aanwezig is. Hij huppelt tussen iedereen door. Een beweeglijke druktemaker. Altijd als eerste op pad, altijd ver voor de anderen uit. Maar nu heeft hij een mededeling. En niet zomaar een. 'In Colombia hebben we alleen zomer en winter,' vertelt hij op geleerde toon. 'Maar ergens anders heb je de vier jaargetijden. Zomer, voorjaar, en winter.' Belangstellend wachten we op het vierde jaargetijde, maar dat komt niet.

Eliseo legt het nog een keer uit. 'Winter, voorjaar en zomer, dat zijn er nog maar drie! Samen met ontoño vertegenwoordigen zij de vier jaargetijden.'

'Coño,' lacht Negro, 'had ik het toch bijna goed.'

En weg is-ie, aan de overkant van het pad de struiken in. We horen hem vrolijk zingen.

Door alle afleiding hebben we niet in de gaten dat er behoorlijk wat activiteit is ontstaan bij het boerderijtje aan de weg, iets verder terug. Heinz staat uitvoerig te overleggen met een groepje onduidelijke types. Geen geüniformeerden in elk geval. Een zootje ongeregeld van wie ik weinig heil verwacht. Er wordt in de leger walkie-talkie gesproken, maar daar is geen woord van te verstaan. Een paar minuten later komt de commandant samen met zo'n burgermannetje naar boven, recht op ons af. Nogal streng spreekt hij ons aan en gebaart dat we mee moeten komen. Hij pakt een pistool van een van de manschappen en geeft dat aan de kerel die hem begeleidt.

Dat bevalt me niks. De man in burger ziet er alweer niet uit als iemand die zijn eigen naam kan schrijven. Die domme kop en dat gegeil op zo'n pistool in de broeksband. Ik vind het onprettig.

We lopen voorbij het douchehok. Een meter of vijftig verderop staat een veel grotere schuur. Ik kijk Eus aan. Kijk ik bezorgd? Ik weet het niet. Maar in mijn hoofd zit alweer een angstig scenario. Heeft Heinz te horen gekregen dat-ie ons moet dumpen? En besluit hij dat te laten opknappen door de domste van het stelletje dwepers om hem heen? Het uilskuikentje met zijn geleende pistool? Het kan maar zo. Ik deel deze ongerustheid niet met Eus. Maar ik merk dat ook hij het vreemd vindt. We worden vrijwel nooit apart gezet, waarom krijgen we dan nu dit?

Ver in m'n achterhoofd bedenk ik een plan. Om in te grijpen wanneer er inderdaad iets rampzaligs gebeurt. Om op de een of andere manier de klungel het pistool te ontfutselen. Om met opgeheven hoofd het Nirvana te kunnen betreden, om het zo maar eens uit te drukken. De jongens hebben het niet overleefd, vertelt men later, maar ze hebben in elk geval gevochten voor wat ze waard zijn.

Er staat een bankje voor de grote schuur en daarop moeten wij gaan zitten. De commandant legt Goofy uit hoe een pistool werkt, knikt hem vriendelijk toe en vertrekt. Godsamme, wat krijgen we nou? En voor Heinz buiten gehoorafstand is, roep ik: '*Que pasa?*' Wat is er aan de hand? Het antwoord is simpel: '*Nada.*' Niets.

De nieuwbakken pistoolheld staat een meter of tien bij ons vandaan. Hij lijkt niet erg op zijn gemak. Zoals een verliefde jongen aan zijn boeketje bloemen prutst voor de deur van zijn verloofde, zo ongemakkelijk staan hij en zijn wapen er ook bij. Het pistool gaat van de ene hand naar de andere en het hoofd blijft gebogen richting aarde. Staat-ie nou te wachten tot-ie gaat schieten? Of weet hij zich geen houding te geven, net als die jongen voor de deur van zijn meisje? Ik neig steeds meer naar het laatste. Voorzichtig vraag ik hoe het hem gaat.

'*Bien,*' zegt hij vriendelijk en met een grote glimlach.

Ik geloof toch niet dat hij kwaad in de zin heeft.

Even later kunnen inderdaad alle zorgen weer in de plunjezak. Commandant Heinz komt naar boven gelopen met twee borden eten. Negro serveert de koffie.

Natuurlijk, het is een opluchting. Weer verhalen in het hoofd gehaald die kant noch wal raken. Ik begin me zo langzamerhand af te vragen of ik zelf ook niet te veel verkeerde films heb gezien. Films waarin, om wille van de spanning, steeds gebeurt wat niet voor de hand ligt. Een vrolijk muziekje, de hoofdpersoon heeft net opgewekt het appartement van zijn nieuwe vriendin verlaten, er is niets aan de hand. En dan ineens stopt een busje met Oekraïners, die hem naar binnen slepen en meteen maar even een pink afhakken. Die dingen gebeuren nu eenmaal niet. Dat is alleen maar voor films. Het leven is over het algemeen saai en betrekkelijk veilig. Zelfs in handen van de ELN zijn gruwelijke verrassingen geen dagelijkse kost. Gelukkig maar.

De maaltijd gaat vlot naar binnen, we hadden honger. Opnieuw lag er iets visachtigs op het bord. Waarschijnlijk hetzelfde als vanmiddag. Opgewarmde makreel. Het smaakte best, maar stonk walgelijk. Een toetje is er zoals altijd niet, dus zodra de laatste lepel is schoongelikt gebaart commandant Heinz, alias James Bond, dat we onze half droge kleding moeten inpakken omdat we gaan vertrekken. Waarheen is vooralsnog onduidelijk. Ik vraag het, maar krijg geen antwoord.

Om een uur of zes beginnen we te lopen. Het brede pad af over een licht glooiende helling. Goed te doen. Al na een minuut of tien arriveren we op iets dat je zou kunnen omschrijven als een ontmoetingsplaats. Er staat een autootje, er zwerven wat vage types rond, iedereen rookt. Een typische ELN get-together plek. Een betrekkelijk nette man in burger spreekt ons toe en legt uit wat er gaat gebeuren. Zo dadelijk stappen we in het autootje en dan zullen we verderop worden overgedragen aan anderen. Lekker duidelijk.

Eén ding wordt ons op het hart gedrukt: hou de sombrero onder alle omstandigheden op het hoofd. De enorme hoed zorgt ervoor dat we nergens worden herkend en niemand alarm kan slaan.

Nou vooruit dan maar. Het zal een bizarre vertoning worden, maar het lijkt erop dat we de jungle gaan verlaten voor een nieuwe episode in ons ontvoeringsavontuur. Ik hoop vurig dat het ons dichter bij de bevrijding brengt.

Een kwartiertje later zijn we op pad. Op de achterbank in de kleine jeep, met voorin een gewapende gast en in de achterbak nog wat pistolero's. De weg is waardeloos en door het schudden van het karretje lijkt het wel alsof mijn ribben in stukken door de torso rammelen. Gelukkig komen we al vrij snel op een redelijk begaanbare weg. Blijkbaar zaten we niet zo ver van de bewoonde wereld. Af en toe passeren we piepkleine dorpjes en vanuit m'n ooghoeken zie ik regelmatig mensen gezellig voor hun huisjes zitten. Onze begeleiders zijn bepaald geen helden van de Spaanse taal, dus op mijn vraag waar we naartoe gaan geven zij een onverstaanbaar antwoord. We laten het maar zo. Duidelijk is wel dat we onderweg zijn naar iets nieuws en dat waardeer ik als positief.

Gelukkig weet ik op dat moment niet wat er nog komen gaat.

Na een half uurtje stoppen we op een verlaten stukje aan de kant van de weg. Er is in de verste verte geen beschaving te ontdekken. De laatste kilometer legden we af over zo'n kiezelpad waarop grotere en kleinere stenen het doorrijden onmogelijk maken. De weg kronkelt om wat bescheiden bergjes. Vanuit het niets verschijnen er een paar motoren. Een stuk of drie, geloof ik. We worden gemaand uit de auto te stappen en ik krijg de indruk dat we per Honda 125 cc verder zullen gaan naar onze bestemming.

De mannen bij wie we achterop stappen spreken geen woord tegen ons. De heren smoezen nog wel even met de kerels in de auto en dan gaan we ervandoor. En niet zomaar een beetje. De gierende motoren rijden alsof de duvel ze op de hielen zit. De weg stijgt onbarmhartig en gaat nog veel sneller naar beneden. De kiezelweg slingert langs forse afgronden en doorklieft regelmatig bergbeken en kleine rivieren. Nou zou je kunnen veronderstellen dat achter op een lichte motor zitten wel goed te doen is. Je neemt plaats op de buddyseat, zet de voeten op de steuntjes en glijdt als een bejaarde nozem door het bergachtige landschap. Lekker relaxed.

Maar zo vergaat het ons helemaal niet. De rit is een totale nachtmerrie. Allereerst zijn de motoren bedoeld voor Colombianen, mensen van gemiddeld nogal klein formaat. Wij zijn beiden rond de 1 meter 90. Dat wil zeggen dat de voetsteuntjes aan weerszijden van de duivelse machines veel te hoog zijn bevestigd. Om een beetje grip te krijgen moeten de benen derhalve zo vreemd worden gebogen dat kramp in de heupen een doorlopend lijden veroorzaakt.

En dat is niet alles. Om in evenwicht te blijven dient men zo dicht mogelijk tegen de bestuurder aan te kruipen en het rekje achter als houvast te gebruiken. Dit gecombineerd met de te hoog opgetrokken benen leidt tot een houding die geen mens lang volhoudt. En we rijden niet over een gewone weg hè? We verplaatsen ons met een bloedgang over een haast onbegaanbaar traject. De achterwielen van onze lichte motortjes zwalken door de brij van grote en kleine kiezels.

Het gegier van de machines is gekmakend en de onverwachte hindernissen zijn levensgevaarlijk. Stel je het traject van een BMX-race voor, of het WK veldrijden. En dan honderd keer zo bergachtig en duizend keer zo verraderlijk. Tot overmaat van ramp heeft mijn motor geen verlichting. Het enige wat wij zien van de weg is wat beschenen wordt door de motor van Eus, achter ons. Daardoor rijden we nogal vaak eng dicht langs de uiterste randen van een steile afgrond.

Dit valt de derde motor met gewapende begeleiders ook op. Na verloop van tijd komt die naast ons rijden en de bijrijder vraagt waarom we geen licht voeren. ‘De accu is stuk,’ zegt mijn chauffeur. ‘Gelul,’ hoor ik vanaf de andere motor, ‘zet het licht eens aan.’ En ja hoor, mijn motormuis heeft het schakelaartje nog niet omgedraaid of er schijnt een mooie straal helder wit licht uit de ronde koplamp. Stompzinnig lachend raast hij verder. Wat een eikel.

We passeren niet veel beschaving, maar als we een keer door een klein dorpje rijden schiet me ineens de verplichte sombrero te binnen. Ik heb hem nog op, maar door de snelheid heeft hij regelmatig de neiging van het hoofd te glippen. Door er mijn hand op te leggen kan ik dat voorkomen, maar dat is niet zonder gevaar. Een hand op de sombrero betekent een hand niet aan de motor. Op het verkeerde moment de verkeerde beslissing nemen kon weleens heel slecht aflopen. Twee keer verlies ik de sombrero. Ik durf het rekje achter me gewoon niet los te laten. Zuchtend stopt mijn chauffeur om de hoed een kleine honderd meter terug weer op te rapen. Hij doet voor hoe ik het ding op m'n hoofd moet drukken. 'Ja mafkees, als jij nu eens een beetje rustiger rijdt,' zou ik willen zeggen. Maar we kennen elkaar nog niet zo lang en zulke vrijpostigheden hou ik dan liever voor me.

Het is een helletocht, eerlijk waar. Na een half uurtje krijg ik de gevreesde kramp in mijn heupgewricht. Een dood gevoel aan beide kanten. Ik heb daardoor eigenlijk geen controle meer over m'n benen. En pijn dat het doet, pijn! Ik voel me als volwassene in een maxi-cosi terwijl ik krampachtig probeer mijn voeten op het plankje te houden. Nee, dat past natuurlijk niet. Net zoals mijn gehele lichaam niet op deze klote motor past.

Na verloop van tijd komt er nog een andere attractie bij. We scheuren met enige regelmaat door riviertjes. Ook dat is een beproeving. De motor schiet eerst naar beneden omdat de rivierbedding nu eenmaal lager ligt, en dan spuiten we het water uit, steil omhoog omdat de oever nu eenmaal sterk oploopt. Op het moment dat de motor de scherpe weg omhoog inzet hang je als het ware achter aan de motor. De wet van de zwaartekracht trekt je uit alle macht de verkeerde kant op en de vermoeide armen proberen extra druk te zetten op het chromen achterrekje. Beide benen die steeds krampachtiger op de stapjes worden gedrukt zijn nu met geen mogelijkheid meer in bedwang te houden.

Het is een godswonder dat ik niet bij de diepste rivieren van het ding pletter. Met mijn gehavende ribbenkast zou het waarschijnlijk ook echt de laatste keer worden dat ik val. Ik kan me niet voorstellen dat ik daar nog meer schade aan kan hebben.

Het aantal rivieren dat we doorklieven is niet te tellen en de momenten waarop ik denk dat het nu echt misgaat ook niet. Ik ben diep ongelukkig en kan wel janken. Echt. De pijn in m'n heupen, de angst om van de motor af te vallen en de moeite die ik moet doen om die achterlijke sombrero op m'n kop te houden. *It drives me insane.*

De aandacht voor de camouflagehoed laat ik als eerste varen. Welke idioot bedenkt dit nu eigenlijk? Midden in de nacht met een sombrero achter op een voorbijscheurende motor om maar niet op te vallen. Geweldig plan! Iedereen die ons ziet krabt zich uiteraard op het hoofd en vraagt zich af wie het in zijn hoofd haalt om na zonsondergang nog een mega-sombrero op te zetten. *Ja, er kwamen er twee voorbij. Oh, zouden dat misschien die ontvoerde twee zijn? Nu je het zegt, zou best kunnen. Politie bellen?* Het is volkomen bespottelijk.

Goed beschouwd eigenlijk net zoals het de afgelopen week al vaker was. Ik zal het wel mis hebben, maar op mij komt dat hele gewapende conflict hier eigenlijk over als een soort bezigheidstherapie. De slimsten zijn het niet, die junglejongens, maar ze luisteren wel en geloven alles wat de leiding zegt. Verheffen van de arme boeren, *my ass.* Er moet coca vervoerd worden en daar kunnen de gewapende junglemannetjes fijn bij helpen. Van de boer naar de pastafabriek en dan richting de grootafnemers. Begeleid door Sjors en de rebellenclub. Als dank krijgen de woudlopers een gedeukte handgranaat en een nieuw jasje. Het oppercommando steekt de cocamiljoenen in de zak; niet verder vertellen. Zoiets denk ik.

Overigens zal bij het officiële leger wel hetzelfde gebeuren. Graaien heeft nu eenmaal een enorme aantrekkingskracht. Dit bedenk ik uiteraard niet achter op die motor. Daar zit ik alleen maar te huilen en te bidden. Of het snel afgelopen mag zijn, en lieve God, dat we het overleven.

Na een marteling van maar liefst twee verschrikkelijke uren komen we eindelijk tot stilstand. We stappen af en vallen meteen om. Volkomen uitgeput. Ik dacht dat alleen ik er last van had, maar ook Eus kan geen pap meer zeggen. We blijken het allebei op dezelfde manier te hebben ondergaan. Een kijkje achter de poorten van de hel, beter is het haast niet te omschrijven.

Zodra we min of meer bekomen zijn van onze doodsstrijd zien we de gepantserde witte Ford F 150 staan. Dat moet de auto zijn van een hooggeplaatste. Even komt de hoop op dat we zullen worden overgedragen aan een leidinggevende die ons onverwijld op vrije voeten zal stellen. We worden uitgenodigd achterin in te stappen en de ontwikkelingen af te wachten.

Rondom de pick-up staan wat ELN-gasten te roken en met elkaar te overleggen. Ik herken nu toch een opvallende hiërarchie. De mannen rondom ons roken uiteraard allemaal. Maar niet het allergoedkoopste merk sigaretten. Deze jongens roken Marlboro. De goedkope Colombiaanse nepvariant, maar toch. De jungleboys van commandant Heinz rookten het merk Belmont, een alom door de Colombiaanse werkende klasse genuttigd kankerstokje. En de vriendelijke jongens uit de eerste groep deden zich tegoed aan het spotgoedkope merk Empire. American blend staat er op de pakjes, maar voor de twee kwartjes die het kost mag je niet veel verwachten. De echte hooggeplaatsten zullen wel alleen Havana-sigaren roken. Of juist helemaal niets, ook modern.

Het wachten is saai maar wordt verlevendigd door het wanhopige speuren naar vermeende drones van het leger. Met z'n allen ontdekken ze er heel wat. Wanneer wij ons hoofd uit de raampjes steken wijst iedereen een andere kant op en het zal dan ook geen verrassing zijn dat wij helemaal niets ontdekken.

'Ze zullen toch niet in de war zijn met passerende satellieten?' vraagt Eus zich af.

'Nou, ze zijn er slim genoeg voor,' stel ik vast.

Even voor de duidelijkheid: ik heb van mijn eigen slimheid ook echt geen hoge pet op, maar wie tegen een uitspansel van triljarden sterren met droge ogen durft te beweren dat hij het minuscule stipje van een drone kan ontwaren, steekt mij qua astrologische onkunde echt naar de kroon. Dat dat even duidelijk is.

De tijd verstrijkt, het loopt tegen een uur of half elf wanneer het portier aan mijn kant wordt opengetrokken. Daar is-ie dan. In eerste instantie zie ik helemaal niet wie het is. Gestoken in een soort jagersoutfit met rubberlaarzen valt onze commandant Mateo niet meteen serieus te nemen. Maar wanneer de binnenverlichting van de Ford zijn vollemaansgezicht beschijnt, herken ik hem meteen.

Vrolijk lachend stelt Mateo zijn openingsvraag: 'Hoe gaat het ermee?'

Onder alle andere omstandigheden zou een kopstoot nu

op zijn plaats zijn, maar gezien onze positie besluit ik maar meteen in te binden.

'Hij wil weten hoe het met ons gaat,' zeg ik tegen Eus.

'Wat denkt-ie zelf?' vraagt Eus zich af.

'*Que piensa usted, Mateo,*' antwoord ik daarom zo vals mogelijk. Ik leg uit hoe geradbraakt we zijn en besef nu ook ineens waarom we van onze laatste commandant per sé moesten badderen en kleding verschonen. Om er een beetje proper uit te zien natuurlijk. Alsof we netjes behandeld waren en de jungletocht eigenlijk een vakantie-uitstapje was geweest. Maar goed, wat kan mij het schelen. Ik wil weten wat er nu staat te gebeuren. Worden we eindelijk vrijgelaten?

Somber schudt Mateo het hoofd en zegt dat een vrijlating er echt nog niet in zit. Om meteen weer een glimlach tevoorschijn te toveren bij de mededeling dat we een nieuwe fase van onze voorlopige hechtenis in zullen gaan. Want echt, er worden vorderingen gemaakt hoor.

Mateo heeft nu blijkbaar ook door dat we niet zomaar Jan Lul uit de biertent zijn, maar bekende Nederlanders. Daar lijkt-ie zelfs uitgesproken trots op. Fijn dat juist wij zijn gevangenen zijn. En we hoeven zeker niet te wanhopen, het komt allemaal goed, er is geen vuiltje aan de lucht.

Of we dan niet meteen kunnen gaan, stel ik voor.

Maar dat kan dan weer niet. Want hoe dan ook, het protocol moet op een juiste manier worden afgewerkt. En dat betekent dat we nu zullen worden overgeplaatst naar een safehouse. Een woning ergens in een anoniem dorpje bij een anoniem gezin.

Ik kijk naar Eus en tegelijk zuchten we diep. Tuurlijk, dit kan er ook nog wel bij. Bespottelijk detail is overigens dat we beiden nog steeds die hoed op hebben. Ik vraag commandant Mateo of dat stomme ding nu eindelijk eens af mag, maar tot mijn verbijstering vindt hij het nog steeds beter dat we hem ophouden. Als camouflage.

Ik word gek. We zitten in een geblindeerde auto! Niemand kan ons zien zitten door de donkere raampjes!

Het was een lange vermoeiende dag en dat is slecht voor het humeur. Ik zou zo graag schamper lachend in het Spaans de vloer met Mateo en zijn slappe gelul aanvegen, maar de woorden willen niet komen en de ogen willen eigenlijk alleen maar dicht. Ik kijk naar buiten en zie de vrolijke bewoonde wereld aan ons voorbijtrekken. We rijden over een betrekkelijk goede weg. Soms asfalt, soms stevige aarde. Het lijkt erop dat we rechts uitzicht hebben op een berghelling aan de overkant van een dal. Daarop zien we zelfs iets wat op vrachtverkeer lijkt. Beschaving, stellen we opnieuw tevreden vast. De dorpjes rijgen zich aaneen, mensen zitten voor huisjes te kletsen, winkeltjes doen nog net even goede zaken. Namen komen voorbij. Café Doña Luisa, Ferretería el Universal, supermercado Trinidad. En overal het groenige tl-licht dat er zo mooi uitziet wanneer je het filmt. Wat we al zo vaak in alle vrijheid hebben gedaan. Waarmee we niemand ooit kwaad deden.

Het zal nog wel even duren voor we weer aan de slag kunnen. Eerst naar de *casa segura,* ons safehouse.

Om een uur of elf die avond stoppen we aan het einde van een klein dorpje. We zijn de bebouwing voorbij en er is niets anders te zien dan wat paden die vanaf de weg de bergen in gaan. Even ben ik bang dat we weer een gruwelijke wandeling voor de boeg hebben. Maar het valt mee. Volgens Mateo is het nog maar een paar minuten lopen. Wanneer we naast de auto staan in ons verlopen kloffie kijkt de goedlachse commandant ineens toch een beetje bezorgd.

Vooral de bemodderde gympies trekken zijn aandacht. ‘Zijn jullie daarop door de jungle gegaan? Heeft niemand andere schoenen aangeboden?’

Ik leg uit dat dat wel is gebeurd, maar helaas in een te kleine maat. En dat we toen dus op onze eigen onbetrouwbare stappers door de moordende bush zijn gegleden. Heel even meen ik wat medeleven te bespeuren bij de man die er blijkbaar vanuit was gegaan dat ook wij in een jungle-outfit waren gehesen, maar al snel lacht hij weer en stelt voor met onze oppasfamilie kennis te gaan maken.

Nou, vooruit dan maar. Hoe het komt weet ik niet, maar zowel Eus als ik hebben moeite overeind te blijven. Het glibberige paadje dat naar een slecht verlicht huisje voert is steil en verraderlijk. Als invaliden worden we op de been gehouden door de ons omringende strijdkrachten. Tot mijn grote tevredenheid struikelt Mateo halverwege over een grote kei. Hij gaat nog net niet onderuit, maar een pijnlijke teen houdt hij er zeker aan over.

Het is een vreemde entree bij de familie die ons in de woonkamer staat op te wachten. Drie mannen en een vrouw kijken ons nieuwsgierig aan. Aarzelend worden handen geschud en namen uitgewisseld. Commandant Mateo neemt ons apart en legt uit. We zullen de komende dagen doorbrengen in dit huisje. Hoelang precies weet hij niet, maar toch zeker tot het einde van de week. Twee of drie nachten dus. We zijn te gast bij een gewoon gezin in een klein dorpje. Dit gezin loopt grote risico’s met ons in huis. Wanneer ze door dorpsbewoners verlinkt worden en die het leger waarschuwen is er onmiddellijk levensgevaar. Voor de bewoners, maar ook voor ons. Mateo benadrukt dat de strijdkrachten zullen schieten op alles dat beweegt. Ook op gringo’s. Het is maar dat we het weten.

De twee jongens die ons de komende tijd in de gaten zullen houden zijn goed herkenbaar aan het pistool in de broeksband. Snuf en Snuitje noem ik ze voor het gemak, want hun echte namen ben ik allang weer kwijt. Om de risico's op moord en doodslag te verkleinen moeten we goed luisteren naar onze bewakers en meteen doen wat zij zeggen. We mogen overdag in de woonkamer zitten en televisie kijken. Wanneer de kust als veilig wordt beoordeeld kunnen we misschien even naar buiten. In elk geval voor wc-bezoek en een douche. Bij onraad moeten we snel verdwijnen naar onze slaapkamer en niet met elkaar spreken. Onze vreemde taal zal zondermeer argwaan wekken.

'Het komt wel goed,' besluit Mateo, 'ik zie jullie waarschijnlijk over een paar dagen weer.' Hij maakt aanstalten meteen te vertrekken, maar ik wil graag weten hoe het staat met de onderhandelingen over onze vrijlating.

Het antwoord viel te verwachten, Mateo weet daar niets van. Dat is iets voor de hoge leiding. Voor de grote commandanten. Maar dat er gesproken wordt kan hij wel bevestigen.

'Over losgeld?' wil ik weten.

Mateo zucht diep. Dat hij bij onze vorige ontmoeting een bedrag van 5 miljoen euro noemde was natuurlijk een grapje. Over de hoogte van een eventuele vergoeding weet hij niks.

'Lopen we nog kans gedood te worden?' vraag ik ook nog even voor de zekerheid.

Daarover kan onze commandant duidelijk zijn. Niet door de ELN. Levensgevaar is er pas wanneer het leger ons weet te ontdekken.

'Dus we overleven dit?' wil ik nog eens bevestigd hebben. Ik hou nu eenmaal van bindende afspraken.

De kleine commandant stapt richting de voordeur. 'Dat hangt ervan af of jullie je goed gedragen. Voorzichtig zijn.' En na nog wat onverstaanbaar gefluister met Snuf gaat Mateo ervandoor, in z'n rubberlaarzen. Wat een mannetje.

Het lijkt wel alsof we in een toneelstuk zitten dat al vaker is opgevoerd. Het script is steeds hetzelfde, alleen is er verschil in de inspanningen die de gevangenen moeten verrichten. Wij hebben het de afgelopen dagen in elk geval behoorlijk voor onze kiezen gehad en zijn blij dat we nu een poosje op dezelfde plaats zullen kunnen verblijven.

Omdat ik de namen van onze huisgenoten allang weer kwijt ben, begin ik aan een nieuwe kennismaking. Onze bewakers stellen zich bereidwillig opnieuw voor. De jongste zegt dat-ie Jimmy heet en de ander noemt zich Felipe. Ik heb geen idee of het hun echte namen zijn. Het lijken twee totaal verschillende jongens. Jimmy heeft een wat sullige uitstraling. Wanneer hij serieus kijkt zou men zelfs van dommig kunnen spreken. Ik schat lagere school, niet afgemaakt. Gelukkig lacht hij vrijwel voortdurend en dan valt het wel mee. Dat lachen vertrouw ik eigenlijk ook niet helemaal, want zeg nou zelf, wat valt er eigenlijk te lachen. Dat kan hooguit de voorpret zijn op het pesten van de gevangenen.

Zijn kompaan Felipe daarentegen is een knappe gast. Modern gecoiffeerd met keurig geborstelde zwarte manen en een baardje van drie dagen dat zorgvuldig lijkt te worden bijgehouden. Felipe maakt een joviale indruk, geen zeurpiet. 'We gaan er wat van maken, geen zorgen,' zegt hij geruststellend. 'Koffie?'

Even later worden we voorgesteld aan onze slaapkamer. Felipe zwaait een slecht sluitende deur open en wijst op het tweepersoonsbed. Een houten verhoging met daarop een smerig matras. Ernaast, op de grond, ligt een nog veel vuiler stuk slaapcomfort. Volgens Eus kunnen we het beste beide matrassen op de houten planken leggen om ons daarop vervolgens te ruste te leggen. Maar ik vertrouw dat matras op de grond helemaal niet. Zit zonder twijfel vol ongedierte, opgedroogde pis en gemorst afvalwater. Bah. No way dat we die op ons bed leggen.

Ik ben erg overtuigend, geloof ik, want Eus gaat meteen akkoord. Dat kan ook komen door de verschijning van onze andere kamergenoten. Een paar kakkerlakken, formaat huismus melden zich. Grote zwarte glanzende vleugels kruipen over de vloer in de naden langs de muren. Licht huiverend kijken we toe.

Felipe moet erom lachen. Ach, *cucarachas*, de normaalste zaak van de wereld. Ik realiseer me dat we niet meer in de ongerepte jungle zijn. Daar heb ik de afgelopen dagen geen enkel smerig kruipbeest gezien. Hier, in de beschaving of wat daarvoor doorgaat, is het natuurlijk anders. Hier regeert de mens. En dat betekent zwerfvuil, etensresten her en der, onverteerbaar plastic overal en een algemene troep van jewelste. Blijkbaar voelt het ongedierte zich daar, net als de mens, fijn en op z'n gemak. Opnieuw overvalt mij de wens een lekker sigaretje op te steken. Vroeger werkte dat buitengewoon geruststellend. Een sigaretje en een glas rum. En dan nog een paar. En vervolgens zorgeloos slapen. Maar zorgeloos zijn we allerminst en op vakantie evenmin.

Ook de dame en heer des huizes komen nog even poolshoogte nemen. De man stelt zich opnieuw voor. Hij heet Ernesto. Wat leuk, zeg ik, dat is ook de tweede naam van Eus, Ernest. Ik hoop dat wij met deze mededeling meteen een kameraadschappelijke band ontwikkelen, maar de man heeft duidelijk geen idee wat ik tegen hem zeg. Aardig is hij wel. En zijn vrouw Esmeralda ook. Omdat ik nog een grap weet met de naam Esmeralda schiet ik meteen in de lach wanneer zij zich voorstelt. Niet echt sympathiek van mij. En ik kan de grap ook niet vertalen want ik ken de benodigde woorden daarvoor niet in het Spaans.

Het betreft een opmerking van een oud-collega van lang geleden. We spraken over modieuze kindernamen. De redacteur vertelde dat hij kort daarvoor op het treinstation van Den Haag een volkse moeder haar kind had horen toespreken. Blijkbaar was er onmin tussen beiden, want moeder riep tegen haar zesjarige dochter: 'Esmeralda, houd je vuile pleurismuil.' Destijds moesten wij daar erg om lachen en in de veertig jaar die volgden heeft elke Esmeralda die zich bij mij introduceerde een onverklaarbaar vrolijke glimlach op mijn gezicht getoverd.

Ik trek mijn broek uit. Dat is misschien niet zo netjes ten overstaan van een vreemde vrouw, maar de gehavende toestand waarin mijn onderstel zich bevindt verdrijft elke gedachte aan wat dan ook. Wanneer ik een sok verwijder komt mijn enkel tevoorschijn. Het toekijkende publiek reageert alsof er iets vreselijk is misgegaan bij een acrobatenact in het circus. 'OHHHH, AHHHH, OEHHHH, dat ziet er niet best uit.'

Ik zie het zelf ook, het is vreselijk. Een vormeloze verbinding tussen voet en been waarin op geen enkele manier een enkel valt te ontdekken. Een klein voetballetje vocht, dat is het. Binnenin zal nog wel iets met elkaar verbonden zijn, maar van buiten gezien vrees ik het ergste. Aan de andere kant kan ik er nog wel min of meer op lopen, dus helemaal stuk is het niet. Dat was-ie destijds wel op de avond dat ik hem brak. Ik stond met mijn voet vast tussen twee fietsenrekken en viel om na een verkeerde beweging. Ik kon me nergens aan vastgrijpen en maakte een zwaai van 90 graden, tijdens welke ik de enkel duidelijk hoorde versplinteren. Daar lag ik dan. In Amsterdam, op straat, geveld naast mijn fiets. Ik vroeg een naderende jongen om hulp, hij verstond mij prima, maar beperkte zich tot een korte observatie en vervolgens greep hij vol overtuiging mijn stalen ros en ging ervandoor. Hij wist zeker dat ik hem nooit zou kunnen achtervolgen. Ja, je maakt wat mee, zelfs in eigen land.

Die enkel dus. Ik vraag Esmeralda of zij misschien een rekverband voor me heeft. Iets waarmee ik de zwelling kan beteugelen. Ernesto wordt op pad gestuurd om te zoeken en even later komt hij terug met een stukje gaas dat ooit wit was. Inderdaad, een rekverband, ik kan dat niet ontkennen. Ik vraag me af hoeveel wonden er al mee behandeld zijn in de loop der jaren. Het is uitermate smerig en zit vol roestbruine vlekken. Bloed? Maar dit is geen moment voor kieskeurigheid, dus ga ik ermee aan de slag. Een paar minuten later is de enge enkel aan het gezicht onttrokken door het vieze verband. Niet te strak uiteraard, dat leidt maar tot trombose.

Wanneer de voorstelling voorbij is laat men ons achter in de slaapkamer. Tijd om eens goed rond te kijken. Het is een behoorlijk grote ruimte, zo'n drie bij vijf meter. De vloer is van grijs beton en de buitenmuren lijken mij opgetrokken uit leem, stro en stucwerk. Naast de deur die grenst aan de woonkamer is er nog een uitgang. Maar deze openslaande deuren zijn zorgvuldig gebarricadeerd met stevige ijzeren stangen die niet zomaar los te krijgen zijn. Daaruit zullen we dus niet kunnen ontsnappen. Er is een poging gedaan een en ander een vrolijk kleurtje te geven, maar dat is slechts ten dele gelukt. De muren zijn ooit groen geweest. Pastelgroen. Waterige verf is met wilde streken en zeer onregelmatig aangebracht. Bepaald geen vakwerk. Als ik niet zo'n pijn in de ribben had zou ik het morgen met plezier bijwerken. Vanaf tweeënhalve meter hoogte is de ruimte open, nog weer een meter daarboven is het zinkplaten dak aangebracht. De constructie is eenvoudig, maar ziet er degelijk uit.

We besluiten te gaan slapen en nemen automatisch onze vaste plaats in. Ik links, bijna tegen de muur, en Eus rechts, met naast zich een zee van ruimte. Ineens realiseer ik me mijn hopeloze positie als het op een vuurgevecht met het leger zou aankomen. Eus kan zo uit bed rollen en op de grond de kogels proberen te ontwijken, maar ik blijf zonder twijfel vastzitten tussen muur en bed op een halve meter boven de vloer. Dat wil ik nog snel even repareren. We schuiven het bed een halve meter naar rechts. Een grote cucarachafamilie schiet ervandoor.

Na een uurtje slapen word ik wakker van de pijn. Voorzichtig ga ik met mijn hand de ribben langs, bang dat ik breuken of andere onregelmatigheden zal voelen, maar ik voel niets anders dan die pijn. Overal heel erg en op sommige plekken nog veel erger. Eus slaapt en snurkt beschaafd. In de belendende woonkamer doen Jimmy en Felipe hetzelfde. Waaraan zal ik eens gaan denken? Aan thuis? Aan de kinderen die ik graag zo blij en gelukkig zie en die dat nu zeker niet zullen zijn? Of aan m'n ouders, die ik dit ook echt niet wil aandoen? Wat zal ik ze straks vertellen? Dat het allemaal wel meeviel?

Mijn gedachten dwalen naar het verhaal over de bevrijding van Groningen door de Canadezen. Het oorlogsverhaal dat mijn vader en moeder altijd ontspannen vertellen als ware het een film die ze ooit zagen. Als kind luisterde ik er geboeid naar, en nog altijd vind ik het mooi en vooral spannend. Ik ken de locaties waar de geschiedenis zich afspeelde en probeer me er nu, in mijn gijzelbed, een voorstelling van te maken. Plotseling valt bij mij het kwartje, ineens dringt het in al zijn gruwelijkheid tot me door. Vanuit het huis waar ze woonde zag mijn moeder de Canadese tanks al schietend naderen. En de Duitsers schoten terug. Al snel ploegden de tanks zich door de binnentuin richting de vijand op het dak. Opa had vluchtkoffers klaargezet die ze konden meenemen zodra het te gek werd. Ze zaten nog aan de eettafel toen de eerste kogels door de ruiten vlogen. Glasscherven als spervuur door de kamer. 'En toen zijn we maar snel naar de kelder gegaan,' zegt mijn moeder dan altijd. Om niet achter te blijven vertelt pa dan dat hij bij de bevrijding samen met een vriendje aan de Herenweg zat te kijken naar het over en weer schieten van beide partijen. Als naar een soort tenniswedstrijd met kogels. *Deuce, advantage Canada.* Tot oma ze kwam halen. Niet omdat het zo gevaarlijk was, maar gewoon om te gaan eten. Bloembollen of gebakken gras.

In dat licht bezien liggen wij hier toch maar eerste klas. Een beetje gewond, dat wel, maar in leven, met uitzicht op een warme maaltijd en een kop koffie. En in geen velden of wegen een Duitser te bekennen. Maar dat zal de volgende dag nog verrassend veranderen.

Donderdag 22 juni 2017
Dag 6

Om een uur of zes de volgende ochtend worden we wakker gemaakt doordat de deur van onze slaapkamer met een stevige dreun wordt geopend. Er komt een ventje binnen van een jaar of vijf, misschien zes. Hij blijkt op zoek naar zijn schooluniform, dat ergens in een wasmand moet liggen. Er staan er drie en de zoekmethode is eenvoudig: alle drie leeggooien en dan maar zien of er wat bij is.

Even later komt Ernesto binnen, die het slagveld bekijkt, de juiste spullen bij elkaar grist en zuchtend de wasmanden weer begint te vullen. Als er al ooit een systeem in heeft gezeten, dan is dat nu danig in de war gebracht.

'*Buenos dias,*' zeg ik zachtjes.

Ernesto zwaait en zegt iets waaruit ik begrijp dat hij aan het werk gaat.

'*Hasta luego, Ernesto,*' tot straks.

Eus is inmiddels ook wakker geworden en uit de woonkamer klinken de geeuwende geluiden van Felipe en Jimmy. De laatste staat alras slaapdronken met twee grote mokken koffie aan het voeteneind van ons bed. '*Gracias Billy,*' zeg ik per abuis. Eus verbetert me gelukkig net op tijd.

We gaan op het voeteneind zitten en beginnen aan een uitgebreid ochtendoverleg. Eindelijk valt er iets te bespreken. We zijn razend benieuwd naar waar we nu precies zijn ondergebracht. Hoe ver zitten we van een minder vijandige buitenwereld? Op een kalender aan de muur wordt reclame gemaakt voor drogisterij Trinidad. Die naam zag ik gisteravond ook op de gevel van de supermarkt. Zou het de naam van ons dorpje zijn, inspecteur Vlijmscherp?

We zijn nog steeds niet blij met onze omstandigheden, maar het voelt hier toch beter dan tussen de guerrillamannen. In elk geval lijkt er voorlopig geen sprake van verre vermoeiende wandeltochten. Jimmy en Felipe zijn wel bewapend, ieder met een enorm pistool, maar ze lopen er zeker niet mee te koop. Dat is ook fijn. Volgens mij is er dezer dagen een belangrijk voetbaltoernooi gaande, de Confederations Cup. En ze bezitten hier een televisic. Wat is cr als afleiding nou mooier dan een potje voetbal? Tenminste, wanneer Oranje niet meedoet.

Navraag bij Jimmy levert niets op. En ook Felipe heeft geen idee of er een wedstrijd te verwachten valt. Het televisietoestel, dat al sinds het ontwaken keihard aanstaat, wordt beheerd door de vrouw des huizes en die is boodschappen aan het doen. Dat komt dan later wel.

We vragen toestemming om de wc te bezoeken. Felipe gaat op de uitkijk staan en wanneer de kust vrij is geeft Jimmy een seintje dat een van ons snel het hok in kan vluchten. Het is nog vroeg in de ochtend en dat is het tijdstip waarop de meeste passanten te verwachten zijn. De boerenbevolking gaat rond deze tijd het land op, de cocavelden in. Straks wordt het minder en vanaf een uur of twaalf is er weinig personenverkeer meer te verwachten. Tot die tijd moeten we binnen blijven in onze slaapkamer. Jammer. Want buiten is het een levendige boel, zie ik door de kieren van de wc-ruimte. De zon schijnt, mensen staan in groepjes bij elkaar en kletsen wat. Kinderen vertrekken naar school en karretjes etenswaar worden voortgeduwd door vrolijke verkopers. Wat zou ik graag even naar beneden lopen, de hoofdstraat in, een kopje koffie drinken, de zon op m'n hoofd voelen. Vrij. Ik bedenk hoe vaak we al niet aan de andere kant hebben gestaan. Wij gewapend met een camera op zoek in precies dezelfde dorpjes als waar we nu vast zitten. Van huis naar huis, net als de woning waarin we nu logeren. En maar praten met de mensen, hun sympathie winnen, vriendelijk zijn. Ontspannen, lekker op het platteland waar alles zo langzaam gaat. Zitten op de veranda van aardige mensen, die graag willen dat je mee eet. Iets wat je na een blik in de keuken voorzichtig afslaat. Lachend bedenk ik me wat een druiloor ik eigenlijk ben. Rijst, yucca en vies vlees. Op smerige borden. Nee hoor, dat hoeft meneer niet. Tsjonge jonge.

Even later zitten we weer op ons bed te zoeken naar interessante onderwerpen voor een gesprek. Omdat we het doornemen van onze overlevingskansen nu wel een beetje beu zijn, kiezen we voor iets optimistischers. We zijn namelijk toe aan een nieuwe camera. Eigenlijk al heel lang. De apparatuur waarmee we nu werken is zwaar, een kilo of twaalf. Eus loopt er soms een hele dag mee op de schouders in de bloedhitte. Dat is dan misschien wel een goede training voor het uithoudingsvermogen, maar ook funest voor de rug. We overleggen daarom al maanden over wat we zullen doen. Welke camera en welk systeem? Het is een oeverloos overleg over technische details, want alles heeft voor- en nadelen.

We zijn in elk geval weer een uurtje verder wanneer we alle mogelijkheden nog eens de revue hebben laten passeren. En ja, we zijn eruit. Het wordt een dure, maar lichte camera van het merk Sony. 'Zo snel mogelijk bestellen,' zegt Eus. 'Als we het er tenminste levend vanaf brengen.' Het is duidelijk, we vrezen nog immer.

Blijkbaar is Esmeralda teruggekeerd met etenswaar want het ontbijt wordt geserveerd. Elk een bord vol. Het is niet te geloven. Zou er in de provincie Norte de Santander misschien een officiële richtlijn bestaan voor de samenstelling van de maaltijden? Opnieuw ligt er rijst, yucca, banaan en verbrand vlees op ons bord.

'Wil jij een croissantje?' vraag ik Eus.

'Liever pain au chocolat,' antwoordt hij.

Manmoedig scheppen we ons een weg door het eten dat ons zo langzamerhand danig de keel uit begint te hangen. Tot overmaat van ramp komt Jimmy ook nog eens melden dat de koffie op is. Een tegenslag, want er is beslist vocht nodig om de smurrie die we oplepelen daadwerkelijk het keelgat door te krijgen.

'Wat is er dan wel, Jimmy?'

De jongeman vertrekt en komt een paar minuten later terug met een grote kan vol lichtbruine drank. Het lijkt chocolademelk, maar het is Milo, een populair goedje dat wordt gemaakt van tarwe of gerst, een soort Ovomaltine dus. In mijn herinnering smaakt het behoorlijk smerig, maar onder deze omstandigheden is het eigenlijk best lekker. Chocolademelk en ijskoud. De maatbeker waarin precies een liter gaat hebben we zo leeg. We vragen er nog één.

Zodra Esmeralda in beeld komt wanneer ze door de belendende woonkamer loopt, roep ik haar. Of ze iets van voetbalwedstrijden weet. Nou, dan zijn we bij haar aan het goede adres. Vandaag mogen wij ons verheugen op de wedstrijd Duitsland-Chili, die live zal worden uitgezonden. Om twaalf uur al. Bijna zou ik vergeten dat er veel belangrijker zaken op de televisie zitten aan te komen. Het nieuws natuurlijk. Dat begint meteen na het voetbal, zegt Esmeralda. Ik informeer meteen bij Felipe of de kust vanaf een uur of twaalf zodanig veilig is dat we lekker tv kunnen gaan kijken en dat blijkt inderdaad het geval. Nog een uur of twee wachten. We wrijven ons in de handen. Hè, eindelijk iets wat bij ons past. Voetbal kijken en dan het nieuws. Misschien zijn er wel spannende ontwikkelingen in onze zaak.

De tijd tot de aftrap komen we door met het filosoferen over een nieuw televisieprogramma. Het heet *De Groene Slaapkamer*. We hebben samen veel gereisd en nogal wat huisjes bekeken op de meest uiteenlopende plattelanden. Deze kamer, waarin we nu zitten, vind je overal. In Nederland niet, denk ik, maar bij België de grens over maak je al een goede kans. Een lemen vertrek, pastelgroen geschilderd. Een smerige vloer, een golfplaten dak. Wanneer je binnen zit is het onmogelijk te weten in welk land je bent. Dat is intrigerend. Het zou verrassend zijn om in Nederland door de deur naar binnen te gaan en er dan weer uit te komen wanneer het vertrek in de Argentijnse Pampa is geplaatst. Het idee is natuurlijk nog lang niet af. Want hoe krijg je dat nou weer voor elkaar? In Nederland er in en dan aan de andere kant van de wereld de deur weer uit. En als het zover is, wat moet er dan eigenlijk gebeuren? De weg naar huis terugvinden? Wilde ideeën vliegen door ons slaapvertrek, het ene nog wonderlijker dan het andere. Nee, tot een werkbaar concept komen we voorlopig nog niet, maar voor we het weten is het half twaalf en komt Jimmy melden dat we naar de woonkamer mogen.

Opvallend is de manier waarop hij ons dat laat weten. Het is me al eerder opgevallen dat er tussen de mensen hier regelmatig gecommuniceerd wordt zonder woorden. Subtiele gebaren maken duidelijk wat men bedoelt. Je moet daar oog voor hebben of dat ontwikkelen. Jimmy heeft een geweldige 'move' in huis die we nog vaak zullen zien.

Om half twaalf komt hij dus in de deuropening staan met de bedoeling ons iets te vertellen. Woorden spreekt hij daarbij niet uit. Het enige wat hij doet is een beweging maken met zijn hoofd. Met zijn hele hoofd. Mond, ogen en de rest. Subtiel, haast niet waarneembaar, zeker niet voor ongeprepareerde toeschouwers zoals wij. Toch vertaal ik het meteen als: kom maar jongens, televisie kijken, de kust is veilig.

Zwijgend loopt Jimmy terug en laat zich vallen in zijn hangmat in de woonkamer. Belangstellend kijkt hij toe hoe wij ons installeren. Er zijn twee plastic stoelen in de kleur rood. Eén ervan is min of meer compleet. Weliswaar met een gebroken rugleuning, maar het uit één stuk geperst plastic karkas kan goed voor een zetel doorgaan. De tweede is heel andere koek. Hier ontbreekt vrijwel alles wat een stoel tot een aangenaam zitmeubel maakt. De poten zijn er afgebroken, de rugleuning is voor het grootste deel afwezig. Alleen waar men het achterwerk moet plaatsen zit nog een stuk plastic vast, maar ik ben benieuwd wat er gebeurt als iemand van ons formaat daarop gaat zitten. Jimmy duidelijk ook, want hij kan zijn ogen niet van ons afhouden.

Eus is zo vriendelijk mij het beste exemplaar te gunnen. Vanwege mijn lichamelijke toestand kan ik nu eenmaal recht doen gelden op een invalidenzitplaats. Ik weet zeker dat, eenmaal neergezegen in het kapotte ding, ik er nooit van z'n leven weer uit kan komen. Niet zonder hulp van ambulancebroeders in elk geval.

Eus zijgt neer op het krukje, dat zich kranig blijkt te houden. Omdat er niks meer te lachen valt laat Jimmy zich dieper in zijn hangmat zakken en steekt een sigaret op.

De televisie is een 42 inch flatscreen van het merk Samsung. De ontvangst gebeurt via een satellietschotel en het beeld is dan ook zeer acceptabel. Er is een larmoyante *telenovela* aan de gang. Het gaat om een aflevering uit de Colombiaanse serie *La Hija del Mariachi*. Het is verschrikkelijk. In de loop der jaren hebben we al zappend incidenteel wat korte flarden gezien van die rommel, maar nu zitten we er geconcentreerd naar te kijken. En dan pas valt op hoe ver Bassie en Adriaan hun tijd ooit vooruit waren.

Gelukkig is de hele ellende na een halfuurtje voorbij en wordt er overgeschakeld naar *Studio Sport* in het verre Kazan te Rusland. Twee verslaggevers spreken de kijker enthousiast toe. De Tom Egbers en Toine van Peperstraten van het Colombiaanse voetbalgebeuren. Beiden in een identiek pak, een enorme koptelefoon op het hoofd en een stevige microfoon in de knuisten. Er wordt vrijwel meteen doorverbonden naar Eddy Poelman voor het live verslag vanuit het stadion, want Duitsland trapt af.

Inmiddels hebben ook Felipe en Esmeralda voor de buis plaatsgenomen op een paar stoelen uit de keuken. De kansen van beide partijen worden besproken. Felipe vermoedt dat wij voor Duitsland zijn. Dat is hij ook, want hij koestert net als veel Colombianen een diepe wrok tegen de Chilenen. Ik heb geen idee waaraan die dat verdiend hebben, maar ik probeer wel uit te leggen waarom men in Nederland bij de Duitsers vaak eenzelfde gevoel heeft. Geheel politiek correct verklaar ik zelf uiteraard niet bij die respectlozen te horen. Voor mij mag Duitsland winnen. Zeker wanneer de man met het pistool dat ook graag zo ziet.

Helaas zit het niet mee en scoort Chili al na een minuut of zes. Ai, Caramba, wat een tegenslag. Gelukkig wordt vlak voor rust tegen gescoord en is het Felipes vaste overtuiging dat Duitsland in de tweede helft korte metten zal maken met de gehate Chilenen. Ik onthul niets nieuws als ik vaststel dat dit dus niet gebeurt. We zien een zaaddodende drie kwartier waarin maar weinig acties ons naar het puntje van de plastic stoel trekken.

Maar, toegegeven, de tijd vliegt en samen televisie kijken

heeft ook wel iets gezelligs. Inmiddels is het jochie dat ons vanochtend zo vroeg wekte terug uit school. Samen met een ander ventje dat zijn jongere broertje blijkt te zijn. Andres is zes en de kleine nog maar drie. Het ventje heet Dyson, precies zoals de peperdure zakloze stofzuiger. Ik neem me dan ook voor het manneke vanaf nu een passende bijnaam te geven. Voor de grap.

Het zijn levendige types, die kleintjes. En luidruchtig. Precies wat we niet kunnen gebruiken met het televisienieuws in aantocht. Esmeralda heeft dat meteen door en stuurt Andres naar de veranda om z'n huiswerk te maken. De Stofzuiger volgt en geheel volgens de verwachting wordt het huiswerk meteen in een hoek gesmeten, waarna ze de jacht op een magere straathond openen. Die kiest schielijk het hazenpad en het hele zootje verdwijnt rap uit beeld.

De leader van het *Caracol journaal* wordt gestart. Er zijn twee belangrijke nieuwsfeiten die het land bezighouden. Zo is er de nasleep van de bomexplosie in warenhuis Andino in Bogotá. Men weet nog steeds niet wie de laffe daders zijn die een bom verstopten in het damestoilet. In het nieuws wordt er uitgebreid bij stilgestaan.

Maar dan volgt die andere *breaking story*: het verhaal dat heel Colombia al dagen in zijn greep heeft. Ik zeg het een beetje overdreven, maar zo wordt het wel gebracht. De ontvoering van de twee Nederlandse journalisten. Van ons dus. Met ogen op steeltjes kijken we naar de reportages en live verslagen uit Cúcuta. Journalisten met spandoeken waarop onze foto's demonstreren voor onze onmiddellijke vrijlating. Veel cameraploegen die proberen een verklaring van de Nederlandse ambassadeur te vangen. Correspondenten uit Nederland die verslag doen van de lopende onderhandelingen. En maar steeds beelden en foto's van ons daar tussendoor. De zoektocht naar Derk Johannes en Eugenio Ernest Marie, want zo staat het in onze paspoorten.

Men laat het duidelijk niet op z'n beloop, er wordt wel degelijk intensief geprobeerd ons vrij te krijgen. De hele wereld lijkt ermee bezig. Nou ja, in elk geval de mensen in Colombia en in Nederland.

We zijn er ongelofelijk blij mee. Voor Esmeralda, Jimmy en Felipe is het vooral grappig dat de mannen die zij bewaken nu op de televisie te zien zijn, maar voor ons is het een extreme opluchting. We houden ons in, maar het hart juicht. Wie weet loopt het toch nog beter en sneller af dan we vanmorgen hoopten. Niet dat de nieuwslezer ook maar enige vordering heeft te melden inzake de besprekingen, maar al die aandacht zal toch moeilijk te negeren zijn voor een organisatie die claimt onschuldigen geen kwaad te doen.

Tevreden kijken we elkaar aan.

'Biertje?'

'Nee koffie, doe maar gewoon koffie.'

Het wordt Milo.

Niemand heeft na het nieuws nog belangstelling voor de televisie en wij bemachtigen de afstandsbediening. Daardoor kunnen we de talloze kanalen van de satellietontvanger langszappen. Het blijft een vreemde situatie. In het krakkemikkige huisje hebben we via de moderne techniek uitzicht op de gehele wereld. Een wereld met al zijn luxe, mooie auto's, dure kleding, politici en showbizz. Een wereld die hier niet bestaat, kijk maar naar buiten door de wrakke voordeur. Hier niets dan modder, vuiligheid, afgetrapte schoenen en versleten kleding. Een haast onbegaanbare weg. En dan heeft het gezin van Ernesto en Esmeralda het nog relatief goed. Ik vind het niet gek dat er een zekere ontevredenheid ontstaat over het eigen lot wanneer je via de verrekijk kunt vaststellen dat anderen in de wereld het zoveel beter hebben.

We vinden nog een paar nieuwszenders die veel korter over ons berichten en niets nieuws te melden hebben. Om een uur of drie is het satellietbreed afgelopen met de journaals. De telenovelas worden hervat en de ene na de andere onzinnige vertoning komt langs. Pas om half zeven begint het avondnieuws. Geduld, geduld.

Gelukkig hoeven we ons niet te vervelen. Esmeralda vraagt of we nog wat kleding te wassen hebben. Elegant loopt ze even later met onze supersmerige kloffies naar het apparaat waarop ze duidelijk bijzonder trots is: de wasmachine. Het ding staat buiten onder een afdakje tegen de gestuukte muur van de douche. Het is een bovenlader. Het witte apparaat glimt en glanst en maakt de indruk goed schoon te wassen. We mogen nu ook even naar buiten en dat is heerlijk.

De zon schijnt precies tussen de bomen door op het stukje veranda dat ons wordt toegewezen. Zo kunnen we het huis ook beter bekijken. Onze slaapkamer ligt strak aan de rechterstraatkant en dan volgt naar links de woonkamer, daarna de slaapkamer voor het hele gezin en het paleisje van Ernesto en Esmeralda eindigt in een ruime keuken. Ik schat het op een meter of 25 lang en 5 diep. Langs de hele voorkant een veranda en recht tegenover de woonkamer de wc en doucheruimte. Daar weer tussenin een soort lavet vol water, dat voortdurend wordt ververst door een helder stroompje uit een plastic slang. Op strategische plaatsen zitten koppelstukken in die slang zodat het water verschillende kanten op kan worden geleid. Alle seinen staan nu op groen voor de wasmachine. Wie wil douchen moet een alternatieve verbinding tot stand brengen. De wc wordt uitsluitend handmatig doorgespoeld met bakjes water.

Ik krijg ineens aandrang en ga op zoek naar onze natte doekjes. Door zuinig te doen hebben we er van de dertig stuks nog steeds wel wat over, maar het pakje wordt voelbaar dunner. Gelukkig zijn we behendig geworden in het mandiën en reinigen wij de uitlaat steeds gemakkelijker met een flinke plons water. Tot mijn grote tevredenheid heeft de familie hier een hoge toiletpot. Dat komt mij medisch gezien heel goed uit. Ik zou niet weten hoe ik in deze beperkte ruimte door de knieën zou moeten zonder flauw te vallen van de pijn. Want hoe optimistisch de toon van vandaag ook begint te lijken, het lijden is nog steeds in volle omvang bezig. *The torture never stops.* Laat dat duidelijk zijn.

Er is nog iets wat opvalt aan de wc-ruimte. Het is er superschoon. Miep Kraaks huishoudservice zou er enthousiast voor applaudisseren. Nergens een vies beest of een smerige vlek. Geen zompige natte plekken of lekkende afvoer. Ik zit heerlijk. Ik zal niet in details treden, maar het verblijf op de pot is een groot succes.

Eus heeft besloten een middagdutje te gaan doen en ik raak in gesprek met Esmeralda. Ze zit inmiddels ook op de veranda en helpt Andres met zijn huiswerk. Het is een beeld waar een vertrouwde huiselijke rust van uitgaat. Andres heeft het tot tien tellen nog niet onder de knie. Regelmatig slaat hij wat cijfers over of verhaspelt hij de volgorde. Hij heeft er maar weinig zin in en probeert weg te komen, spelen met Stofzuiger, zijn broertje. Maar Esmeralda houdt vol en pas wanneer de oefeningen in het klokkijken zijn afgerond wordt hij vrijgelaten. De studieboeken gaan terug in zijn blauwe Superman-rugzakje.

Ik vraag Esmeralda of ze zelf ooit naar school is geweest.

Dat blijkt inderdaad het geval. Ze heeft het tot de tweede klas van het vervolgonderwijs volgehouden. Toen was er geen geld meer en moest ze op het land helpen. In haar vrije tijd probeerde ze zich verder te bekwamen in het lezen en schrijven en dat komt haar nu goed van pas. 'Het is geen droevig of meelijwekkend verhaal hoor. Het is gewoon zoals het is.' En ze is blij met haar leventje. Ze is niet in de valkuil getrapt van een veel te vroege zwangerschap en ze heeft goed uitgekeken aan welke man ze haar hart zou geven. Ernesto kent ze al haar hele leven, ze komen uit dezelfde buurt. Toen ze negentien was kregen ze verkering en twee jaar later werd Andres geboren. Of ze gelukkig is weet ze niet, maar het gaat haar tot nu toe allemaal best goed af. Het lukt om de eindjes aan elkaar te knopen en ook nog wat te sparen voor de eventuele studies van haar zonen.

Aan alles wat ze doet en zegt merk je dat Esmeralda haar man in intellectueel opzicht de baas is. Ze kan lezen en schrijven, ze weet hoe de televisie werkt, ze organiseert het huishouden, snapt dat je de woonomgeving schoon moet houden, zorgt voor de veiligheid van haar kinderen. Misschien zit ik haar wel te romantiseren, maar ze is nog best knap ook. En ik weet zeker dat Felipe een oogje op haar heeft.

De was is gedaan en onze kleding lijkt er inderdaad wat schoner op geworden. Ik vraag of ik nu onder de douche mag.

Even later loop ik de wasruimte binnen en probeer de watervoorziening aan de praat te krijgen. Dat valt nog niet mee. De logica van de waterleiding heb ik uiteraard wel door, maar ik moet zo stevig aan allerlei koppelstukken sjorren dat ik bang ben ergens iets te vermoeren. Inmiddels sta ik al wel in mijn blootje en heb ik geen zin in pijnlijke bewegingen om de boxershort weer aan te krijgen. Met mijn hoofd over de rand van de deur zie ik de kleine Andres uit de keuken komen. '*Psst, Andres, llama a Felipe por favor.*'

De kleine is goed opgevoed en doet wat ik vraag. Hij haalt Felipe. Die brengt in no-time de waterstroom op gang en wanneer de ijskoude straal onverwacht snel mijn lichaam bereikt probeer ik zo gedempt mogelijk te gillen. Eenmaal 'door' is het heerlijk.

De afschuwelijke toestand van het lijf doet me niet zoveel meer. Ik kijk liever niet. Veel leuker is het uitzicht achter de douchecabine. Het wordt steeds drukker op de weg. Bezwete boeren met strohoeden op hun gebruinde koppen lopen al keuvelend terug naar huis. Sommige zetten argumenten kracht bij door wild met een machete te zwaaien. Het zijn sterke jongens, oneindig veel sterker dan ik.

Met pijn en moeite droog ik me af met de dunne mintgroene handdoek. Boxer weer aan en hup, daar sta ik dan op de badslippers van Felipe in de laatste zonnestralen van de dag. Volkomen lachwekkend, maar wel schoon. Ik verheug me al op het avondnieuws.

Eus is inmiddels wakker en blijkt een onrustige maag te hebben. Serieuze averij aan de ingewanden zou uiteraard waardeloos zijn, dat vermindert de kwaliteit van het leven hier ernstig. Eus maakt zich daarom op voor een uitgebreid bezoek aan de wc, dat zou kunnen helpen. Felipe bereidt zich voor op zijn dagelijkse stortbad.

Ik kijk nog even naar een telenovela. *La rosa de Guadeloupe,* ook weer zo'n never ending story. Niet om aan te zien, maar CNN is via deze satelliet nu eenmaal niet te ontvangen en een goed boek is ook al niet voorhanden.

Om half zeven zitten we met z'n allen voor de buis in gespannen afwachting van *Última Edición*, het laatste nieuws. Felipe tip top verzorgd, Eus met zijn handen op de maag en Esmeralda in een keukenschort. Ze is eigenlijk aan het koken, maar komt er uit nieuwsgierigheid even bij. Van Jimmy hebben we de hele middag maar weinig vernomen. Behalve dan een regelmatig zacht gesnurk. Ik heb een keer in zijn hangmat gekeken. Daar lag hij, de cipier. Mond halfopen en het pistool onder de gevouwen handen op zijn buik. Wat had ik graag een fototoestel bij de hand gehad. Zodra de doordringende klanken van het nieuws door de kamer schallen komt onze jongste bediende ook tot leven en glimlachend gluurt hij over de rand van zijn zwarte ELN-hangmat naar de buis.

Ditmaal moeten we lang wachten. Zojuist is het programma bekend gemaakt van het pausbezoek dat in september zal plaatsvinden. Het is groot nieuws en wordt uitgebreid gecoverd. In alle steden die de heilige vader zal aandoen staan verslaggevers om een obligaat praatje te houden over hoe blij men daar ter plekke is met dat aanstaande bezoek. Saai, vinden wij het. En het duurt maar en het duurt maar. Felipe lijkt overigens wel in de ban van de berichtgeving. Hij probeert de verklarende teksten die af en toe in beeld verschijnen hardop voor te lezen. De pogingen zijn over het algemeen vruchteloos. Zelfs een mededeling van vier woorden die minimaal een minuut in beeld blijft, blijkt te hoog gegrepen. Alleen de naam van de paus herkent hij overal. 'Francisco,' zegt hij dan, 'papa Francisco.'

Zielig vind ik het niet, maar het zou beter zijn wanneer Felipe het lezen wel onder de knie had. En het schrijven. Dan hoefde hij niet met zo'n pistooltje rond te lopen maar kon hij misschien een eerbare baan bemachtigen.

Nog tijdens de pausberichtgeving komt Ernesto thuis. Samen met zijn broer. De twee mannen lijken sprekend op elkaar. Ook wat stem betreft. Hun groet is oorverdovend, en de uitleg over wat er vandaag toch allemaal weer is voorgevallen op de cocavelden moet in de wijde omtrek te horen zijn. Ik wil beleefd voor de heer des huizes opstaan, maar dat wijst Ernesto schreeuwend van de hand. Hij begint op orkaansterkte een heel verhaal tegen mij waarvan ik maar af en toe een woord versta. Tsjonge, wat spreekt deze man een ongelukkige taal. En dan ook nog zo hard.

Ik probeer uit te leggen dat mijn Spaans blijkbaar het zijne niet is. En dat we elkaar misschien zouden kunnen begrijpen door op rustige toon met simpele woorden te praten. Dat blijkt in eerste instantie prima te gaan. Ernesto wijst op zijn bezwete voorkomen en gehavende kleding. Keihard gewerkt meneertje, in het zweet mijns aanschijns. En waarvoor, voor een paar miezerige centen terwijl de hoge heren in Bogotà champagne drinken. De hele wereld is tegen Ernesto, daar komt het eigenlijk wel op neer.

Zodra hij op televisie de paus ontdekt, slaat zijn redenering een zijweg in. De katholieke kerk is goed, hij is zelf ook een vrome katholiek. Maar de paus, de paus die deugt helemaal niet. Wat een oplichter. Echt weer zo'n hoge pief die alles doet voor de organisatie van zijn Vaticaan, maar niets voor de arme schaapjes uit zijn parochie, zoals Ernesto. Laat hem wegblijven. Allemaal verloren geld. 'De straten bij ons zijn onbegaanbaar en straks die paus zeker over gouden asfalt laten rijden.'

Ernesto heeft de smaak te pakken en zijn nog fanatiekere broer valt hem bij. De heren staan elk aan een kant van mijn rode stoeltje en schelden er vrolijk op los. Dit is duidelijk niet het moment voor nuance en ik ben blij als het item over de paus eindelijk voorbij is.

Na de reclame zijn wij aan de beurt, zo wordt beloofd. Bij wijze van grapje vraag ik tijdens de reclame aan Felipe hoe die paus ook alweer heet. Hij heeft zijn naam immers wel vijfentwintig keer uitgesproken dus ik verwacht een snel en correct antwoord. Maar we blijken niet in een aflevering van *De slimste mens* te zitten want Felipe heeft geen flauw idee. 'Francisco,' zeg ik, maar zelfs dat veroorzaakt geen teken van herkenning. Flauw eigenlijk van mij. Mij verheffen door een ander de grond in te duwen. Ik schaam me en besef ook meteen dat ik het er bij *De slimste mens* een tijdje geleden nauwelijks beter afbracht. Snel complimenteer ik Felipe met zijn keurig getrimde bakkebaarden.

Het duurt even voor de nieuwsberichten hervat worden. Er is nog steeds veel belangstelling voor ons, maar zijne heiligheid uit Vaticaanstad heeft de meeste zendtijd al opgeslokt. We zien ongeveer dezelfde beelden als die middag maar er wordt nu ook gerept van een 'proceso de liberación', een weg naar de vrijlating van de twee Hollanders. De berichtgeving is duidelijk positief en dat geeft ons opnieuw een mentale opkikker. Ik hoop dat het gerommel in de maag van Eus geen ernstiger vormen aanneemt. We zijn voor mijn gevoel namelijk op de goede weg, en een aangenaam metabolisme is daarbij wel zo prettig.

Eus beperkt zich tijdens de maaltijd tot wat rijst en yucca. Ik voel me nog prima en probeer zo veel mogelijk naar binnen te werken. Alweer ligt er een visprutje boven op de rijst. En het is nog niet eens vrijdag.

Om acht uur begint het aarzelend te rommelen. Bliksemschichten verlichten de dichte begroeiing om ons huisje. Binnen brandt het felle tl-licht, maar na verloop van tijd kan ook dat niet meer op tegen de intense stralen uit de natuur. Het lijkt erop dat we een onstuimig nachtje tegemoet gaan. De kinderen liggen inmiddels te bed en Ernesto heeft zich gedoucht. Beide ELN-vrienden zitten buiten en kijken met open mond naar het hemelse vuurwerk. Je zou je bijna thuis voelen.

Ik raak opnieuw in gesprek met Ernesto. Fluisterend probeer ik erachter te komen wat hij nou van de hele situatie vindt. Het is niet fijn, vertelt hij. Natuurlijk staat hij achter de motieven van de guerrilla, maar hun gewapende strijd kan ook hij niet echt waarderen.

Ik begin over het vredesproces en Ernesto knikt instemmend. Vrede, dat moeten we hebben. Geen gevechten meer. Natuurlijk moet er ook meer geld naar deze uithoek van Colombia toe, maar zonder dat met wapens af te dwingen.

Verstandig, Ernesto. En eigenlijk verrast dat me.

Ik wil heel graag weten hoe veilig we nu écht zijn. Zouden ze ons alsnog kunnen doden? Ernesto denkt van niet. Het gevaar komt hooguit van het leger. Die zitten hier niet zo ver vandaan. Als we verraden worden, staan ze binnen een paar uur voor de deur.

'Een angstig idee,' zeg ik naar waarheid.

Ernesto begrijpt dat helemaal, 'maar,' zegt-ie, 'wij zijn net zo bang. Wat dacht je dat er met mijn vrouw en kinderen gebeurt wanneer ze jullie hier aantreffen?' Ernesto is vriendelijk maar bezorgd en dat siert hem. Geen brutale revolutionaire praatjes zoals vanmiddag, maar de ongeruste gemoedstoestand van een echtgenoot en vader.

En dan gebeurt het. Zonder enige aankondiging.

Er valt net een stilte in ons gesprek op het moment dat een oorverdovend geratel de trommelvliezen bereikt. Ik schrik me een ongeluk en mijn hart slaat over.

Felipe en Jimmy komen pijlsnel naar binnen gerend en sluiten de voordeur. Ik heb het nog nooit zo apocalyptisch horen regenen. Het geroffel op het golfplaten dak overstemt alles. Er valt niet tegenop te schreeuwen. Eus en ik kijken elkaar toch wat ongerust aan. Heftige regenval in deze slecht gebouwde streken leidt niet zelden tot aardverschuivingen en modderstromen. En daarin hebben we nu even geen zin.

De kinderen zijn wakker geworden en de ELN-boys hebben hun hangmat opgezocht. Het is gezellig druk rond de televisie, maar we verstaan geen woord. Ook onderlinge conversaties blijken niet haalbaar, dus zit iedereen met de blik gericht op een voetbalverslag op tv te wachten tot het overgaat. Maar dat gebeurt niet. Het noodweer verhevigt, de bliksem lijkt overal om ons heen in te slaan en het gedonder is zo krachtig dat het zelfs de regenherrie weet te overstemmen.

Nog een half uur later houdt de elektriciteitsvoorziening in ons huis ermee op. Na de ultieme donderslag vallen licht en televisie uit. Het is aardedonker in de woonkamer. Gelukkig blijft het regelmatig weerlichten zodat we af en toe nog iets kunnen ontwaren, maar het houdt niet over. Mij lijkt dat dit soort dingen hier toch wel vaker zullen gebeuren en ik wacht tot er kaarsen tevoorschijn worden gehaald. Maar daar heb ik het mis. Er ontstaat tot mijn grote verbazing wel een fanatieke speurtocht naar aanstekers. Zodra er drie zijn gevonden worden wij naar de slaapkamer begeleid door Jimmy, die daarbij zijn fikken fors verbrand. Tja, een aansteker, lekker handig.

Op de tast vinden we ons bed en even later liggen we te luisteren. De regen is in intensiteit nog niet afgenomen. Het lijkt zelfs erger te worden. Om te kunnen converseren moeten we in elkaars oren schreeuwen. Ik deel mijn bezorgdheid met Eus. Ik heb nu eenmaal een dramatisch inlevingsvermogen en ik zie het al helemaal voor me. Een allesverwoestende modderstroom komt van de berg af en heeft het vizier gericht op het dorpje waar wij zijn ondergebracht.

Eus en ik hebben samen voor *Spoorloos* Armero bezocht, tussen Bogotá en Medellín in Colombia. Daar gebeurde ongeveer hetzelfde, maar dan een beetje anders. De modderstroom werd veroorzaakt door een uitbarstende vulkaan, de Nevado del Ruiz. De gevolgen waren desastreus. Het dorpje raakte in een oogwenk bedolven onder een metersdikke laag leem. We zagen hoe alleen de daken nog boven de aarde uitstaken. Iedereen herinnert zich deze ramp nog door de hartverscheurende beelden van het dertienjarige meisje Omayra, dat hangend aan een paar planken vastzat in een put vol modder. De hele wereld zag haar, maar niemand kon Omayra redden. Verbijsterend. De inwoners van Armero werden overvallen in hun slaap. Moet je je voorstellen hoe de straten vollopen; alsof een enorme slagroomspuit alle hoeken en gaten vult met een ondoordringbare massa. Ook al word je wakker en zie je het gebeuren, dan nog ben je kansloos.

Wij liggen hier in een volkomen afgesloten kamertje zonder ramen. Er is één deur waardoorheen we misschien zouden kunnen vluchten, maar die is gebarricadeerd. Nee, wanneer wij vannacht aan de beurt mochten zijn, krijgen we de volle laag en zullen we het daglicht nooit meer zien.

Het zijn weer vrolijke gedachten die me bezighouden. Het is maar goed dat ik een makkelijke slaper ben. Ongerust sluit ik de ogen en probeer weg te dromen. Weg van de regen en het onweer. Ineens zie ik een koel flesje Caribbier, eromheen dansen bevallige meisjes. Ik slaap.

Vrijdag 23 juni 2017
Dag 7

De volgende ochtend voelt het wakker worden vreemd. Nee, we zijn niet bedolven onder een verwoestende modderstroom, maar de sfeer is helemaal anders dan de ochtend ervoor. Alles is stil, muisstil. Er staat geen televisie aan, er wordt niet gesproken en er rennen geen kinderen. Ook van buiten is er nauwelijks gerucht te horen. Ik voel de weldadige stilte van een zondagochtend in Amsterdam-Zuid. En het is nog maar vrijdagochtend.

Langzaam krijg ik alles op een rijtje. De stroom die gisteravond uitviel is nog steeds niet terug. Alles wat herrie maakt functioneert dus niet meer. En omdat het zo rustig is, blijft iedereen blijkbaar wat langer liggen. Men neemt een paar uur vrij, zo lijkt het wel. IJsvrij, maar dan anders. Het noodweer van gisteravond heeft van alles ontregeld. De watervoorziening, elektriciteit, radioverkeer. Het is overmacht en dat gebruikt men dankbaar als excuus om het even wat rustiger aan te doen.

'Môge Eus.'

'Môge Bolt.'

Ook wij staan nog graag even stil bij het natuurgeweld van gisteravond en zijn het erover eens dat het episch was. De zondvloed. Hoe ongelofelijk dat we er gewoon bij in slaap zijn gevallen.

We proberen ook conclusies te trekken uit de berichtgeving over onze ontvoering. Is die nou hoopgevend of niet? Eus heeft de grote lijnen goed kunnen volgen, maar het zit hem nu misschien meer in de details. En die probeer ik me dan weer krampachtig te herinneren. Zeiden ze niet iets over het pad naar de vrijlating? Ik begreep dat vooral een priester uit de buurt zich er stevig tegenaan bemoeide. Een gerespecteerd man, ook door de ELN. Wat ben ik blij dat we voor de KRO werken en niet voor de TROS bijvoorbeeld. Die katholieke kerk kon ons nog weleens goed van pas komen. Misschien ook wel vanwege dat aanstaande pausbezoek.

We beginnen een beetje te speculeren. Misschien komen we dit weekend wel op vrije voeten. En hoe gaan we dan verder? Meteen apparatuur huren en de reportage afmaken, zodat we snel daarna terug naar de familie kunnen?

Ik voel bezorgd aan m'n ribben. 'Eerst even een röntgenfoto, Eus.' Ik wil wel graag weten wat er daarbinnen aan de hand is. Maar wanneer het om louter kneuzingen gaat proberen we zeker de zaak weer op te pikken. Het oorspronkelijke KLM-ticket terug hebben we al gemist, maar er zal heus over een paar dagen nog wel een plekje vrij zijn.

Vreemd dat we geen van beiden in de gaten hebben hoe onzinnig en futiel de beraadslagingen zijn. We zijn gevangen! Door een gewapende bende! Guerrillero's die mogelijk niet te vertrouwen zijn! Niets is zeker over onze toekomst, onze vrijlating. En dan liggen wij te steggelen over het afmaken van de zoektocht. Maar ik merk dat het ons ook goed doet om de zaak zo te benaderen. Eerst vrijkomen, daarna werken en dan naar huis. Dit natuurlijk allemaal onder de voorwaarde dat we het er levend vanaf brengen.

Omdat elk nadeel z'n voordeel heeft (Cruijff, psalm:30 vers:12) moet bij elk voordeel dus ook rekening worden gehouden met één of meer aanklevende nadelen. Iets dergelijks doet zich hier inderdaad voor. De rust als gevolg van het ontbreken van elektriciteit is weldadig, maar anderzijds werkt de televisie nu ook niet. We kunnen het ochtendnieuws dus niet zien, terwijl we razend nieuwsgierig zijn naar de ontwikkelingen van de afgelopen nacht. Zou er nog overleg zijn gevoerd, is de ELN-leiding al omgepraat? Nederland zat ruim een week geleden nog aan de onderhandelingstafel in Quito, Ecuador, waar de op handen zijnde algemene vrede in Colombia werd besproken. Daar waren ook vertegenwoordigers van de FARC en de ELN bij. Hoge pieten. Onze ambassadeur heeft daardoor zonder twijfel een goede entree bij de rebellengroepering. Zou dat helpen?

Het middagjournaal begint om half een. Dát zullen we toch wel halen?

De deur gaat open en daar verschijnt Jimmy met een slaperige, sacherijnige kop en twee mokken koffie. *Buenos días, Jimmy, porque no ries?* Waarom zo somber, man?

Meteen verschijnt er een glimlach om zijn mond, de Jimmy-look is terug. Zeker met een verkeerd been uit de hangmat gestapt. Ik vraag of we in de woonkamer mogen gaan zitten en wil al opstaan. Maar onze bewaker beweegt zijn hoofd op zijn kenmerkende, onnavolgbare wijze. Ik begrijp meteen dat we in de slaapkamer moeten blijven.

Man, wat is die koffie hier toch lekker. Een beetje zoet, dat wel, maar sterk en toch niet bitter. Colombiaanse koffie, kom daar maar eens overheen. Aldus genietend kijk ik eens aandachtig onze kamer rond. Op de muren staat her en der iets geschreven. Een serie cijfers waarin geen logische volgorde valt te ontdekken. Wat hartjes, een klok die op kwart over tien staat, en een paar data. Geen idee wie de scribent is, maar die is in elk geval nog niet volleerd. De eerste datum die ik ontcijfer is '*el 5 de setiembre*', 5 september. Maar dat staat er niet. Op de groene muur lees ik: 5 *semtibre*. Dat is dus niet correct geschreven. Maar waarom eigenlijk juist die datum?

Dat heeft natuurlijk iets te maken met een revolutionaire daad of groepering. Toevallig ben ik een paar keer op Cuba geweest en daar staat vrijwel elke belangrijke of minder belangrijke datum uit het tragische bestaan van de revolutie op de herdenkingsagenda. 5 September 1957 was de dag waarop onder leiding van Che Guevara een belangrijke slag werd geleverd tegen het bewind van dictator Batista.

En de andere datum, geschreven als *28 otumbe* moet dan wel '*28 de octubre*' zijn, de sterfdag van Camilo Cienfuegos, ook een gevierde Cubaanse revolutionair. De twee vermeldingen op de muur zullen er dus vast niet door een van de kinderen zijn opgekalkt. Vader of moeder, denk ik. En gezien de stevige spelfouten komt er eigenlijk maar één in aanmerking. Juist, die dus. Hij is vanmorgen ondanks de regen toch naar zijn landerijen vertrokken. Met tegenzin, maar de boer ploegt nu eenmaal voort. Zeker in Colombia.

Luid gillend komen de twee jochies nu de deur door gerend. Andres en Stofzuiger blijven vlak over de drempel stilstaan en kijken ons aandachtig aan. Ik vraag waarom ze niet op school zitten. Omdat er geen stroom is, verklaart Andres. En weg zijn ze weer. Waarom zijn we eigenlijk ondergebracht bij een gezin met zulke kleine kinderen? vraag ik me af. Als onze aanwezigheid zo gevaarlijk kan zijn, levensgevaarlijk zelfs, dan ben je toch wel gek als je bij onze gevangenschap ook zulke jonge jochies betrekt?

Esmeralda roept ons voor het ontbijt. We mogen naar de woonkamer. Eus kruipt van het martelbed en staat na één stap stokstijf stil. Gadverdamme! Eén voet midden in de schijterij van Lorre, de papegaai die ze hier ook nog hebben. Het beest heeft de gehele regenachtige nacht op de hanenbalk boven ons hoofd gezeten, en blijkbaar nogal wat gescheten. Ben ik blij dat-ie zich niet boven m'n kop heeft geïnstalleerd. Het is inderdaad walgelijk. De maagpijn is bij mijn kameraad gelukkig geheel verdwenen, nu nog de poep van de voeten en we kunnen aan de maaltijd. Wat zouden we vandaag geserveerd krijgen?

Het antwoord laat zich raden, maar de troosteloze aanblik van zo'n bord rijst met troep eromheen stelt telkenmale weer teleur. Zo ook vanmorgen. Wat is er toch aan de hand hier? vraag ik me af. Overal lopen kippen, waarom niet eens een eitje bij het ochtendmaal? Gebakken, of desnoods gekookt, geroerd met tomaat en ui erdoorheen. Ik besluit daar toch eens een punt van te maken en wandel rustig naar de keuken. Daar zitten Esmeralda en Felipe gezellig naast elkaar te keuvelen. En ja hoor, wat ik al dacht, met de handen op elkaars knieën.

Deze compromitterende houding wordt meteen verlaten zodra ik in hun blikveld verschijn. Nonchalant plukt Esmeralda zogenaamd een pluisje van Felipes broek, maar ik weet allang hoe de vlag erbij hangt en keur dit af. Of zou ik nou te slecht over hen denken? Misschien zijn ze wel familie, weet ik veel. In elk geval horen ze mijn klachten over het eten vriendelijk aan. Felipe is het er helemaal mee eens. Hij kan redelijk goed koken, al zegt hij het zelf, en hij zal morgenochtend zorgen voor eieren met spek. En vanavond maakt hij hoogstpersoonlijk ook nog eens '*pollo criollo*', een boerenkip. 'Ga maar kijken, het beest ligt al in de koelkast.' Een koelkast die al minstens vijftien uur van stroom verstoken is, bedenk ik me. Misschien niet zo'n goed idee, die pollo.

Teruglopend naar de plek waar Eus zit te eten, besef ik hoe onaangenaam ik het vond om alweer vooruit te lopen op het ontbijt van morgen. Alsof ik me er nu al bij neergelegd heb dat ook deze dag als een nachtkaars uit zal gaan. Weer geen actie, nog steeds geen zicht op bevrijding. Het maakt me sacherijnig.

Ik vertel Eus van de kip criollo en we zien inderdaad na een korte inspectie het bleke lijk onder in de uitgeschakelde koelkast liggen. 'Hoe lang blijft dat goed?' vraag ik bezorgd. Volgens Eus is stevig doorbakken de beste remedie tegen mogelijk bederf. Ik zal het Felipe onder zijn neus wrijven. Beiden zijn we gek op kip en de Colombiaanse heeft wereldwijd onze voorkeur. Juicy, juicy meneertje, heerlijk. Liefst direct van het spit. En liefst ieder een hele. Menig kippenbakker in Colombia heeft al verbaasd staan kijken naar onze kipinname.

Het is inmiddels een uur of tien en ik vraag me af wanneer die elektriciteit weer aan gaat. Over tweeënhalf uur begint het nieuws. Heel even bekruipt mij een wonderlijke gedachte. Wat nou als men allang weet waar we zitten en precies hier de stroom expres uit laat? Om ons af te sluiten van berichtgeving rond de ontvoering. Om misschien een verrassingsaanval voor te bereiden terwijl wij hier onwetend aan onze kipmaaltijd zitten. Voordat het waanidee in de hersenpan erger kan worden, besluit ik de zaak te wissen. Niet meer aan denken.

Ineens komt Felipe aangesneld. We moeten meteen naar onze slaapkamer, er komen onbekenden naar boven gelopen.

Even later is vanaf ons bed duidelijk te horen hoe een paar gasten in de woning bezig zijn met het testen van een walkie-talkie. Verder dan het gebruikelijke 'allo, allo' komen ze niet, maar het gekraakte gepiep is niet van de lucht. Ineens komt daar ook nog eens een stevige andere ruis bij. De televisie gaat aan. En meteen ook het licht in onze slaapkamer. En hoewel geluid zich toch echt langzamer door de lucht zou moeten verplaatsen dan licht, valt het me op dat het serieus de lamp was die als laatste aanfloepte. Leg dat maar eens uit, Einstein.

De terugkeer van de elektra stemt ons tevreden. Niets staat het bekijken van het wereldnieuws over een uur of twee nu nog in de weg. Maar dat heb ik mis. Zodra de walkie-talkie-leveranciers zijn verdwenen, komt Jimmy ons halen. Of wij weten hoe we weer beeld krijgen. De blikseminslag gisteren heeft blijkbaar ook de decoder van de satelliet ontregeld. We krijgen op alle kanalen sneeuw. Overal sneeuw, zeg ik nog in het Spaans, *nieve en todas las cadenas*. Maar een vergelijking met winterse neerslag leidt hier in de tropen natuurlijk meteen tot verwarring en onbegrip, dus hou ik het uiteindelijk maar op de conclusie dat het gewoon niet werkt. *No funciona*. Waardeloos. Misschien is de ontvanger doorgebrand bij de stroomuitval gisteren. Ik ben best wel een beetje technisch en zit nog een kwartiertje te pielen met de verschillende afstandsbedieningen, maar zonder enig resultaat. Wat een tegenslag.

De redding komt een uurtje later uit onverwachte hoek. Om de verveling te verdrijven zijn we maar weer op bed gaan liggen en ineens horen we de aanstellerige stemmen van een paar jammerende soapacteurs door het huis schallen. Hij doet het! Vlug kijk ik wie de zaak aan de praat heeft gekregen. Natuurlijk, Esmeralda, de vrouw des huizes. Gewoon even het resetknopje van de ontvanger indrukken, zegt ze. Ja logisch, waarom heb ik daar nou niet aan gedacht?

Er is trouwens wel iets vreemds aan de gang. De woonkamer heeft een voordeur die uitkomt op de veranda, maar er is ook nog een achteruitgang waardoor je belandt in het hoge gras van een onverzorgd stukje achtertuin. Die deur staat altijd open voor wat frisse lucht, maar nu is hij hermetisch gesloten. Wel hoor ik op de achtergrond het geklik en geruis van het leger-lulijzer. Ik weet zeker dat Felipe daar druk mee in de weer is en dat wij er niets van mogen meekrijgen. Wat is er aan de hand? Toch nieuwe ontwikkelingen? Ik hoop het maar, want hoe vriendelijk men hier in huis ook is, saaier dan dit kan haast niet. De tijd kruipt voorbij.

Met Eus bespreek ik hoe safe we nu zijn. 'Geloof jij nog dat ze op het idee kunnen komen ons dood te schieten?' Ook Eus lijkt het sterk. Dat gevaar is nu ver weg. Alles hangt af van de snelheid van de onderhandelingen over onze eventuele vrijlating. Wanneer men een kans voorbij laat gaan kunnen we hier zomaar nog een week vastzitten. De gedachte alleen al. Dan zullen we ongetwijfeld weer de hort op gaan, want het risico dat men ons ontdekt wordt natuurlijk met de dag groter. Ik heb nog maar één stripje pillen; medicinaal hou ik het maximaal een week vol. Zal ik maar vast de dosering gaan halveren? *Just in case*? Morgen misschien. Verder komt het einde van onze voorraad natte doekjes nu ook wel in zicht.

De minuten slepen zich tergend langzaam naar half een. Wanneer de schetterende klanken van het Caracol-nieuws uit de speakers knallen zijn we weer een en al aandacht. Maar het valt een beetje tegen. Er is namelijk ook dramatisch ander nieuws. Het noodweer van vannacht blijkt een spoor van verwoesting te hebben getrokken door dit deel van het land. We zien de gebruikelijke beelden van ontwortelde bomen en ronddrijvende automobielen. Daarnaast is er veel aandacht voor vreselijke modderstromen. Zie je nou wel? Een paar dorpjes in de buurt hebben er fors van langs gekregen. En ook de grote stad Villavicencio mag de wonden likken na het modderbad van gisteravond. Doden zijn nog niet gerapporteerd, maar veel mensen zijn gisteravond uit hun huis gehaald omdat de modderstroom de straten van de stad binnentrok. Had ons ook kunnen overkomen, maar goed, dat is dus niet gebeurd.

Het nieuws over die modder sleept maar voort en ik moet toegeven dat de beelden spectaculair zijn. Heel wat fotogenieker dan een vergadertafel met ELN'ers. Toch weet men er in het tweede deel van de uitzending nog een berichtje over ons tussen te proppen. Het proces naar onze vrijlating gaat gestaag door, zo krijgt de verslaggever de indruk. In het centrum van Cúcuta hebben zich nogal wat verslaggevers verzameld. Hun plan was om op te trekken naar de omgeving waar wij vast zitten, maar dat is ze door alle autoriteiten ten strengste verboden. Hun wel. Ik weet niet wat alle bemoedigende woorden nu echt betekenen, maar voorlopig zitten wij nog steeds gevangen aan deze kant van de buis. De vrijlating komt nu misschien wel wat dichterbij, maar dat is mij een te onduidelijke uitspraak. Wanneer, wanneer?

Inmiddels is de achterdeur weer geopend en heeft Felipe zich bij ons gevoegd. Maar niet dan nadat hij zich een ongeluk is geschrokken. Zijn pistool blijkt namelijk al de gehele tijd tussen de afstandsbedieningen van tv en satelliet gelegen te hebben. Met lichte paniek in de ogen snelt hij naar het tv-meubel om het wapentuig veilig te stellen. Ik lach. Wat een mop. Terwijl hij aan het ouwehoeren was met de legerleiding hadden wij ons hier best kunnen voorbereiden op een versnelde vrijlating. Trouwens, waar hangt zijn compagnon Jimmy eigenlijk uit? Die hebben we ook al even niet gezien. Het lijkt er sterk op dat onze bewakers ofwel de teugels laten vieren of hun concentratie verloren zijn.

Het nieuwsbulletin loopt op z'n einde en ineens verschijnen wij weer in beeld. Een presentatrice leest voor uit een persbericht van de ELN en weet vrolijk te melden dat beide ontvoerde Hollanders op vrije voeten zijn gesteld en in blakende gezondheid verkeren.

We kijken elkaar stomverbaasd aan. Wat is dat nou voor een onzin? Felipe is net zo uit het veld geslagen als wij.

Ik kan maar één ding tegen hem zeggen: 'Felipe, beste jongen, je hebt het gezien, we zijn vrijgelaten, kun je een taxi bellen?'

Hij reageert geschrokken. 'No, no, no, er is een proces op gang gekomen, maar jullie zijn echt nog niet vrij hoor.'

Dat begrijp ik natuurlijk wel, maar dat er iets gaande is en dat er in dat proces fouten gemaakt worden is me nu ook duidelijk geworden. Wanneer de vrijlating inderdaad ophanden is, zou het toch mooi waardeloos zijn als een ijverige persberichten-verstuurder een stok tussen de spaken steekt.

Ik vraag aan Felipe wat hij allemaal in die walkie-talkie van hem heeft gebrabbeld. Ik weet dat het een zinloze vraag is, want daar gaat hij toch niks over zeggen en dat blijkt te kloppen. Felipe kan geen uitspraken doen, maar hij benadrukt nogmaals dat er een proces gaande is. 'Is je een uurtje geleden niks opgevallen?' vraagt hij. 'De helikopters van het leger zijn verdwenen. Er cirkelden er vrijwel voortdurend twee boven de bergkammen aan weerszijden van ons dorp, maar nu is het stil.'

Ik moet eerlijk zeggen dat het me niet was opgevallen. Zelfs niet toen ze er nog wel waren. De herrie van de televisie, de kinderen en Ernesto overstemden doorgaans alles.

'We moeten rustig blijven,' verklaart Felipe ineens plechtig.

Ik vraag maar niks meer, maar ik baal ervan dat het

bericht over ons voortijdig de wereld in is geslingerd. We zappen langs andere nieuwskanalen die weliswaar minder regionaal nieuws brengen, maar misschien toch ook wel deze ontknoping willen melden. Inderdaad vallen we ineens midden in een bericht op een andere zender. Ook daar wordt over het ELN-persbericht gerept, maar dan wel met de toevoeging dat het niet klopt. De ELN biedt zijn excuses aan voor deze faux pas. Shit.

Eus en ik, we tasten beiden nogal in het duister en beginnen te speculeren over de mogelijke gevolgen van het 'foutje'. We kunnen ons zo voorstellen dat er een akkoord is bereikt over een vrijlating, maar dat de foutieve berichtgeving het proces verstoort en partijen zich weer terugtrekken. Maar het kan ook helemaal anders zijn. Misschien was het foute bericht wel een teken voor de cocaïnetransporten dat het leger zich heeft teruggetrokken en de spullen nu veilig en onbespied de weg op kunnen richting de afnemers. Je weet het niet in deze wilde wereld. Rustig blijven, zoals Felipe adviseert, is misschien toch het beste.

Omdat de bewaking ernstig lijkt te verslappen, loop ik onaangekondigd de veranda op. Daar zit onze licht uit het veld geslagen bewaker een sigaretje te roken. We raken aan de praat. Felipe is een kind van deze streek. Lezen en schrijven kan hij niet en de Spaanse taal spreken is ook al lastig voor hem. Felipe is een afstammeling van de Bari-indianen, de oorspronkelijke bewoners van dit gebied. Hun taal spreekt hij dan wel weer goed. En als ik veronderstel dat je daar misschien is deze moderne wereld weinig aan hebt, beaamt hij dat er nauwelijks nog iemand het Bari machtig is.

Ik vraag of hij eens iets wil zeggen in zijn moedertaal. Hij leeft helemaal op. Onder het uitstoten van vreemde klanken en idioot samengestelde woorden geeft hij mij een inkijkje in het Bari. Nou, dat is niet makkelijk hoor. 'Goedemorgen' is in die indianentaal al een hele zin en 'hoe gaat het ermee?' kun je beter al helemaal niet vragen. Na twee voorbeelden heb ik het al wel weer gehoord, maar Felipe weet niet meer van ophouden. Lijsten met woorden en uitdrukkingen komen voorbij, alles even krankzinnig uitgesproken. Maar ook wel interessant. Vooral omdat Felipe het zo leuk vindt om nu eens iets te kunnen laten zien waarin hij goed is. Vermoed ik.

Hij daagt me uit om ook eens iets in zijn moedertaal te proberen. Jammer genoeg staat de tongval der Bari-indianen zeer ver van de mijne. Maar net als in elke taal veroorzaken al die verhaspelingen en verkeerde uitspraken enige hilariteit. Felipe lacht en ik heb plezier. Er schiet me ineens iets te binnen. Gisteren durfde ik niet in het kleine spiegeltje te kijken dat tussen de balken boven de douche is gestoken. Een achteruitkijkspiegeltje van een motor. Mijn verlopen kop interesseert me nu niet. Maar nu vraag ik Felipe of het verstandig is me te scheren, teneinde bij een eventuele vrijlating een beetje netjes voor de dag te komen. Natuurlijk is dat een goed idee, vindt mijn nieuwe beste vriend. Het proces is immers op gang, zegt-ie. 'Ik haal wel even een scheermes.' Even later is hij terug met een heel behoorlijk krabbertje.

Aarzelend pak ik de achteruitkijkspiegel. Sodemieters! Dat valt niet mee. Ergens in de verte zie ik wel dat het om mijn gezicht gaat, maar helemaal zeker ben ik toch niet. Wat een mager koppie en dan die grijze baard; de echte gijzelaars*look*. Ik zeep mijn kaken in en zet het scheermes op de huid. Het heerlijke schrapen van de mesjes door de stevige stoppels geeft me een lekker gevoel. Straks zie ik er in elk geval weer wat toonbaarder uit. Alleen m'n kapsel is nogal potsierlijk. Daar is Felipe het helemaal mee eens en meteen komt hij aanzetten met een speciale sterke wax, die hij zelf dagelijks ruimschoots aanbrengt in zijn donkere kuif. Even later zie ik er pico bello uit. Wat hoofd betreft ben ik in elk geval helemaal in orde en dat doet deugd.

Ik adviseer Eus om ook een opfrisbeurt te ondergaan, maar hij ligt net lekker te dommelen en heeft er even geen zin in. Misschien wel verstandig. Mijn ervaring is dat je je beter niet kunt voorbereiden op iets waar je heel erg op hoopt. Dat er iets staat te gebeuren is zeker. Jimmy is net teruggekomen uit het dorpje en is nu bezig zijn hangmat in te pakken. Keurig opgevouwen verdwijnt het ding met de persoonlijke bezittingen en overgebleven kledingstukken in de legerrugzak. Er komt geen uitleg. Gaan de jongens er misschien vandoor? Geen idee. Er is trouwens iets met onze bewaker. Verdomd, hij is naar de kapper geweest. Korter en keuriger. Ik wijs op zijn hoofd, hij bloost van oor tot oor.

Even later kijk ik naar buiten en zie Felipe in de weer met een aansteker. Zie ik het nou goed? Onze revolutionair verbrandt een paar ELN-boekjes en de A4-poster van Che Guevara die de afgelopen dagen met een magneet op de zijkant van de koelkast zat geplakt. Wegwerken van bewijsmateriaal, vermoed ik. Wanneer er onverhoopt een huiszoeking wordt gedaan bij Ernesto en Esmeralda mag er natuurlijk niets belastends meer rondslingeren. Als een half uurtje later ook de hangmat van Felipe is ingepakt weten we het zeker. Of we worden vrijgelaten, of de twee jongens worden afgelost. We hopen uiteraard het eerste, maar waken voor te veel optimisme.

Stofzuiger en Andres maken meteen gebruik van de vrijgekomen ruimte in de woonkamer. Ze trekken het vieze witte matras uit onze slaapkamer en beginnen hun circusact. Een half uur later zijn we allemaal knettergek van de herrie die de boys produceren. Er is nu eigenlijk maar één mogelijkheid om ons uit ons lijden te verlossen. En vijf minuten later gebeurt het. De Stofzuiger heeft zijn aanloop voor een koprol verkeerd ingeschat en knalt met zijn kanis tegen een deurpost. Meteen keihard huilen, hup naar moeder, en die verbiedt gelukkig ook Andres om nog verder te spelen. De rust keert weer.

Maar niet voor lang. Tegen een uur of vijf krijg ik zomaar, *out of the blue*, een stevige kramp in de maag. Shit, wat is dat nou weer? Ik probeer het te negeren, maar wanneer zich uiteindelijk om de vijf minuten zo'n pijnscheut meldt, kan ik het niet meer voor me houden. 'Fuck, Eus, pijn in m'n maag, echt pijn.' Het lijkt erop dat ik nu krijg wat Eus gisteren had.

Ik zoek het pakje natte doekjes en verdwijn naar de wc. Een verslag van de gebeurtenissen zal ik u besparen. Het lucht op en het gaat inderdaad wat beter, maar dat verandert op slag wanneer Felipe ons een bord eten komt brengen. Helemaal geen kip criollo, maar opnieuw de gebruikelijke rijst met daar bovenop een dampend prakje Kittekat. Wat een gruwelijke stank komt ervan af. Gelukkig is de wc onbezet, want er ontstaat vrijwel meteen een noodsituatie. Ik heb niet eens meer tijd om de doekjes van tafel te grissen. Het is potdomme niet best met mij.

Met mijn bord voor me uit loop ik terug naar de keuken. Ik bied Esmeralda mijn verontschuldigingen aan en wijs met een gepijnigde grimas richting mijn buik. Ze begrijpt het; Felipe eet het wel op. Voorzichtig vraag ik hoelang ze de jongeman in kwestie al kent. Dat blijkt een hele stomme vraag. Felipe is m'n *sobrino*, de zoon van de oudste broer van Ernesto. Een neef van de koude kant dus. Tjonge, wat ben ik opgelucht. De huwelijkse trouw straalt weer van Esmeralda af. Ik vraag of zij weet wat er aan de hand is, maar dat weet ze niet, en ik geloof haar.

Dan gebeurt er iets wonderlijks. We zitten in de woonkamer en kijken een beetje verveeld naar buiten. Plotseling komen vanuit de schemering een paar kerels naar boven lopen, recht op ons huis af. Maar Felipe en Jimmy zijn in geen velden of wegen te bekennen en kunnen geen instructies geven. De mannen hebben mij allang gezien en van rechts komt nu inderdaad ook Jimmy aangesneld. 'Er zijn gasten, Jimmy,' zeg ik.

Voor de laatste keer maakt onze onoplettende bewaker zijn subtiele hoofdbeweging. Wegwezen, de slaapkamer in. Binnen een vloek en een zucht staan we achter de deur van ons nachthok. Ik voel mijn hart in m'n keel kloppen. Ik ben opeens bang dat alles wat gestroomlijnd had moeten verlopen op de een of andere manier door onoplettendheid om zeep wordt geholpen. Eus begint tegen me te praten maar in mijn zenuwen gebaar ik ongeduldig dat we stil moeten zijn. Die vreemde gasten staan op de veranda en kunnen ons best horen.

Nu het nog kan probeer ik geluidloos de deur van onze kamer wat verder dicht te duwen zodat we ons niet zo krampachtig in de hoek, tegen de wasmanden hoeven te verstoppen. Maar uitgerekend nu zit die schijtpapegaai op de bovenrand stom voor zich uit te kijken. Eerst zie ik hem niet, maar zodra hij klem komt te zitten doordat ik stevig begin te duwen maakt hij zijn aanwezigheid luidkeels merkbaar. Het rotbeest begint in mijn richting te pikken, en gaat vervolgens doodgemoedereerd op dezelfde plek zitten. Graag had ik Lorre gekraakt tussen deur en deurpost, maar ik snap dat dit niet het juiste moment daarvoor is.

De deur blijft half open en het gerucht van de papegaai heeft ons bezoek alleen maar dichterbij gelokt. Ik hoor een van de vreemdelingen zeggen dat hij het beest wel even zal vangen. De deur beweegt al, maar net op tijd kan Felipe verhinderen dat er iemand onze slaapkamer binnenkomt. Wie zijn die gasten, vraag ik me af. Blijkbaar geen goed volk, want ze mogen ons niet zien. Dus zijn het potentiële verraders die een tip hebben gekregen. Over ons? Ik kan het me allemaal moeilijk voorstellen. En echt, volgens mij hebben ze ons allang in de smiezen.

De situatie is niet goed voor mijn maag. M'n zenuwen stuwen de kramp naar de ingewanden. Ik moet even zitten. Op de uiterste hoek aan het voeteneinde van mijn kant van het bed kunnen we ons net goed genoeg verborgen houden. Er breekt een lange periode van zwijgen aan. Het enige dat me zou kunnen verraden is het gerommel in mijn buik. De moed zakt me in de schoenen. Dit wordt niks. Die mannen zijn natuurlijk gewoon boeren uit de buurt en alle tekenen van een nakende vrijheid zullen zodadelijk wel weer zijn weggepoetst als we de slaapkamer uit mogen. De hangmatten weer aan de muur en de televisie op het *Caracol-journaal*. En dan? Hoelang nog? Ik ben graag onder de mensen en voel me vrijwel overal thuis, maar ineens vind ik er hier niks meer aan.

Voor mijn gevoel duurt het uren voordat er iets gebeurt. Maar dan is het ook niet mis. De slaapkamerdeur wordt opengegooid, Lorre schrikt nu zo hevig dat hij luid krijsend verdwijnt. Er komen wat bewapende figuren binnen. Wat nou weer? De voorste knipt het licht in onze kamer aan en dan zien we hem. In vol ornaat staat hij daar te glimmen van trots. Nee, het is niet Che Guevara, maar hij lijkt er wel een beetje op. Het is commandant Mateo. Ditmaal niet op rubberlaarzen met een kort regenjasje erboven, nee, vanavond is hij gestoken in een spiksplinternieuw ELN-uniform. Er zit geen vlekje op. Het embleem met de letters ELN spat ervanaf. Verder is onze vriend voor de gelegenheid ook nog eens vervaarlijk bewapend. Aan de zijkant van zijn lichaam hangt een soort afweergeschut dat hem qua lengte helemaal de baas is. De loop steekt minstens tien centimeter boven zijn hoofd uit, terwijl de kolf op de grond rust. *Impressionante.* Het is zo'n ding dat in speelfilms altijd uit een grote zwarte plastic koffer wordt gevist. De held of boef bekijkt het dan even snel van alle kanten en is tevreden. Groter maken ze die wapens nu eenmaal niet. Het schieten kan beginnen. Nou, Mateo heeft er ook een, hoor.

Achter hem aan komt een adjudant, ook in onberispelijk uniform maar niet met zo'n belachelijk stuk wapentuig. Ten slotte volgt een ELN-meisje. Ik wist dat ze bestonden, maar nu zien we er daadwerkelijk één. Ze is knap, en ze draagt een AK 47 zoals vrijwel alle andere manschappen die we hebben ontmoet. Er worden twee stoelen aangerukt voor de commandant en zijn assistent. Meer zitplaatsen zijn er niet dus de gewapende vrouw trekt zich terug in de woonkamer, waar ze meteen bij Jimmy op schoot gaat zitten. *Lucky bastard.* Daarom was hij natuurlijk naar de kapper.

Ondanks zijn bestudeerde, overdreven aankleding is Mateo nog steeds dezelfde dikkige lachebek die hij bij onze vorige ontmoetingen ook was. Ditmaal moet hij, vanwege de aanwezigheid van collega's, een nogal serieuze houding aannemen. Allereerst wil hij weten hoe het met ons is, maar daarop geven we maar geen eerlijk antwoord. Nou ja, 'goed', liegen we. Dat doet Mateo deugd. Hij wil duidelijk naar nog meer trivialiteiten vragen, maar ik ben hem voor.

'Mateo, *que pasa*? Wat gebeurt er? Is er nieuws?'

Hij begrijpt gelukkig meteen dat we graag ter zake komen. Uit zijn binnenzak haalt hij een papier tevoorschijn en begint een aankondiging. Hij heeft goed nieuws. De onvermoeibare leiding van de zaligmakende organisatie ELN heeft vanuit de goedheid van haar hart besloten om de preventief in hechtenis genomen Eugenio Ernest Marie Follender en Derk Johannes Bolt over te dragen aan een humanitaire commissie onder leiding van pater Victor uit Ocaña. Dit zal vanavond om precies elf uur gebeuren op een geheime plaats in de bergen rond El Tarra.

Iets dergelijks proclameert hij op deftige toon en daarna wil hij graag weten wat wij ervan vinden. We gaan akkoord Mateo, weg van hier, op naar de vrijheid! Zoiets probeer ik in correct Spaans te formuleren.

Mateo glundert. Nu dit officiële gedeelte is afgelopen is er weer tijd voor de gebruikelijke prietpraat en vragen waarop niemand zit te wachten. Zo wil Mateo bijvoorbeeld weten of wij de afgelopen dagen ook kennis hebben gemaakt met de muziek van de strijdkrachten der ELN. Ik kan dit volmondig bevestigen. Tijdens diverse autoritten, maar ook de laatste dagen bij het gezin van Ernesto, hebben we mogen genieten van het gekweel der guerrillasympathisanten. En wat vonden wij van die muziek? Uiteraard het beste dat we ooit hebben gehoord, Mateo. Prachtig gitaarspel, mooie teksten, goede stemmen. Eus is het al knikkend overal mee eens en steekt op geschikte momenten zijn duim op.

Onze positieve woorden vallen goed bij de commandant en zijn compagnon. Ze hebben toevallig een laptop bij zich en een usb-stick barstensvol ELN-liedjes. Daarvan zal de adjudant een fijne kopie voor ons maken, zodat we tijdens onze reizen voortaan altijd een vrolijk muziekje kunnen opzetten.

We reageren enthousiast en bedanken onze vriend al uitbundig, nog voordat we ook maar iets in handen hebben. Dat laatste zal dan ook helemaal niet gebeuren. De adjudant blijkt geen ICT-expert. Het wil hem maar niet lukken de liedjes van de ene USB gekopieerd te krijgen op een andere. Tot vijf keer toe laat hij het meisje met de AK een nieuw exemplaar halen, maar nee. Grappig is dat de guerrillero met de laptop overduidelijk ook maar een gewoon mens is. Zijn kop wordt vuurrood, het zweet breekt hem aan alle kanten uit en de vijf vers uit de verpakking getrokken stickies krijgen er de schuld van dat alles mislukt.

Om nog maar eens wat extra zout in de wond te wrijven vraag ik na de zoveelste poging of deze vertraging onze vrijlating wellicht negatief kan beïnvloeden. Maar dat blijkt niet het geval. We hebben alle tijd. Dus opnieuw ook weer veel gelegenheid voor politieke beschouwingen en filosofische onzin. Mateo begint een wijze les over de boeren en hun erbarmelijke omstandigheden.

Ik luister maar half en knik af en toe instemmend. Ik moet poepen, maar dat durf ik natuurlijk niet te zeggen. Zeker niet met dat leuke meisje in de buurt. Wat zou die wel niet van mij denken? Ik kan haar door een kier in het deurkozijn precies zien zitten. Nog steeds bij Jimmy op schoot en steeds frivoler in haar houding. Die Jimmy heeft het vanavond goed voor elkaar.

'En wat denk jij?' besluit Mateo z'n betoog.

Maar ik heb natuurlijk helemaal niet opgelet en kan niets anders verzinnen dan het overal mee eens te zijn. Dit blijkt een goede keuze. Mateo wil namelijk nog even stevig benadrukken dat Colombia op wereldschaal de tweede plaats inneemt wat betreft inkomensongelijkheid.

'Zo zo,' zeg ik, 'dat is niet mis.' En dan bega ik toch

nog een foutje. Het komt zomaar in me op, maar ik heb er al spijt van nog voor ik met de vraag klaar ben. 'Wanneer Colombia op de tweede plaats staat, Mateo, wie staat dan op nummer één?' Stom natuurlijk, want de kans is groot dat hij dit niet weet en daardoor af zal gaan in de ogen van zijn meeluisterende mindere. Inderdaad begint Mateo nogal hulpeloos te stamelen. De eerste, wie was ook weer de eerste?

Omdat ik graag wil proberen zijn afgang te voorkomen besluit ik na een paar minuten gestotter een handje te helpen. 'Brazilië?' stel ik voor. Maar in plaats van de reddingsboei te pakken en volmondig ja te zeggen, schudt Mateo het hoofd. 'Nee, niet Brazilië.' Stil nou even, hij komt er echt wel op.

Nou, dan moet-ie het zelf maar weten. Belangstellend wachten we op de uitkomst van het denkwerk. Die komt vrij snel. Mateo weet het weer. Min of meer. Het is dat land met al die negers, *Díos mio*, hoe heet het ook alweer? Alleen maar zwarte mensen.

We luisteren licht ontzet, maar vol belangstelling. Het duurt even, maar ja, hij is eruit: Afrika, dat is het. In Afrika zijn de inkomsten het meest ongelijk verdeeld van de hele wereld. De commandant glundert en kijkt tevreden naar zijn collega, die nog steeds aan een usb-stick prutst.

En zo kabbelt de avond voorbij. Zelf heb ik ook nog iets voor de ideeënbus. 'Je moet zorgen dat hier internet komt, Mateo. Echt, daar kun je nog veel plezier van hebben. Dan zou je namelijk wekelijks door verschillende mensen een vlog kunnen laten maken. Leuke videoboodschappen die de wereld rondgaan, als ze maar interessant genoeg zijn. Onze ontvoering bijvoorbeeld zou publicitair nog veel meer hebben kunnen opleveren. Stuur een gast met een cameraatje mee en laat hem elke dag even naar een internetpunt gaan om de beelden op YouTube te zetten.'

Ik zie aan de ogen van de commandant dat ik vanuit een wereld redeneer die hij nog maar nauwelijks kent. Goed beschouwd zit ik zelf ook maar een beetje te raaskallen, in de steeds sterker wordende euforie van de naderende vrijheid.

'Tja,' zegt Mateo, 'dat internet wordt nog een hele strijd.' De overheid ontzegt de bevolking hier hun rechtmatige verbinding met het wereldwijde web. Wacht maar tot zij, de guerrilla's, binnenkort regeren over heel Colombia. Dan gaat alles anders en beter.

Even denk ik dat hij serieus is, maar zijn twinkelende ogen verraden dat hij zelf ook wel weet hoe onzinnig zijn laatste bewering is. De ELN aan de macht in Colombia. *Yeah, sure.*

Het is half tien, we moeten zeker nog een uurtje rijden. We gaan zo op pad. Maar eerst komt de adjudant nog met de vreugdevolle mededeling dat de ELN erin is geslaagd drie liedjes naar bijgevoegde USB-stick te kopiëren. Veel is het niet, maar het komt uit een goed hart. Oké mannen, *vámonos!* We gaan.

Ditmaal nemen we wel hartelijk afscheid van onze metgezellen van de laatste dagen. Felipe schudt ons de hand, maar Jimmy is inmiddels zo bedolven onder de ELN-strijdster dat hij het bij een knikje moet houden. Ernesto en Esmeralda zijn zichtbaar opgelucht met ons vertrek en de kleintjes zwaaien nog even vanuit hun bedjes. De papegaai hebben ze op de een of andere manier in een kooitje weten te krijgen. Het beest kijkt ons met een vuile blik de deur uit.

Buiten blijkt dat er nog veel meer ELN-reuring is. Er staat een heel zootje manschappen te wachten naast de twee gepantserde F-150 pick-ups. Ford doet duidelijk goede zaken met de guerrilla. Wanneer Mateo, gebukt onder zijn extravagante wapentuig, tevoorschijn komt, is dat voor iedereen het teken een van tevoren afgesproken plaats in te nemen. Wij stappen achter in de tweede pick up en Mateo houdt ons gezelschap. Voorin zit een collega guerrillero met ook zo'n enorm wapen. De schietspullen nemen zoveel plaats in dat ze hun baasjes voortdurend in de weg zitten. Ik ben benieuwd wanneer de eerste per ongeluk afgaat en wat daar dan de gevolgen van zijn. De achterbak wordt volgeladen met soldaten en hetzelfde gebeurt in de pick-up voor ons.

Eindelijk worden de motoren gestart en kunnen we vertrekken. De autoradio gaat aan en wanneer de juiste usb-stick is gevonden, schalt het guerrillero-gezang uit de opengedraaide ramen van onze auto. Zeker, we zijn lekker anoniem onderweg in onze pantserwagen, dat is duidelijk. *Hallo mensen, hallo, hier rijdt uw guerilla!*

Onderweg geeft Mateo een toelichting op het verloop van de onderhandelingen in de afgelopen week. Het is precies gegaan zoals hij verwachtte. Natuurlijk zijn we geen spionnen, maar dat konden zijn manschappen dus ook niet weten. Het protocol is derhalve strikt gevolgd, met als resultaat deze heugelijke avond.

Ik heb me voorgenomen niets brutaals meer te zeggen, dus luister ik aandachtig. Vandaag is het volgende gebeurd, vervolgt de commandant. Het leger heeft zich om twee uur teruggetrokken uit het luchtruim. Verder is er een opening gecreëerd tot twee uur vannacht om de overdracht van de gevangenen veilig te kunnen laten verlopen. Een soort nietaanvalsverdragje dus. Morgen is het gewoon weer oorlog *as usual.* Maar het Colombiaanse leger is vanzelfsprekend niet te vertrouwen, gaat Mateo verder, dus moeten we nog steeds alle voorzichtigheid in acht nemen. Daarom zullen we zo dadelijk van auto verwisselen en dat doen we dan later nog eens. Om eventuele achtervolging door het leger zo veel mogelijk te voorkomen. Ik geloof daar helemaal niets van, maar waarom nu nog een grote mond?

Bij de eerste stop ontmoeten we nog meer manschappen. Een man of twintig tel ik wel. Ze hebben zich verzameld op een soort open vlakte in de buurt van een houtzagerij. Vermoed ik. Er liggen overal boomstammen opgestapeld en in de verte zie ik de contouren van een enorme werkplaats. De mannen leunen tegen de stapels hout en roken dat het een lieve lust is. Marlboro, dus het hogere kader.

Zodra Mateo is uitgestapt begint het geleuter weer over die vermaledijde drones van het leger. Ik draai het raampje open en luister mee. Iedereen claimt een drone te zien, maar allemaal wijzen ze een andere kant op. 'Kijk,' zegt Mateo, 'kijk dan, daar omhoog, dat is er een.'

'Nou moe, wat een hoop drones,' zeg ik, omhoog turend in de richting van Mateo's wijsvinger. Het lijken wel sterren.

Het is even voor tienen en we wachten een kwartier voordat we overstappen in een andere witte Ford F-150. Dat helpt, schampert het door mijn hoofd. De vijand afschudden door in precies dezelfde auto verder te gaan. Het hoort blijkbaar bij het toneelstuk van vanavond.

We rijden een minuut of twintig en komen bij de volgende autoruil opnieuw in een exact gelijkende automobiel terecht. Het zou mij niet verbazen wanneer het gewoon weer de bak was waarmee we de reis begonnen.

Om kwart voor elf zijn we de plaats van de overdracht der gevangenen op een meter of vijftig genaderd. Langs de kant staat een dun haagje ELN-soldaten in het gelid, mitrailleur in de aanslag. We parkeren in een modderige bocht langs de weg. Nergens een lichtje te zien, het is stik- en stikdonker. Zouden ze ons wel echt laten gaan? vragen mijn hersenen zich even ongerust af. Of wordt dit een traditionele ELN-executie? Dat die gasten met mitrailleurs eigenlijk een executiepeloton zijn. Gelul. Onzin. Schijterd. 'Het gaat gebeuren Eus,' zeg ik extra vrolijk. 'Kom op Mateo, laten we uitstappen.' Maar dat kan nog niet. Er is afgesproken om precies elf uur en dat duurt nog negen minuten. We wachten.

'Komen jullie nog eens terug?' wil Mateo weten.

'Tuurlijk,' zeg ik, 'met plezier. Zijn we hier dan welkom bij jullie en veilig?'

Dat weet Mateo heel zeker. Wanneer we keurig contact opnemen zijn we van harte welkom. 'Misschien met Kerst,' oppert hij. Het grootste feest van het jaar. Een van de weinige momenten waarop ze alcohol drinken en helemaal door het lint gaan. Gezellig.

Zo kletsen we nog een beetje door tot het één voor elf is. We moeten, niet lachen, nu elk een baseballcap opzetten waarop de naam van de humanitaire commissie is ingewoven. Zodat ze ons goed herkennen, is de komische toelichting van Mateo. Ziet u het al voor u? *Wie zijn die gasten die daar aankomen? Hebben die gijzelaars nou een ELN-uniform aan en zulke enorme geweren? Waarom heeft niemand de herkenningspet op? En wie zijn eigenlijk die twee witte slungels daar in het midden?* Geloof je het zelf? Maar goed, we komen vrij en dat is bij uitstek een reden om vrolijk te zijn en precies te doen wat de mensen met de wapens zeggen.

We lopen over een zandpaadje. De witte pick-up rijdt achter ons aan en verlicht het wegdek. Na vijftig meter zien we ze aankomen. Een man of zes. De humanitaire commissie. Ik heb geen idee wie ze precies zijn en welke functie ze hebben, maar geheel in de stijl van het land besluit ik ze allemaal aan het hart te drukken. En omstandig te bedanken natuurlijk. We zijn weliswaar nog omringd door ELN-strijders, maar er kan nu toch niets meer misgaan?

Het besef dat we nu echt vrij zijn heeft een verkwikkende werking op mij. Om niet te zeggen dat het een zekere euforie veroorzaakt. Blijdschap en een snel herwonnen zelfvertrouwen. Nee, het is misschien geen *Bridge of Spies*, maar zo voelt het wel. Het zou mij een lief ding waard zijn zo snel mogelijk van deze plaats te vertrekken en de guerrillavrienden achter ons te laten, maar er moet nog heel wat gebeuren. Foto's en filmpjes maken bijvoorbeeld, om te distribueren onder de media-netwerken. *Kijk, hier is de humanitaire commissie, de succesvolle onderhandelaars. En daar, de stoere ELN-strijders, redders van het volk. En die twee uilskuikens met een pet op, dat zijn dus de vrijgelaten gevangenen.*

Iedereen wil met ons op de foto. Vele handen moeten worden geschud. Ook die van de ELN-commandant. Mateo glundert. Zijn *moment of fame*, straks op televisie, later in de kranten. Ik sta er een beetje lullig bij met m'n pet op en toilettas in de hand. Maar ik voel me geweldig. Daarom doe ik volmondig en lachend aan alles mee. We noemen elkaar amigo's, en Mateo excuseert zich weer voor wat ons is overkomen.

'Geeft niks joh,' hoor ik mezelf zeggen, 'kan de beste gebeuren. *Pasa lo que pasa*.'

Of we nog eens terugkomen, wil hij opnieuw weten.

'*Cuando hay paz*,' zeg ik tactisch. Als er vrede is.

'Van harte welkom dan,' zegt de commandant stralend.

Het station Stockholm is wat mij betreft bereikt. We lijken grote vrienden geworden. Maar het zal de adrenaline zijn die me in beslag heeft genomen. Ik weet niet meer zo goed wat ik zeg en doe.

Er volgen wat interviews die voor de televisiezenders Caracol en RCN bedoeld zijn. Ik steek vol goede moed van wal en zoek naar de juiste Spaanse woorden. Dat blijkt nog niet zo eenvoudig. In mijn enthousiasme verhaspel ik alles, mijn Spaans lijkt nergens naar, maar gelukkig reageert men positief. Ik complimenteer de ELN voor de goede verzorging, klaag over de levensgevaarlijke jungletocht en breek een lans voor de arme boeren in deze streek. Eus geeft een verklaring in het Engels. Heel verstandig. Spaans verstaan is één, maar in afgeronde zinnen spreken iets anders.

Wanneer alle plichtplegingen zijn afgerond, gaan we naar de twee klaarstaande terreinwagens. De leider van de humanitaire missie, Padre Victor, neemt ons mee naar de zijne, een gepantserde Toyota Landcruiser. Wit uiteraard. De padre is een grote kerel met kort borstelhaar. Het is bijna middernacht wanneer we instappen.

Eenmaal op de achterbank gezeten geven Eus en ik elkaar een hand. We zijn vrij, gefeliciteerd!

Grommend rijden de twee terreinwagens de duisternis in.

Zaterdag 24 juni 2017

Onderweg heeft Padre Victor direct het hoogste woord. We krijgen omstandig uitleg over alles wat er de afgelopen week aan hun kant is gebeurd. Heel langzaam begint tot ons door te dringen dat dit niet gering is. Tientallen journalisten zullen straks in Cúcuta op ons wachten voor het hotel waar we heen worden gebracht. Er is de afgelopen dagen geprotesteerd tegen onze ontvoering in het centrum van de stad en zelfs op het grote Plaza Bolívar in Bogotá. De Nederlandse media zijn er ook. 'Jongens, de Nederlandse kranten hebben vol gestaan, jullie waren het nieuws van de dag. Elke dag.'

Er bekruipt mij een wat ongemakkelijk gevoel. Het eerste wat ik denk is dat ik hier echt helemaal niet op zit te wachten. Ik hoopte bij de eerste de beste tent een biertje te kunnen drinken en daarna het dichtstbijzijnde bed op te zoeken. Mijn maagkrampen manifesteren zich meteen weer. Met samengeknepen billen kost het me moeite niet meteen in m'n broek te poepen. Ik zeg het maar zoals het is. Het wordt ons snel duidelijk dat wij nog steeds niets te vertellen hebben. Er is een dwingend draaiboek voor onze behouden terugkeer waaraan iedereen zich strikt houdt. In dit draaiboek zijn wij wel aanwezig, maar zonder doorslaggevende stem.

Onze chauffeur heet Christian, van beroep journalist en fixer voor buitenlandse media. De beste contacten heeft hij met *De Telegraaf*. Ook al zo'n beer van een kerel. Hij rijdt als een bezetene. Daardoor spelen mijn ribben nogal op. We worden op de achterbank heen en weer geslingerd want de weg is verrotte slecht. Net zoiets als waarover wij een week geleden reden. Maar wij pasten onze snelheid aan en dat doet Christian niet. Onder de tachtig komt onze Landcruiser nooit en daardoor moet het bovenlichaam alle zeilen bijzetten om in balans te blijven. Ik vraag of het langzamer kan, maar dat kan niet. We gaan in één streep door naar Cúcuta, waar het volgende hoofdstuk van onze vrijlating zich zal afspelen.

'Hoelang is dat rijden?' vraag ik angstig, want ik meen het antwoord al te weten.

'Een uur of acht,' zegt Christian, 'maar straks wordt de weg beter. Als we op de helft zijn.'

Oef, moet dat nou? *The torture never stops*, dat weet ik, maar echt, nog ácht uur? Ik wil liggen, slapen, maar eerst een koud biertje. En ik moet hoognodig telefoneren met Darmstad. De indaling is al compleet, als je daarvan bij diarree tenminste kunt spreken. Waren we nog maar bij Ernesto en Esmeralda, denk ik ineens. Lekker rustig.

Ik leg mijn ribben- en stoelgangproblematiek voor aan onze chauffeur en hij belooft te doen wat hij kan. Qua rijstijl wil dat niet echt lukken. En dat komt niet alleen door onze hoge snelheid en de levensgevaarlijke bochten in de route, maar vooral doordat Christian doorlopend met twee telefoons zit te goochelen. Blijkbaar heeft hij afspraken met collega's die ons zo snel mogelijk willen interviewen. Maar de verbindingen in dit afgelegen gebied zijn slecht en het kost Christian moeite iemand te bereiken zonder ons een ravijn in te rijden. Eerst komt er aarzelend een dataverbinding tot stand. Vol gas worden de foto's en videobeelden die bij de vrijlating gemaakt zijn naar tal van media verstuurd. Hij belooft ze ons ook te sturen. Ik schat dat onze chauffeur voor dertig procent op de weg let en de overige zeventig gebruikt voor zijn journalistieke missie.

Het is nog diep in de nacht en pikdonker. Ik volg voortdurend nogal angstig de lichtbundels die uit de koplampen stralen. Wat zien we daar? Een waterput? Pas op Christian, en we zwiepen eromheen. Kijk, een diepe greppel langs de weg. En net wanneer we er met twee wielen in terecht dreigen te komen, stuurt onze op hol geslagen chauffeur bij. Het moet een keer misgaan, daarover zijn Eus en ik het eens. We lijken uit de betrekkelijke veiligheid van onze gevangenschap nu terechtgekomen in de levensgevaarlijke handen van onze haastige redders.

Wanneer we het plaatsje Ocaña binnenrijden, gebeurt het. De koplampen vangen een rijtje jonge geitjes die liggen te slapen op de weg. Christian is druk in de weer met z'n mobieltjes en kijkt niet op of om. Als ik een kreet slaak is het te laat. Het zwarte geitje dat als laatste het dreigende gevaar in de gaten heeft is de sigaar. Bonkerdebonk, hoor ik onder de auto.

'*Que pasó*?' vraagt de chauffeur.

Wat gebeurde er? Je hebt net een geitje doodgereden, lul, wil ik zeggen. Maar op dat laatste woord kan ik even niet komen.

Christian haalt z'n schouders op en praat in een van zijn telefoontjes.

'Derk!' schreeuwt hij ineens. '*De Telegraaf!*'

Ik krijg zijn Samsung in m'n handen gedrukt en begin met een aarzelend 'hallo' het eerste gesprek met de media. De man van *De Telegraaf* is vriendelijk en houdt het kort. Gelukkig maar, want de verbinding is slecht en in onze luidruchtige rammelauto valt het niet mee een gesprek te voeren. Maar voorlopig ben ik er niet van af. De een na de ander komt aan de telefoon. Vrijwel uitsluitend de Colombiaanse media. Kranten, televisie en radio. Ik spreek met

Eus af dat ik de Spaanstalige afdeling voor mijn rekening zal nemen. Dat lukt mij toch net wat beter.

Tussen alle telefoontjes door wordt onze behoefte aan een flesje bier steeds groter. Bovendien krijgen we honger en willen we na een paar uur ook weleens de benen strekken. Mijn maagpijn houdt stug vol, maar er is nog geen faecale paniek.

We overleggen met Padre Victor. 'Kunnen we niet even ergens stoppen, beste padre?' Hij vindt het een goed idee, want ook hun dag is lang geweest. Hij vertelt dat ze pas over onze definitieve vrijlating hoorden toen de hele humanitaire club in Cúcuta zat te vergaderen. Vanochtend dus. Ze moesten meteen komen, anders ging het feest niet door. Daarom is ook hij al vierentwintig uur in touw, net als Christian, die inderdaad opvallend vermoeid achter het stuur zit. Hij heeft eigenlijk de hele dag al op de bestuurdersstoel gezeten en het kost hem moeite de ogen open te houden. Gelukkig wordt hij vaak gebeld.

Ineens rijden we een parkeerplaats op. Aan het einde ervan de neon verlichting van een hotel. Hotel El Laguito in het plaatsje Ábrego. Het is drie uur in de nacht en ik betwijfel of men hier nu nog iets serveert. Ik worstel me uit de auto en ga op zoek naar ons laatste restje natte doekjes. Het pakje is bijna leeg. Door de plotselinge beweging lijkt ook de maag wakker geschud. Ik spurt naar binnen en smeek om een wc. Die is vijf meter verderop. Nu maar hopen dat er geen humanitair medemens op zit.

Ik heb geluk en stort me op de pot. Hopelijk sluit de deur goed af, anders zal het verblijf in het aangrenzende cafeetje voor iedereen weleens een lelijke tegenvaller kunnen worden. Na gedane zaken tel ik de doekjes. Nog drie.

Wanneer ik snel naar buiten glip om zo weinig mogelijk

lucht te laten ontsnappen, overzie ik het slagveld dat inmiddels is aangericht. We zijn met een man of acht. De hele groep heeft zich op de mondvoorraad van het hotel gestort. Zakken chips en pinda's worden opengescheurd. Blikken koekjes losgedraaid en koelkasten leeggetrokken. Dit alles in het tempo van een sprinkhanenplaag. De nachtportier zit verbijsterd toe te kijken, maar houdt zich goed. Als-ie ons ziet, weet hij het meteen. De gegijzelde Hollanders. Of we een biertje willen.

Met ieder twee ijskoude blikjes Club Colombia in de hand kijken Eus en ik elkaar tevreden aan en proosten we op de vrijheid. Het lijkt eindelijk een beetje door te dringen. Maar het ijskoude pils laat mijn maag niet onberoerd. Met nog slechts twee natte doekjes verlaten we het hotel. Er is geen kruimel eetbaars meer over.

Omdat de telefoonverbindingen vanaf hier steeds beter gaan werken, krijgen we na verloop van tijd ook contact met onze families in Nederland. Eus spreekt uitgebreid met vrouw en kind, en ik doe verslag aan ex en zoon. Mijn dochter is nog niet thuis, ik beloof later terug te bellen.

Dan ineens is er hoog telefonisch bezoek. Padre Victor duwt me zijn mobiel in handen.

'*El ministro*,' zegt hij.

Het blijkt Bert Koenders te zijn, onze minister van Buitenlandse Zaken. Sodemieters, denk ik, het wordt allemaal op topniveau afgehandeld. Even weet ik mezelf geen houding te geven. Een beetje lollig onze vrijlating bespreken lijkt me geen pas geven. Maar ik herinner me ineens een oud adagium van Wim T. Schippers, 'Een mens is ook maar een minister', en de sfeer ontspant. Koenders wil alles weten, eigenlijk van begin tot eind, en hij lijkt ademloos te luisteren. Ik bedank hem namens ons beiden voor alle steun en inzet van hem en zijn ministerie. Ik heb dan nog geen idee wat ze precies gedaan hebben, maar dankbaar zijn we hoe dan ook. Koenders zegt dat we elkaar zeker nog gaan spreken na onze thuiskomst en dan valt de verbinding ineens weg. Ik vertel Eus hoe belangrijk we zijn geworden.

Rond een uur of zes meldt het daglicht zich. We moeten nog twee uurtjes tuffen. Ook al verga ik van de pijn, de opwinding overheerst. We beginnen weer plannen te maken, vooral over het afronden van de zoektocht. We zijn natuurlijk nieuwsgierig naar de toestand in Cúcuta. Is de rest van onze spullen er nog? Daarin zit een cameraatje waarmee we best uit de voeten kunnen. Zou er al contact zijn met de moeder die we zochten en zo ja, is zij misschien al in de buurt? Ja, laat ons maar schuiven. We zijn nog geen paar uur vrij of de plicht roept. Maf eigenlijk, dat je zo snel kunt omschakelen. Van ELN-opsluiting naar de praktische problemen van het afmaken van onze reportage.

We staan er geen moment bij stil dat wij hier waarschijnlijk niets over te vertellen hebben. Ergens in het naderende Cúcuta is het comité van ontvangst al bezig met onze nabije toekomst. En daar kon weleens helemaal geen filmerij in voorkomen.

Eus en ik zijn de hele rit klaarwakker. We maken ons zorgen om Christian, die nu echt met zijn hoofd op het stuur in slaap dreigt te vallen. Het is altijd een van onze grote angsten dat we, overgeleverd aan een zwakke chauffeur, een ongeluk krijgen. Daarom blijft er van ons altijd één wakker, om de ogen van de man achter het stuur in de gaten te houden. Dommelt hij weg, dan komen we meteen in actie: praten, radio hard aan, sigaret aanbieden. Het heeft ons al een paar keer gered. Maar nu Christian. Die heeft herhaaldelijk aangegeven dat hij prima kan rijden en dat de padre zich geen zorgen hoeft te maken. Die laatste is dan ook als een blok in slaap gevallen, hij ligt bijna te snurken, en nou maken wij ons zorgen. De berm komt voortdurend gevaarlijk dichtbij.

Ik schud Padre Victor wakker en wijs hem op de situatie. We ontdekken een groot wegrestaurant, opgetrokken uit hout en riet. Het is net open, tijd voor een kop koffie.

Wanneer we na de pitstop weer vertrekken om het laatste stuk naar Cúcuta af te leggen, zit Padre Victor achter het stuur en is er nog één nat doekje over.

Vrij snel krijg ik de telefoon weer in m'n handen geduwd. Iemand van het ministerie, zegt de pater. Het blijkt Liz te zijn. Een collega die lang bij *Spoorloos* werkte en nu voor de helft van de tijd in Colombia woont. Zij is tot mijn grote verrassing al een paar dagen in Cúcuta om alle berichtgeving en informatie rondom de ontvoering in goede banen te leiden. Ik ben stupéfait, maar blij verrast om haar te horen. We kennen elkaar goed en babbelen even wat over de ontvoering alsof het over de aanschaf van een nieuwe auto gaat. *Business as usual*, zo heb ik het graag.

Maar zo 'usual' zal het dit keer toch niet worden. Liz legt uit dat de mediabelangstelling enorm is. We kunnen het hotel echt niet via de voordeur binnengaan. Het plan is om ons de parkeergarage onder het Holiday Inn binnen te loodsen. Daar kunnen we dan rustig ontvangen worden en naar de kamer gebracht. Even sputter ik nog dat ik helemaal niet naar het Holiday Inn wil, maar naar ons vertrouwde Ramada. Maar zoals gezegd, wij hebben nergens meer iets over te vertellen.

Om half negen scheurt Padre Victor onze maffiakar de kelder in. Buiten schrikken cameraploegen op, maar ze zijn te laat om ons te vangen. Wanneer we stilstaan in de parkeerkelder wurm ik me uit de auto. Dat gaat niet gemakkelijk. Eus is al soepel naar buiten geglipt en omhelst correspondent Edith en vervolgens Liz. Het ziet eruit als welgemeende, vreugdevolle opluchting.

'Zo Liz, jij ook hier?' is het eerste wat ik tegen haar zeg, in de hoop dat we het zakelijk kunnen houden. Een korte hug en vooral niet te dicht bij de pijnlijke streken graag. Maar zo gaat het niet, het wordt een innige, langdurige omhelzing. Ook Edith doet haar best me nog eens goed fijn te knijpen en ik besluit het geraakt te ondergaan. Zo blij is nog nooit iemand geweest om mij te zien.

Dan wordt het draaiboek weer opgepakt en gaan we verder met het protocol. We worden voorgesteld aan de vertegenwoordigers van het leger en de politie. Ook staat er een arts te wachten om ons te onderzoeken. Daar kijk ik naar uit.

De geüniformeerde mannen die ons de hand schudden, blijken zich intensief met onze verdwijning en vrijlating te hebben beziggehouden. Ze glunderen en lijken oprecht blij dat het allemaal goed is afgelopen.

Ik wil graag weten met hoeveel man er aan onze zaak gewerkt is. Een stuk of tien, verwacht ik als antwoord te krijgen. Nou nee, zo'n driehonderd dus. Van verkeerspolitie tot hoogste generaal, ze hebben allemaal ontvoeringsdienst gehad. Ik voel me er een beetje ongemakkelijk bij. Zoveel had toch ook weer niet gehoeven. Ik ben een redelijk bescheiden mens en anderen liever niet tot last. Oké, toegegeven, misschien wel in de hoop dat anderen mij dan ook niet lastigvallen, dat zou kunnen. Of zou ik soms moeite hebben met dankbaar zijn? Dat laatste pareer ik meteen door omstandig het Colombiaanse leger plus de gehele politiemacht een verentooi van jewelste in het achterwerk te steken. De mannen zijn daar blij mee en verklaren dat ze het werk met plezier hebben gedaan.

Ik vraag de generaal of ze vrijdagmiddag inderdaad de helikopters hebben teruggeroepen. Dat klopt. En of ze bij een eventuele bevrijdingsactie ook gijzelaars zouden doodschieten. Dat is wel gebeurd, ja.

Wow, dus toch.

Ik vertel kort over onze vreselijke jungletocht.

‘Een verstandige beslissing van jullie commandant,’ vindt de generaal. ‘Een confrontatie brengt altijd doden en gewonden met zich mee.’

Potverdorie, denk ik, onze Jaguar een verstandige commandant. En ik maar jammeren dat vluchten nergens voor nodig was. Wanneer ik hem ooit terugzie, zal ik hem uitgebreid bedanken. Ik heb het lelijk bij het verkeerde eind gehad.

Dan wordt het tijd voor een medische check. Op de kamer ontdoe ik me van mijn bovenkleding. Ik zie de monden van de toekijkers steeds verder openvallen. Het is inderdaad geen feest. Ook Eus is aan alle kanten toegetakeld. We staan erbij alsof we door een veld industrieel afval zijn gerold. Overal schrammen, gaten, blauwe plekken en genezende wonden. De dokter is zo vriendelijk om mijn ribbenkast te inspecteren, maar houdt daar na de eerste gil snel weer mee op. We gaan naar het ziekenhuis om van ons beiden röntgenfoto’s te maken. De jonge dokter is een vriendelijke man.

Even later staan we op de röntgenafdeling van het ziekenhuisje naast ons hotel. Het is, met permissie, een nogal armoedige bedoening. Eus mag op een modern apparaat plaatsnemen, maar ik word onderhanden genomen door een beulin zonder medelijden in het oudste hok dat er te vinden was. 'Liggen!' beveelt ze. Wanneer het niet snel genoeg gaat, vanwege de pijn, zie ik aan haar gezicht dat ze me er het liefst op zou willen rammen. Wat een aansteller, denkt ze ongetwijfeld.

Wanneer ik alweer helemaal gekleed op de uitslag van de fotosessie wacht, blijkt alles ook nog eens mislukt. *De nuevo*, bromt de beulin. Opnieuw. Deze keer blijf ik liggen tot de negatieven uit de machine zijn gekomen en de kwaliteit goed bevonden is. Onze jonge dokter komt de uitslag vertellen. Met mijn ribben is niets aan de hand, zegt hij geleerd. Misschien wat kneuzingen, maar de foto's zien er prima uit. U bent dik in orde, glimlacht hij.

Ik begrijp er niets van. Ik sterf van de pijn, man. Zo gelooft niemand me meer.

Nieuwsgierig kijk ik naar de foto's van mijn ribbenkast. Nee, vind je het gek dat je hier niks op kan ontdekken. De foto heeft meer weg van een luchtopname van een gecompliceerd verkeersplein in de mist. Er is nauwelijks iets herkenbaars op te zien. Maar ja, ik ben natuurlijk geen arts. Maar de jonge vriend misschien ook wel niet. Ik heb zo mijn twijfels. Thuis maar even verder laten kijken. Thuis, klinkt goed.

Ik ben moe. We zijn nu meer dan vierentwintig uur in touw, emotioneel wankel en lichamelijk uitgewoond. Een slaapje zou nu heerlijk zijn, maar dat zit er niet in. Liz vertelt hoe het verder gaat. Zodadelijk ontmoeten we onze ambassadeur, dan zijn er nog wat officials die we moeten bedanken. De humanitaire commissie gaat ervandoor en wil afscheid nemen, en daarna is er het grote moment van de persconferentie voor de deur van het hotel. Wanneer dat allemaal succesvol is afgerond zien we wel verder. Gelukkig kunnen we eerst nog wel even onder de douche. Man, man, wat een genot, een warme douche. Ik kan er maar niet onder vandaan komen.

Er wordt op de deur geklopt. Nu moet ik de aangename badkamer wel verlaten. Er is nog veel te doen. Mezelf afdrogen bijvoorbeeld. Dat gaat niet van harte. Bukken lukt echt niet meer. Uiteindelijk wentel ik me droog in het laken van m'n bed en wurm me in m'n vuile kleding.

Als ik de gang op loop is Eus al in gesprek met ambassadeur Jeroen. Een lange, beweeglijke vijftiger met een jongensachtige uitstraling. Grote grijns op het gezicht als hij zich voorstelt. Geen deftigdoenerij of aardappel in de keel. *One of the boys*, zou ik zeggen. Het voelt meteen goed. Mijn uitvoerige en welgemeende dankwoord voor zijn inspanningen hoort hij geamuseerd aan.

'Inderdaad, het was me het weekje wel, kom op, we gaan koffiedrinken.' Jeroen lijkt me een toffe peer.

In de ontbijtzaal worden we bijgepraat over de gebeurtenissen aan de onderhandelingstafel, de afgelopen week. Die zijn intensief geweest. Onze ambassadeur had nog maar net een bezoek gebracht aan Tibú, vlak bij de plaats waar wij werden opgepakt. Daar verdiepte hij zich onder andere in de guerrilla-activiteiten van de ELN. Nog geen week later kreeg hij onze zaak voor zijn kiezen. Daarmee blijken wij enorm veel geluk te hebben gehad. De contacten met invloedrijke mensen in de buurt, met de politie en het leger, waren optimaal. En dankzij het overkoepelende vredesoverleg in Ecuador was ook de ELN-leiding bereikbaar.

Met stijgende verbazing hoor ik aan hoe stevig er is onderhandeld. En op welk hoog niveau. Generaals, politiechefs, geheime dienst, ambassade. Tsjonge, en dat allemaal voor ons? Ik schaam me een beetje dat we iedereen zo tot last zijn geweest. Ik verwacht ook elk moment een standje. Domme jongen, kijk toch beter uit wat je doet, wat heb je ons toch weer een hoop gedoe bezorgd. Maar dat komt niet. Alle mannen aan de ontbijttafel, politiechef, legercommandant, ambassadeur, lijken net zo opgelucht over de goede afloop als wij. Alleen maar blije gezichten. Ik moet ineens denken aan de 5 miljoen dollar losgeld waarover ELN-commandant Mateo repte toen we elkaar voor het eerst zagen op die vermaledijde bijeenkomst vlak voor onze vlucht de jungle in.

'Is er eigenlijk nog om losgeld gevraagd?' wil ik weten.

Dat blijkt niet het geval. Althans, de heren zijn unaniem in hun antwoord: niets daarvan. Valt me dat nou een beetje tegen? Misschien had ik graag gehoord voor welk serieus bedrag de ELN ons in de begroting had gezet. Maar natuurlijk mogen we blij zijn dat het niet op een eindeloze onderhandeling over de hoogte van het losgeld is uitgedraaid. Dat had nog wel even kunnen duren. Het lijkt erop dat de ELN uiteindelijk heeft gekozen voor 'goede publiciteit' in plaats van onwrikbaar onderhandelen. Met dat vredesproces op de achtergrond was dat misschien wel de enige keuze. Ik besef dat we ook in dat opzicht veel geluk hebben gehad. Waren de tijden duisterder geweest, dan was het misschien minder goed met ons afgelopen.

In de lobby van het hotel werken we de laatste plichtplegingen af. Handen schudden, foto's maken, dank uitspreken. Dan krijgen we van de ambassadeur te horen hoe de dag verder zal gaan. Na de persconferentie nemen we het vliegtuig naar Bogotá. Daar zullen we worden ondergebracht in de residentie, het onderkomen van de ambassadeur en zijn vrouw. Des avonds eten we een hapje en drinken een glaasje en dan naar bed. Slapen. Alleen al bij het woord slapen komen de tranen bijna in m'n ogen. In bed liggen, op een fris laken zonder de kans er meteen weer uitgeschopt te worden. En op een echt matras.

Maar zover is het dus nog niet. Om half twaalf lopen we de hal van het hotel door richting de uitgang. Wanneer de deuren openschuiven weet ik niet wat ik zie. Nou ja, ik weet het natuurlijk wel, maar ik ben verbaasd. Tientallen camera's staan op ons gericht en een spervuur van vragen barst los. Opnieuw heb ik met Eus afgesproken dat hij de Nederlandse antwoorden geeft en ik de Spaanstalige. Die laatste zijn uiteraard in de meerderheid, dus het lijkt alsof ik alle aandacht naar me toe trek, maar dat is echt niet de bedoeling. Ik weet dat het zo weleens overkomt. En nu ik me ineens op m'n gemak voel en op m'n praatstoel blijk te zitten, zal dat wel niet anders zijn. Ik ben ontspannen en heb weinig moeite de goede woorden te vinden. Opnieuw prijs ik de voorkomendheid van de guerrillero's en benadruk de slechte positie van de boeren in de streek. Maar eerst bedank ik natuurlijk iedereen die zich heeft ingezet voor onze zaak. De politie, het leger, Rode Kruis, kerk en humanitaire missie. En niet in de laatste plaats de collega's vanwege hun solidariteit en berichtgeving. Eus verklaart soortgelijke zaken aan de paar Nederlandse vragenstellers en wanneer na een minuut of twintig ons optreden voorbij is kan ik niets anders verzuchten dan: 'Eus man, dat we dit nog mogen meemaken.'

Een paar uur later zitten we in een comfortabele ambassadeauto en scheuren naar het vliegveld. De straten zijn voor ons afgezet. Echt waar. Er is een politie-escorte en de zwaailichten draaien vrolijk rond. Kicken. En misschien komt het door onze opvallende entree, maar zodra we het luchthavengebouw binnen zijn worden we door iedereen aangesproken. *Oh, daar heb je ze, die van de televisie. Van de ontvoering.* We moeten op foto's en delen handtekeningen uit. Ik heb dat in Nederland wel vaker en dan kijkt Eus meestal verwonderd toe, maar nu is ook hij de klos. Nou ja, de klos, ik vind het altijd leuk. Mensen bedoelen het goed. Ze weten niet hoe erg we naar ons bed verlangen en dat kunnen ze ook niet weten. Altijd aardig blijven dus.

Het opstijgen van ons vliegtuig maak ik niet mee. Zodra ik zit, vallen de ogen dicht en verdwijn ik in een comateuze, droomloze slaap. Een uur later schrik ik wakker wanneer de banden van het toestel heftig piepend de landingsbaan raken.

In Bogotá staan opnieuw de glanzende wagens van de ambassade te wachten. Comfortabel rijden we richting stad, waar we eerst pasfoto's laten maken en daarna ons laissez-passer afhalen op de ambassade. Onze paspoorten zijn nog steeds in handen van de ELN en we hebben geen idee wanneer we die terugkrijgen. *If ever.* Commandant Mateo heeft weliswaar beloofd dat alles zal terugkomen – papieren, apparatuur en auto – maar dat moeten we eerst nog maar eens zien.

Iets na zessen zijn we eindelijk op de residentie en maken we kennis met Laura, de vrouw van Jeroen. Het is meteen gezellig. Dat is misschien niets bijzonders, maar na zo'n week heeft alles een andere lading. We praten natuurlijk over de ellende die wij de afgelopen week hebben meegemaakt, maar we krijgen ook een steeds duidelijker beeld van de ontsteltenis in de Nederlandse media. De kranten van de voorbije dagen verschijnen op de laptop. Dat is niet mis. Wat een aandacht. Ongelofelijk. En vooral zoveel betrokkenheid en positieve verhalen over ons werk. Ik ben er trots op, maar tegelijkertijd dringt er niet veel meer tot me door. Adrenaline is de vermoeidheid nog steeds de baas, maar ik merk dat het lichaam dit niet veel langer aan kan.

Toch stel ik voor om te gaan eten in ons favoriete restaurant in de buurt. Liz, Edith, Eus en ik, samen met de vijf mannen van de ambassade die zich met onze zaak hebben beziggehouden. Ik betaal. Alleen weet ik even niet met wiens geld.

Dan realiseer ik me tot mijn schrik dat ik geheel vergeten ben mijn dochter terug te bellen. Het is bijna twee uur in de Nederlandse nacht. Ik heb geen telefoon waarop ik kan zien of ze nog actief is op Whatsapp, dus ik waag het er maar op. 'Nou pap, lekker op tijd zeg, hoe is het met jou.' Ze lijkt zo erg op mij. Daar ga ik meestal aan voorbij, maar nu moet ik slikken en zijn m'n eerste woorden onvast. 'Alles goed hoor, niets aan de hand.' We praten een paar minuten en dan is het genoeg. Papa leeft nog en komt overmorgen thuis. *Case closed.* 'Welterusten, meisje.'

Een paar jaar geleden was ze bijna dood. In het huis van vrienden zat ze in de jacuzzi en kwam met haar ultralange blonde haren in de afvoer van het apparaat terecht. Loskomen onmogelijk, ze werd onder water getrokken en kwam er niet meer vandaan. Gelukkig kon een vader nog net op tijd het haar lossnijden. Ze was buiten bewustzijn en moest gereanimeerd worden, maar kon later met de ambulance naar huis. De volgende ochtend belde haar moeder me op. Ik lag nog heerlijk in m'n Barcelonese bed. Een minuut later stond ik te kotsen in de badkamer. Zo geschrokken, de voorstelling die je je ervan maakt. Van de angst die ze moet hebben gehad. Het besef dat je gaat verdrinken. Ik kon aan niks anders meer denken. Meteen naar huis, kijken hoe ze eraan toe was. Welk trauma blijft er hangen?

Maar ik zag het al toen ik binnenkwam. Lachen als altijd met de vriendinnen. Beetje ontevreden over het afgeknipte haar. Maar in leven hè. Niet dood. Case closed. Ik heb haar er nooit meer over gehoord. Apart toch? En ik weet dat ik dat ook heb. Het is goed afgelopen. Niet meer aan denken. Kijk vooruit. De psychiater is het er waarschijnlijk niet mee eens, maar het bevalt ons prima. Welterusten, meisje.

Laura mixt een perfecte Pisco sour, de Peruaanse cocktail met het schuimende eiwit. We zitten in de woonkamer van het kleine paleisje in het hartje van Bogotá. Een stukje Nederland om trots op te zijn. We kunnen lopend naar het restaurant en om acht uur zitten we aan tafel.

Tot mijn vreugde maakt restaurant Balzac indruk op de mannen. Mooie tent, goede kaart, heerlijke wijnen. Toprestaurant. Maar wie gaat de door mij aangeboden maaltijd straks eigenlijk betalen, vraag ik me wederom af. Ik bezit niks meer. Geen cash, geen kaart.

Zoals altijd in zo'n grote groep lopen de gesprekken al snel door elkaar heen. Iedereen heeft het hoogste woord en vertelt anekdotes over de gebeurtenissen rond onze ontvoering. Opvallend vind ik dat niemand ons de les leest over het risico dat we genomen hebben. De zone waar wij heen zijn gereden wordt door Buitenlandse Zaken immers ontraden. Ik had me al voorbereid op deze lastige vraag door te verwijzen naar de site van het Belgische ministerie waarop alleen wordt aanbevolen om in Norte de Santander voorzichtig te zijn. Maar het komt er niet van. We hoeven ons niet te verdedigen. Liever hoort men de verhalen over lijden en afzien. De jungletochten en het vieze eten. En zij vertellen dat ze vijf nachten niet thuis zijn geweest. En dat de koning op pauselijke audiëntie ons geval zelfs onder de aandacht van de kerkvorst heeft gebracht. Sodemieters, het zal toch niet?

De wijn komt hard aan; het hoofdgerecht, mijn favoriete *Cajun blackened Mero*, krijg ik niet op. Eindelijk een overheerlijke maaltijd na die ELN-rommel en ik kom maar tot de helft. Ik voel me vreemd. Het lijkt wel alsof ik buiten mezelf aan het treden ben. Ik geloof daar uiteraard niet in maar het gebeurt nu wel. Ik zie me zitten aan de eettafel met converserende mensen. Ik wil zelf ook nog wat zeggen maar vind geen woorden. Een stemmetje in mijn hoofd zegt: hou je mond maar, je moet geen idiote dingen zeggen, je zit naast de ambassadeur. Gedraag je, ga slapen.

Ik vraag Liz of ze de rekening wil vragen en me ook de betaling wil voorschieten. Ik moet nu echt naar bed, voeg ik er nogal wanhopig aan toe. Ogenschijnlijk functioneer ik nog, maar er zijn zintuigen die op hol dreigen te slaan.

In een roes lopen we terug naar de Nederlandse enclave in Bogotá. Ik kan geen pap meer zeggen en dat doe ik dan ook niet. Ik verontschuldig me, zeg dat ik omval en doe dat laatste zodra ik aan het voeteneinde van mijn bed sta. De pijn schiet van alle kanten door m'n bovenlijf, maar niet lang. Geheel gekleed verdwijn ik achter de dikke zwarte gordijnen die toegang verschaffen tot dromenland.

Er komt die nacht van alles voorbij. Niets engs hoor, maar gewoon, de gezichten, de jungle, Ernesto en Esmeralda. Mateo natuurlijk ook.

Zondag 25 juni 2017

Om acht uur schrik ik wakker. Geen idee waar ik ben. Ik moet erg nodig piesen en verwacht ook nog andere boodschappen. Maar waar is hier de plee? Gelukkig recht tegenover mijn slaapkamer. Het is een genot om in deze badkamer de Heilige Stoel te bezitten. Geen Jimmy of Felipe voor de deur, niet de zenuwen van rondfladderende helikopters, geen vooruitzichten van dodenmarsen door het onbekende. Nee, een heerlijke zondagmorgen. Van boven hoor ik mooie klassieke muziek komen die luid genoeg aanstaat om mijn geroffel te overstemmen. Het laatste natte doekje doet zijn werk. Het is volbracht. Een tweepersoons ontvoering van een week kan hygiënisch worden afgedekt met één Nivea-pakje natte babydoekjes van dertig stuks. Doe uw voordeel met deze tip.

Na een wederom uitgebreide douche van hoog niveau voel ik me als herboren. Ik had zomaar dood kunnen zijn. Kansen genoeg de afgelopen week. Maar nee hoor, niks daarvan. Gewoon herboren.

De ontbijttafel kan ik emotioneel bijna niet aan. Herkenbaar eten, eieren, beleg, lekker brood, jam. Nergens rijst of yucca of goor vlees. Laten we eerst eens met yoghurt en muesli beginnen.

In huize Ernesto zitten ze nu ongetwijfeld weer aan hun bordje ongeregeld. Natuurlijk, het zijn arme boeren, met weinig culinaire fantasie. En waarschijnlijk ook met te weinig geld om er iets van te maken. Ernesto kon zich daar behoorlijk over opwinden, vooral wanneer hij het televisienieuws bekeek. Rijke klootzakken daar in Bogotá, allemaal.

En ik kan me zijn gevoel hier in het luxe welvarende deel van de hoofdstad ineens zo goed voorstellen. De blik op de wereld wordt ook op het arme platteland namelijk geheel en al verzorgd door de televisie. En wat zien we daarop? Inderdaad, uitsluitend politici, hoge pieten, geslaagde types, welvarende bewoners van de grote steden en dan vooral van Bogotá. Zo krijgt de arme boer in zijn verre uithoek het idee dat de rest van Colombia er bijloopt als modepoppen in een wereld vol luxe en welvaart. Op kosten van de hardwerkende boer.

'Ken je Bogotá? Ben je er weleens geweest?' vroeg ik hem tijdens een televisieverslag van een staatsdiner dat bol stond van de lange jurken, smokings en rijk gevulde tafels. Ernesto sprong bijna uit zijn vel en kon het niet geloven dat heel Colombia zich vol zat te vreten terwijl hij nauwelijks nagels had om zijn kont mee te krabben. Natuurlijk was hij nog nooit in de hoofdstad geweest, maar je zag het nu toch zelf?

Het drukte mijn neus maar weer eens op de kracht van televisie. Zeker in gebieden waar internet als alternatieve nieuwsbron ontbreekt. Ik probeerde uit te leggen dat de televisie echt niet het volledige beeld geeft. 'Weet je wel, Ernesto, dat er in Bogotá miljoenen armere sloebers wonen? Armer nog dan jij. Die dagelijks een verkeerstechnische martelgang moeten ondernemen om uit hun ver weg gelegen rampzalige sloppenwijken naar het centrum van de stad te komen. Waar ze mogen werken in sombere kantoortjes, restaurants, bars, hotels, werkplaatsen. Slecht betaald, ongezond, in het eeuwige grijze druilweer van een kille stad op 2600 meter hoogte. Wat een leven! En in die categorie mensen zijn er nog vele miljoenen meer in jouw land. Denk nou niet dat jij het exclusieve recht hebt op onvrede over je bestaan. Het kan allemaal erger. Hier schijnt de zon, je bent in de buitenlucht, overal om je heen de prachtige natuur. En als het straks vrede is zijn jullie ook nog eens verlost van die maffe guerrilla. Zie het eens wat positiever en leer lezen en schrijven.' Ik weet niet of het hem nieuwe inzichten heeft verschaft, maar ik vond dat ik toch even duidelijk moest maken dat het televisienieuws zeker geen correct beeld geeft van het werkelijke leven in zijn land.

Maar goed, hoe solidair ik ook graag ben met de arme boer in zijn erbarmelijke omstandigheden, de ontbijttafel in de residentie – alleen het woord al – van de Nederlandse ambassadeur bevalt me toch beter. Het is een vreemd gevoel. Ineens zijn we weer gewoon. Zitten we met natte haartjes in frisgewassen shirts een eitje te tikken. Niks te klagen, met twee woorden spreken, de ontbijt-etiquette in acht nemend. Keurige jongens. Niets meer over van de rauwe gevangenen die hunkerend naar nieuws over de vrijlating met hun smerige poten het ochtendvreten naar binnen harkten. Bij wijze van spreken natuurlijk. We zijn nog geen vierentwintig uur vrij, maar het voelt voor mij al zoveel langer. Zoals eerder gezegd, ik laat de dingen graag achter me. Zeker de vervelende. Eigenlijk wil ik ook helemaal niet naar huis. Liefst zou ik hier blijven, in Bogotá. Wachten tot onze spullen worden teruggegeven, een beetje druk op de ketel houden.

Ik zie ook nogal op tegen de dingen die ons in Nederland te wachten staan. Inmiddels heb ik uitgebreid gesproken met m'n eindredacteur Paul, die mijn familie intensief begeleid heeft tijdens onze ontvoering. En collega Ben, die hetzelfde deed met de familie van Eus. Zij schetsen een beeld van ontreddering, bezorgdheid, verdriet, heftige emoties. Allemaal dingen waar ik niet gek op ben. Niets doet mij meer verdriet dan het verdriet van de mensen van wie ik houd. Als zij maar gelukkig zijn, dan ben ik het ook.

Maar goed. Ik heb allang begrepen dat we hier niet blijven en zo snel mogelijk naar het vaderland zullen terugkeren. Er wordt op ons gewacht door familie, vrienden en de gehele vaderlandse pers. Nee, sterker nog, door het gehele volk, zo lijkt het wel. In de loop van deze zondag krijg ik onder ogen hoe onze kijkers hebben meegeleefd. En ondanks mijn immer nuchtere houding voel ik de warmte ervan. Ik ben er oprecht blij mee. Verrast ook. Dat mensen de moeite nemen om duidelijk te maken hoezeer ze ons en ons werk waarderen. En dan die journalistieke aandacht. *Spoorloos* als serieus human interest-programma. Zeer positief benaderd in vrijwel alle media. Zo anders dan toen ik bij het programma begon, zo'n vijfentwintig jaar geleden. Ik werd destijds bijna uitgelachen; dat jíj voor zo'n emo-programma wil werken. Tranentrekkers, misbruik van andermans gevoelens, ondermaatse televisie. Ja echt. We hebben blijkbaar toch iets goed gedaan. En dat wordt nu breed uitgemeten in lange beschouwingen, commentaren en achtergrondverhalen. Daar krijg ik een heel goed gevoel van. Ik moet alle zeilen bijzetten om bescheiden te blijven.

Met Eus ga ik door alle publicaties heen en we proberen stukjes uit het *Journaal* terug te zien. Man, man, wat hebben we allemaal teweeggebracht? En hoe moeten we reageren wanneer we weer terug zijn? Ik merk dat de gevaarlijkste periode tijdens ons verblijf bij de ELN me nog steeds hoog zit. Die levensgevaarlijke jungletocht van toch zeker achtenveertig uur. Maar ik besef meteen ook dat we er goed doorheen zijn gekomen. Heel vreemd gezegd? We mogen niet klagen. Er zijn zoveel verhalen van gegijzelden die weken-, maanden-, jarenlang in handen bleven van een wreed zootje ongeregeld. Die schijnexecuties moesten meemaken, voortdurend werden bedreigd, gemarteld, aan kettingen gelegd. Oh oh, wat hebben wij dan uiteindelijk toch een geluk gehad. Nee, natuurlijk, voor hetzelfde geld waren we dood geweest, hoor. Gevallen in een bamboetak. Longen doorboord, hart aan flarden, reutelend ten onder. We waren er dichtbij. Maar niet dicht genoeg. We zitten immers aan de witte wijn bij de laatste lunch voor ons vertrek, vlak bij het winkelcentrum waar een week geleden nog een bom ontplofte. Samen met Liz en Edith, die ons na de bevrijding door alle plichtplegingen hebben geloodst.

Vlak voor de deur van de shopping mall ligt de gebruikelijke bloemenzee waarmee de drie doden die bij de bomaanslag vielen worden herdacht. De mensen die passeren hebben opvallend genoeg ook veel belangstelling voor ons. Eus en ik worden regelmatig aangesproken. 'Hoe is het met u?' 'Wat fijn dat jullie bevrijd zijn!' 'Drink nog maar een lekker glaasje.' Jongens, wat een vriendelijkheid valt ons ten deel. *Chill,* zouden mijn kinderen zeggen.

Oh shit, over kinderen gesproken. Mijn dochter is jarig, wordt twintig. Snel bellen. Zal ik me ook eens van mijn meest attente kant laten zien. Met de telefoon van Liz spreek ik even later mijn verbaasde kind.

'Bel je alweer?'

'Ja, je bent jarig, gefeliciteerd.'

'Oh ja, dat is waar ook. Alles goed bij jou?'

'Ja hoor meisje, prima.'

Omdat wij emotioneel gelijkgestemden zijn pols ik bij Isabelle ook even wat er gaat gebeuren wanneer we terug zijn in Nederland. Er blijkt een officiële ontvangst geregeld waar onze beide families in een aparte ruimte op Schiphol hun verloren jongens weer in de armen kunnen sluiten.

‘Nee toch?!’ is mijn eerste reactie. ‘Dat hoeft niet hoor. Ik neem gewoon een taxi naar huis. Dan kan de familie daar gewoon naartoe komen.’

‘Nee pap, je komt er nu echt niet onderuit. We zijn er allemaal. Op Schiphol.’

Ik sputter nog wat tegen, maar weet dat er hogere krachten in het spel zijn die ik niet onder controle heb. Het enige wat buiten de officiële kanalen om nog wel georganiseerd zou kunnen worden is een schaal haring. De kortgeleden gearriveerde Hollandse Nieuwe. ‘Doe maar veel.’ Het komt voor elkaar.

Het wordt zo langzamerhand tijd om te vertrekken. We maken nog een lijst van de spullen die door de ELN zijn ingepikt zodat de ambassade precies weet wat er ook weer terug wordt verwacht. Ik heb er een hard hoofd in, maar zelfs ambassadeur Jeroen is optimistisch. Wanneer de ELN hem belooft dat ze de spullen zullen retourneren, dan doet ze dat ook. Waarschijnlijk deze week al.

Wat terugvliegen betreft hebben we niet veel keuze. De geliefde, rechtstreekse KLM-vlucht zit vol en er is alleen nog een Air France-vlucht via Parijs beschikbaar. Niks aan te doen. We hebben goed geslapen en zijn redelijk fit, maar zodra ik in de vliegtuigstoel zit verdwijn ik linea recta naar dromenland. Het schommelen van de stokoude Airbus brengt me uiteindelijk in een soort halfslaap waarbij de grens tussen waken en slapen moeilijk te bepalen is. Maar na nog geen twee uur ben ik ineens helemaal bij de les. We zijn namelijk aan het dalen. En dat klopt natuurlijk niet tijdens een rechtstreekse vlucht van elf uur naar Parijs. Is er iets mis met ons toestel? Ik heb geen vliegangst, verre van dat, maar afwijkend gedrag benader ik wel altijd met enige argwaan. Eus is natuurlijk net zo verbaasd en we spreken de purser erop aan. Die vertelt doodleuk dat we een tussenlanding zullen maken op het Frans-Caribische eiland Guadeloupe. Daar zal een nieuwe crew aan boord komen. 'Ook passagiers?' vraag ik. Maar dat blijkt niet het geval. Vreemd. Dus tijdens een rechtstreekse vlucht maak je na twee uur een tussenlanding alleen maar om van personeel te wisselen? Ik geloof er geen barst van. Er is iets met dit vliegtuig. Kan niet anders.

Wanneer we eenmaal aan de grond staan blijkt inderdaad het gehele personeel, cabine en cockpit, te worden vervangen door een verse portie. Wat zijn ze bruin! Het was vast heerlijk weer op Guadeloupe de afgelopen dagen. Inmiddels is er ook een tankwagen onder een van de vleugels geschoven. Aha, er wordt een nieuwe lading kerosine ingeslagen. Waarom eigenlijk? Is dat soms te duur in Bogotá? Het blijft een vreemde situatie en de reden waarom Air France dit zo geregeld heeft wordt door niets of niemand verklaard. Maar op zo'n moment helpt de herinnering aan de ontvoering wel. Wat zullen we ons zorgen maken na vorige week? We leven toch al in reservetijd, het zal allemaal wel goed komen. En dat komt het ook.

Weer thuis

Negen uur later, Parijs. Nog drie uur wachten voor de aansluiting naar Schiphol. Ik check tegen beter weten in of de ontvangst nog immer een officieel karakter heeft. Ik spreek mijn ouders en die zijn al onderweg. De stemming lijkt ontspannen, we nemen een biertje.

Liz, die met ons mee is gereisd, heeft contact met KRO-NCRV-voorlichter Michel. Hij vraagt wat we nog meer willen op Schiphol. Onze terugkeer is stilgehouden dus we kunnen een uitgebreid onderhoud met de pers vermijden. Het liefst zou men zien dat we de volgende dag ons verhaal vertellen in een uitzending van *Jinek*. Exclusief, eenmalig, en dan klaar. We twijfelen, en Eus het meest. 'Is een korte persconferentie niet het minste wat we kunnen doen?' vraagt hij zich af. Mij maakt het allemaal niet uit, wanneer ik maar zo snel mogelijk thuis ben. Niet op Schiphol, maar in Amsterdam, in m'n eigen huis. En zo komen we schoorvoetend uit bij het eerdere voorstel. Morgen naar *Jinek*.

Op Schiphol worden we meteen na het uitstappen opgevangen door een keurige meneer die ons via een zijdeurtje van de gate wegvoert. Beneden staat een luxe wagen te wachten. Die rijdt via het platform naar het zaaltje waar onze families staan te wachten. Wat een luxe. Dat heeft de minister-president nou altijd, bedenken we. En Jeroen Krabbé, weet ik toevallig. Ik ben er helemaal stil van. Het is een service die ik niet kende, maar die voor iedereen beschikbaar blijkt. KLM Skippers, het exclusieve passagiersclubje van Plesman, krijgen het gratis, maar voor de gewone sterveling blijken de kosten ook wel mee te vallen. Door te denken aan andere dingen dan de gebeurtenissen die komen gaan, hou ik m'n zenuwen een beetje in bedwang. Want dat ben ik toch wel, merk ik, zenuwachtig. En dat wordt elke meter erger. Wanneer we via kleine kruip-door-sluip-door-gangetjes naar de ontvangstruimte lopen, breekt het zweet me uit. Wat te verwachten, hoe me te gedragen?

Zodra we in beeld komen zet Melchior, de jongste zoon van Eus, een sprint in. Vader blijft met veel kunst- en vliegwerk op de been en wandelt met een niet meer loslatend kind om zijn nek als eerste de ruimte in. De zaak is keurig geordend. Links zijn familie, rechts de mijne. Wat zal ik eens zeggen? 'Goh ma, jij hier?' is het enige dat ik verzinnen kan wanneer mijn moeder me omhelst. Dan pa met een hand en een hug, vervolgens de zoenende kinderen en alle anderen die ik meteen vraag mij niet te omhelzen wegens pijn in de ribbenkast. Deze mededeling komt duidelijk niet terecht bij de familie en vrienden van Eus, die mij nietsvermoedend eens goed te pakken nemen. Gelukkig zijn er ook nog wat 'neutralen', als ik het zo mag zeggen. Eindredacteur Paul, collega Ben, voorlichter Michel. Met hen maak ik de eerste grappen. De sfeer is ontspannen en vrolijk.

Na een half uurtje gaat ieder zijns weegs en nog weer een kwartier later zit ik thuis aan de haring. Er is in geen velden of wegen een paparazzo te ontdekken en na een paar uur ben ik alleen. Ik ga naar bed. Even later komt Isabelle terug. Voor de gezelligheid blijft ze slapen. Fijn.

De volgende ochtend voel ik de pijn in m'n hele lichaam. Blijkbaar verdwijnt de verdovende adrenaline langzaam maar zeker uit het lijf. Vanavond naar *Jinek*, maar voor die tijd veel te doen. Als eerste een nieuw paspoort regelen.

De afstand tussen mijn huis en het stadsdeelkantoor is overzichtelijk. Op de fiets een minuut of tien. Deze ochtend kost het me twee uur. Iedereen, maar dan ook werkelijk íédereen houdt me aan. Wil een praatje maken, het verhaal horen, spreekt een meelevend woord. Steeds wanneer ik weer op het zadel zit dient de volgende belangstellende zich aan. Het is echt onvoorstelbaar. En hoewel het veel tijd kost onderga ik alle aandacht met een grote smile en zeer veel dankbaarheid. Er zijn alleen maar aardige mensen.

Ook op het stadsdeelkantoor gaat het onverminderd door. Ik ben meteen aan de beurt en kan m'n paspoort die middag nog afhalen. Niet vergeten om vanavond bij Eva Jinek alle mensen te danken voor hun ondersteunende vriendelijkheid.

Terug naar huis, Eus bellen. 'Wat doe jij vanavond aan?'

Eus is nerveus voor zijn tv-optreden bij *Jinek*.

'Geen zorgen man, komt goed.'

Eenmaal aan tafel in de studio blijkt het hem inderdaad gemakkelijk af te gaan. We praten honderduit, proberen het spannend maar ook grappig te houden en bedanken volk en vaderland voor alles wat we maar kunnen bedenken. We hebben veel te weinig tijd voor het hele verhaal. De eindmuziek wordt gestart en ineens is het voorbij. Het laatste woord is gesproken. Nog een glaasje aan de bar en dan kan het avontuur worden afgesloten. Of toch niet?

Nou, nee. We hebben immers nog iets af te maken. De zoektocht naar de moeder van Margriet. En dat zullen we doen ook.

Steeds weer wordt de vraag gesteld of we na onze ontvoering Colombia zullen mijden. En elke keer weer geef ik als antwoord dat dat zeker niet de bedoeling is. We zijn gek op dat land en een mindere ervaring weerhoudt ons er echt niet van om er opnieuw heen te reizen. Maar hoe graag we ook weer op pad willen, er zijn dingen die ons tegenhouden. De familie in de eerste plaats. Men ziet ons liever niet op korte termijn weer richting Colombia vertrekken. We snappen nu toch wel dat het daar echt gevaarlijk is? 'Ja ma, ja pa, natuurlijk.' En dan de redactie. Uiteraard moeten we terug kunnen, maar nu even niet. Het zou een beetje vreemd overkomen wanneer een meelevend land ontdekt dat de gewaardeerde verslaggevers met hun eigenwijze koppen alweer richting mogelijk onheil zijn vertrokken. Nee, dat zal niet onmiddellijk gebeuren. En afreizen naar dat vermaledijde ELN-gebied mogen we al helemaal niet. We begrijpen het.

Toch blijft het aan me knagen. In de afgelopen vijfentwintig jaar zijn we al zo vaak in gevaarlijke situaties beland. We zijn gearresteerd in Ghana en Indonesië, beschoten en met stenen bekogeld in de sloppenwijken van Bogotá, beroofd in Tanzania, pistool op m'n hoofd gehad in São Paulo. Op veel plaatsen waar we de voorbije decennia uit de auto stapten had het mis kunnen gaan. Erg mis. Fataal mis. Gewapende boeven heb je nu eenmaal overal en ze zijn nergens te vertrouwen. Wij willen daar niet voor wijken. En ik wil al helemaal niet dat er een sfeer ontstaat waarin wij tegen onszelf in bescherming worden genomen. *Die jongens met hun gevaarlijke stunts. Nee, laat die voorlopig alleen maar even naar Zwitserland gaan.*

Ook daarom wil ik betrekkelijk snel terug. Het is net als met een gestolen telefoon of een deuk in de auto. Dat moet zo rap mogelijk hersteld worden. Het voorgaande moet uitgewist en vergeten. Een nieuwe telefoon en vers gespoten spatbord. Niets gebeurd. Zo dus, maar dan met Colombia.

Een paar dagen later heb ik een controleafspraak in het ziekenhuis. En passant vertel ik over mijn getormenteerde ribben. 'Zal wel gekneusd zijn,' zeg ik, 'want het doet nog steeds gruwelijke pijn. Ik kom m'n bed nauwelijks uit. Zodra er spanning op de borstkas komt is het niet te houden.' Ik heb de foto bij me die is gemaakt in het ziekenhuis van Cúcuta en ik vraag of er misschien even een deskundige naar wil kijken. Maar in Nederland doen we blijkbaar niet meer aan röntgenfoto's. Er moet een CT-scan komen en gelukkig kan dat meteen gebeuren. Afijn, verder zijn alle uitslagen in orde en zodra er iets bekend is over de ribbetjes, dan hoor ik dat wel. De volgende avond hangt de arts al aan de telefoon.

'Ja, ik dacht, ik bel je toch maar even op om het te vertellen.'

Het angstzweet breekt me uit. Waar zit het gezwel, hoe lang nog?

'Je heb namelijk vijf gebroken ribben.'

Opgelucht adem ik uit. Gelukkig, gebroken ribben, dat lijkt mij niet levensbedreigend.

'Nee levensbedreigend is het niet meer,' vertelt ze. 'Maar dat was het wel. Er zit een enorme bloeduitstorting op de linkerlong. Het longvlies is geraakt door een brekende rib. Die is daarbij net niet door de long zelf heen gegaan, maar heeft wel wat schade aangericht.'

Ik begrijp dat alles vanzelf zal herstellen, maar dat ik ongelofelijk veel geluk heb gehad. Een paar centimeter verder geprikt en ik had de moord gestoken in die rotjungle. Dat ik nota bene twee nachten heb doorgesjouwd met vijf breuken en een bijna doorboorde long!

Ineens komt die hele tocht voor mij in een ander perspectief. Ik ben helemaal geen aansteller. Sodemieters, ik heb, zwaargewond, juist een prestatie van formaat geleverd. Kon ik dat nog maar eens aan Jaguar vertellen. Of aan Paisa, die me ruw en nietsontziend door de jungle meesjouwde. Ik het mietje en hij de man. Nu blijken de zaken heel anders te liggen. Het allerliefst zou ik die vriendelijke jonge arts onder ogen krijgen. Met z'n röntgenfoto's waarop geen breukje te zien was. Arme Colombianen die uitgerekend bij hem in dat ziekenhuis terechtkomen. *Hoe bedoelt u: de enkel staat haaks op uw onderbeen? Gebroken denkt u? Nee hoor, op de foto valt niets bijzonders te ontdekken. Neem maar een aspirientje.*

Maar goed, ik weet nu waar ik aan toe ben en vertel het stoer tegen eenieder die het wil horen. En verder probeer ik de geesten rijp te maken voor een nieuw bezoek aan Colombia.

Want gelukkig blijkt de heisa rondom onze ontvoering ook niet voorbij te zijn gegaan aan de mensen die we eerder tegenkwamen op onze zoektocht. De man die we nooit spraken, de echtgenoot van de moeder naar wie we op zoek waren, heeft contact weten te leggen met correspondent Edith in Bogotá. De gezochte moeder meldde zich even later. We hoeven dus niet meer naar Norte de Santander. Moeder kan naar een veilige plaats komen waar we haar kunnen ontmoeten en herenigen met haar dochter. Zo bedacht, zo gedaan.

Een paar weken later zitten we in het vliegtuig naar Bogotá. We hangen ons vertrek niet aan de grote klok. Waarom zouden we? Om stoer te doen? Zie ons weer eens opgewekt teruggaan naar het land der verschrikkingen? Onzin. Na een auto-ongeluk schijn je het beste zo snel mogelijk weer achter het stuur te kunnen kruipen en zoiets lijkt mij nu ook aan de hand. Lekker op pad, even resetten. Toch voelt het wel een beetje anders dan anders, eerlijk gezegd; we zijn iets onzekerder. Het zal ons toch niet overkomen dat er straks weer iets misgaat? We gaan naar veilig gebied, naar de stad Mompox, waar we al eerder waren. Maar die ligt wel zes uur rijden het binnenland in. Daar vierde de guerrilla een jaar of zes geleden ook nog feest. Zouden er misschien ook daar nog boeven rondlopen die het op de nietsvermoedende *gringo* voorzien hebben? Er mag nu echt niets dramatisch gebeuren, want dan zijn we de klos. Dan mogen we nooit weer. Het legt ongemerkt toch druk op de reis.

De man van het autoverhuurbedrijf in Cartagena springt op zodra hij ons ziet. Een week of zes geleden waren we hier ook al om een stevige terreinwagen te huren. 'Señor Bolt!' roept hij en hij omhelst me uitgebreid. Ook Eus krijgt er van langs. 'Wat ben ik blij dat jullie ongedeerd zijn en dat het allemaal zo goed is afgelopen! Wat is er allemaal gebeurd?' Ik kan het verhaal van onze verdwijning zo langzamerhand wel dromen en beperk me tot de meest sappige details. Het blijkt voldoende, onze vriend luistert met open mond.

De reis naar Mompox is lang, maar verloopt gladjes. De wegen zijn over het algemeen prima, de dorpen waar we doorheen komen vriendelijk en de gebraden kip op de hoek van het kruispunt in Plato nog even lekker als de vorige keer. En ook hier zijn we niet meer anoniem.

Ha, daar heb je ze, die ontvoerde gasten. Waar kwamen ze ook alweer vandaan?

In Mompox zelf verspreidt zich al snel het nieuws dat 'ze' terug zijn. Ze, dat zijn wij dus. Er komen Mompoxanen op hun brommertjes speciaal naar ons hotel. Om het verhaal van de ontvoering te horen, maar in eerste instantie vooral om te melden dat ze blij zijn om ons in levenden lijve terug te zien. Ik moet aan Mies Bouwman denken: 'Lieve, lieve mensen, wat een lieve mensen, dankuwel lieve mensen.'

We ontmoeten de moeder van Margriet, de vrouw die we zochten. We zien haar familie terug, bij wie we ook al eerder op bezoek waren. Ze zijn blij ons te zien. Opgelucht ook dat het goed is afgelopen. Ze hebben de hele ontvoering aan de buis gekluisterd gezeten. Kun je nagaan. Voor dat kleine toestelletje op de eettafel voor de deur van hun rieten boerderijtje, midden in Colombia, zat een hele familie te kijken naar onze avonturen. En ook weer mee te leven.

En we hebben eigenlijk ook nog eens geluk gebracht. De familie hier had moeder in geen tien jaar gezien. En doordat wij haar niet in Cúcuta konden ontmoeten vanwege onze verdwijning, is ze eindelijk weer eens terug in haar geboortestreek. De sfeer is dus goed en iedereen wacht in spanning op Margriet uit Nederland.

De volgende dag arrangeren we de ontmoeting en is onze opdracht eindelijk afgerond. Wanneer de laatste opname gedaan is geven we ons over aan een kortstondig drankgelag. Er is een last van mij afgevallen. Ik hou niet van losse eindjes. Dat begrijpt u inmiddels wel.

Tot slot

Al vrij snel na onze ontvoering probeer ik het leven op te pakken alsof er niets gebeurd is. Dat lukt uiteraard niet altijd, want er is wél wat gebeurd. Er zijn voortdurend mensen die me aanspreken en benieuwd zijn naar de ervaringen en willen weten hoe het er nu mee gaat. Logisch, maar het verhaal is na verloop van tijd onderhevig aan inflatie. Ik vertel het steeds vaker in wat steekwoorden en voeg eraan toe dat ik me goed voel. En ik geloof dat dat ook zo is. De wonden helen gestaag, de blauwe plekken trekken weg. Steeds meer korstjes raken los en een helderwitte nieuwe huid komt tevoorschijn. Zelfs de enorme wond in mijn handpalm, veroorzaakt door het muilezelvervoer, is na een paar dagen vrijwel verdwenen. Wat is het lichaam toch een mooie machine.

Een kleine week na terugkomst krijg ik een bericht van Jeroen Roodenburg, de ambassadeur in Bogotá. Alle door de ELN in beslag genomen spullen zijn weer boven water. Onze apparatuur, de paspoorten, creditcards en andere papieren. Alles. Zelfs het cashgeld dat die maffe pistoolheld in het begin nog zo pontificaal voor me uittelde zit erbij. De ambassadeur zal een paar dagen later terugkomen naar Nederland en de kleine zaken in zijn bagage meenemen. De grote spullen pikken we later op wanneer we weer naar Colombia gaan. Na het inspecteren van de foto's van de apparatuur, concluderen we dat alles compleet is en waarschijnlijk nog functioneert ook.

En zelfs de Renault Duster is opgedoken. Ik weet niet precies hoe, maar de baas van het verhuurbedrijf bevestigt per mail dat het autootje bij de politie staat voor sporenonderzoek. En dat mijn uitgebreide verzekering alle schade zal vergoeden.

Ik ben toch wel verrast. Goed beschouwd houdt de rebellenclub woord. Het zijn dan misschien wel lelijke ontvoerders, maar hun beloftes komen ze in elk geval na.

Omdat Eus en ik Nederlandse staatsburgers zijn komt er ook een rechercheonderzoek op gang. We worden alle twee apart gehoord door een paar rechercheurs. Ik weet niet precies wat ze denken te kunnen bereiken, maar het lijkt erop dat ze gaan proberen de rebellen in de kraag te vatten. In een uitgebreid verhoor probeer ik nuttige informatie te geven, maar ik hoor mezelf zo vaak 'geen idee' zeggen, dat ik vermoed dat de arrestaties nog wel even op zich zullen laten wachten.

Met mijn familie gaat het goed. Ik krijg de indruk dat iedereen de bange dagen standvastig doorstaan heeft. We praten er soms nog wel even over, maar niet te gek. De moeder van mijn kinderen vertelt dat ze dat bijzonder vindt. Want de week van de ontvoering was voor iedereen toch 'best wel heftig', zegt ze. En ik beluister in haar woorden dat het emotioneler was dan ik wil weten. Ze heeft een dagboekje bijgehouden van die bange periode van zeven dagen, met een verslagje van hoe iedereen zich overeind heeft proberen te houden. Ik leg het apart. 'Best wel heftig' is voor mij nog net iets te heftig.

Een paar dagen later worden we ontvangen op het ministerie van Buitenlandse Zaken in Den Haag. Daar ontmoeten we opnieuw ambassadeur Jeroen, maar ook de mensen van het ministerie die de contacten met onze familie hebben onderhouden. Mensen die niet genoeg geprezen kunnen worden, zo begreep ik al van het thuisfront. Steun en toeverlaat Pieter wentelt zich in bescheidenheid, maar hij moet weten hoe belangrijk zijn inbreng is geweest. En anders benadrukken wij dat wel, meer dan eens.

Ook de minister wil ons zien. Snel een handje schudden, denk ik. Maar zo gaat het niet. Koenders, een imposante verschijning, neemt uitgebreid de tijd en luistert vol belangstelling. Ik ben niet zo heel snel onder de indruk van hoogwaardigheidbekleders, maar bij Koenders is dat ook helemaal niet nodig. We kletsen alsof we in het café zitten. Ontspannen en, mag ik het zeggen, gezellig. Drie kwartier later hebben we nog lang niet alles besproken, maar in de ministeriële agenda staan nog meer afspraken.

Daarna is het Sinterklaas op het ministerie, wanneer we een groot deel van onze persoonlijke bezittingen terugkrijgen.

We zijn inmiddels weer een week of twee verder. En nog steeds krijg ik regelmatig opgestoken duimen of een woest geschreeuwd 'welkom thuis!' Ook mijn vaste haringkar aan de Amsterdamse Theophile de Bockstraat is dik tevreden met mijn terugkeer. De berichten daarover zijn zo prominent op de ruiten geplakt dat ik bij elke Hollandse Nieuwe aanspraak heb van alle andere visliefhebbers. Wanneer ze het verhaal gemist blijken te hebben, lezen ze het wel in de aangeplakte artikelen. Ik kom er niet omheen.

Vanuit Bogotá word ik geappt. Edith stuurt het bericht door over een gedode ELN-gijzelaar. Een Rus, die gevangen was genomen terwijl hij in het omstreden gebied op zoek was naar giftige kikkers voor de handel. De Rus was stoerder dan wij en ondernam een ontsnappingspoging. Toen hij een handgranaat te pakken had, werd hij doodgeschoten. Gelukkig maar dat wij daar tijdens ons avontuur geen been in zagen. Toegegeven, de Rus was al bijna een half jaar gegijzeld en ik kan me voorstellen dat het je dan de keel uit gaat hangen. Maar toch een onverstandige actie. Ik schrik er trouwens wel van. Als het erom gaat, schieten ze dus wel degelijk. En dit gebeurde nota bene nog geen twee maanden voor wij Versalles binnenreden.

Vlak daarna krijg ik een mailtje van Liz. Ze heeft uitgezocht wat er aan de hand was met die rechtstreekse Air France-vlucht die zo onverwacht toch een tussenlanding maakte. Met stijgende verbazing lees ik het artikel in de *Aviation Herald*. De oude Airbus was duidelijk niet helemaal in orde. Volgetankt bleek het ding te zwaar om uit Bogotá te vertrekken. Aan het einde van de startbaan kwam hij maar anderhalve meter los van de grond, terwijl dat minimaal tien meter moet zijn. Het was al een keer bijna fout gegaan. Ja, vind je het gek; aan het eind van de startbaan beginnen de sloppenwijken van Bogotá en de huizen daar komen echt wel boven de anderhalve meter uit. De kist zal binnenkort worden vervangen door een exemplaar van Boeing, en tot die tijd vertrekt men gewoon met minder kerosine om de verplichte tien meter hoogte min of meer te kunnen halen. Maar dat is dan te weinig brandstof om Parijs te bereiken, en dus moet er worden bijgetankt op Guadeloupe.

Lekker dan. We zaten dus in het oudste toestel van de maatschappij, dat al cruciale mankementen begon te vertonen en binnenkort naar de schroothoop gaat. Heb je net een ontvoering in de jungle overleeft, vlieg je naar huis in een kist die bijna uit elkaar valt. Zoiets bedenk je niet.

Maar goed, het leven gaat voort en de reizen rijgen zich alweer aaneen. Zoektochten genoeg, ook Colombia staat binnenkort op het programma. De ontvoering in juni is nu echt verleden tijd. Voor mij althans. Ik denk er steeds minder aan. Het enige dat ik nog zo graag zou willen is teruggaan. Terug naar Jaguar en zijn mannetjes. Naar Mateo en het gezin van Ernesto en Esmeralda. Terug ook naar die rotjungle en de route die we zijn gelopen. De boeren met wie ik onderweg sprak en Maria uit de keuken van de biljarttent midden in de jungle. De vrede lijkt ook in Norte de Santander schoorvoetend getekend te gaan worden. Er zijn afspraken tussen leger en guerrilla om elkaar in elk geval met rust te laten en geen gewapende confrontaties meer aan te gaan. Dus binnenkort kan het, denk ik. Doen? Wie weet?

Maar misschien kan ik dat dan beter niet tegen de familie zeggen. Mijn ouders zouden zich vreselijk ongerust maken. En daarmee zijn we dan weer terug bij af. Het is nu niet anders dan vijfentwintig jaar geleden, toen het begon. Ouders maken zich zorgen. Ook mijn kinderen reizen en ook ik ben regelmatig ongerust. 'Zo'n levensgevaarlijke bus in het noorden van Vietnam, zou je die nou wel nemen, jongen?' Moeten wij ons daar iets van aantrekken? Welnee. *Go west young man, and grow up with the world.* Op pad maar weer.

Sinds de ontvoering is mij zo vaak gevraagd hoe het nou precies ging in die jungle. Wat we te eten kregen, hoe we ons wasten, wat voor gasten we tegenkwamen, of er geschoten is, hoe bang we waren en waar we naar de wc gingen. Je moet er een boek over schrijven, is mij vaak geadviseerd. 'Het is toch best een spannend en interessant verhaal? Dat willen mensen echt wel lezen hoor.'

Ik heb lang geaarzeld en uiteindelijk besloten het te

doen. Omdat ik het leuk vind om te schrijven en omdat zo'n ontvoering inderdaad voldoende stof biedt voor een mooi verhaal. Al schrijvend schopte het hele verhaal harder terug dan ik verwachtte. Elke avond kwamen er dromen. Dromen waarin ik uitgleed en in de bek van een haai verdween. Midden in de jungle! Ik droomde van doorboorde lichamen en bombarderende drones. Van een safehouse dat aan stukken wordt geschoten. En van Jaguar, die ik in opdracht van een militair moest doden. Ik was verbaasd over wat er allemaal ongemerkt in mijn hoofd bleek rond te dolen.

Ten slotte trok ik mijn laatste stoute schoenen aan en begon te lezen in het dagboekje dat de moeder van mijn kinderen heeft bijgehouden vanaf het eerste bericht over onze verdwijning. Ik had het tot nu toe niet gedurfd. Bang voor het verdriet van een ander. Maar het valt mee. Ik ben trots op het onverzettelijke, nuchtere optimisme van mijn familie.

Alleen de kinderen hebben het moeilijker gehad dan ik dacht. Ik laat het eens goed tot me doordringen. Je vader is vermist. Ik probeer me in te leven in hun reactie. Ik lees hoe verdrietig ze waren. Hoe ondersteboven en onbereikbaar. Die kinderen van wie ik zoveel hou.

En dan komen ze toch nog. De tranen. Eerst aarzelend, druppel voor druppel, tot de eerste keer knipperen de oppervlaktespanning breekt en de stroom op gang komt. Langzaam wordt mijn kussen natter en uiteindelijk val ik in slaap met de geruststellende gedachte dat er eigenlijk niets mis met mij is.

Verantwoording

In het ontvoeringsverhaal heet niemand zoals ik hem of haar heb genoemd. ELN'ers gebruiken altijd al bijnamen, maar ook de anderen heb ik van een alternatieve naam voorzien. Voor hun veiligheid.

Ik dien geen aanklacht in. Tegen niemand.

Derk Bolt
GROETEN UIT VERWEGGISTAN
OP REIS VOOR *SPOORLOOS*
inclusief GRATIS door Derk Bolt ingesproken luisterboek
Derk Bolt GROETEN UIT VERWEGGISTAN

Lees ook de reisverhalen van Derk Bolt

'Geweldige reisavonturen!' *Knevel & Van den Brink*

'Hij vertelt super-enthousiast en aanstekelijk over zijn reizen.' *Libelle*

'De meest prachtige anekdotes. Een prachtig boek!' *RTL Boulevard*

'Derk Bolt schrijft scherp, gevat en eerlijk en na elke anekdote dacht ik: nog eentje dan. Voor ik het wist was het boek uit.' *GPD-kranten*

'Een boeiend en divers boek dat ook heel geschikt is om cadeau te geven. Vanuit mijn luie stoel ben ik op wereldreis geweest en ik heb ervan genoten.' *leestafel.info*

Met gratis luisterboek!

www.uitgeverijdekring.nl/derk-bolt